孩子成績差 請先別罵他

好習慣×好環境×好特質，幫助孩子找到最適合他的學習之道

成績差到底誰的錯？

安親班 × 家教 × 父母陪讀

時間、金錢花再多，孩子成績依舊慘不忍睹？

成績差不等於智商低

想要孩子成績提升不只有孩子要努力

環境、習慣、方法、小孩特質，家長通通要注意！

孫桂菲，麥小麥 編著

目錄

目錄

第三章　專注是學習優秀的前提

第四章　提高孩子的記憶力

第五章　好習慣成就好成績

第六章　幫孩子找到適合自己的學習方法

目錄

第七章　好成績需要「好特質」

第八章　讓孩子愛上閱讀

第九章　人際環境影響孩子的掌習成績

第十章　身心健康才有好成績

目錄

前言

孩子的課業成績不理想，是不少家長的心病。如何才能幫助孩子提高成績，並保持穩定呢？為了達到這一目的，家長們或威逼，或利誘，或請人來家教，或親自陪讀……想盡了各種辦法，用盡了各種計策。

實際上，影響孩子成績好壞的因素有很多。其中，智力對於孩子課業成績有一定的影響，但孩子課業成績差並不全是智力低造成的，很大一部分課業成績差的孩子智力非但不低，而且還高於常人。他們課業成績差，與生活環境、讀書習慣、學習方法以及學習特質等方面有關。此外，學校、老師和父母也有一定的責任，一些老師或者父母，對孩子期望過高，經常人為地給孩子施加死板的、抽象的教育，在這種情況下，儘管孩子用盡全力，也達不到老師和父母所定的目標，結果，孩子對學習失去了興趣，長此以往，課業成績自然不升反降。

編者從家長與孩子共同的需求出發，精心編寫了此書，志在幫助為孩子的成績苦惱的家長們更好地了解孩子，找到提升孩子成績的好辦法。

本書共十章，從家長、教師、社會環境、孩子自身等角度剖析了造成孩子成績差的原因。其他各章分別從「讓孩子愛上學習」、「培養孩子專注的態度」、「培養孩子良好的讀書習慣」入手，分析闡述了讓孩子取得好成績的具體方法和對策。

本書的針對性強，例證精當有力，實用性與科學性兼具，易於運用。希望本書能夠給為孩子的成績苦惱著的家長們帶來切實有效的幫助。

編者

前言

第一章
取得好成績其實不難

每個家長在培養孩子的過程中，都會遇到這樣或那樣的問題，其中，家長們最為重視的莫過於孩子的課業成績了。如何才能讓孩子取得好成績，這是每個家長共同的心聲。

事實上，想讓孩子取得好成績並不難，因為幾乎所有的孩子都有學習的潛能，都有可能順利地完成學習任務。家長要做的就是了解孩子，認知到孩子的需求，然後透過正確的教育方法、教育手段，幫孩子達到「成績好」的目標。

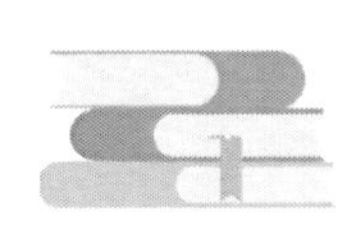

成績差並不等於智商低

「為什麼我的孩子課業成績總是上不去呢？難道真的是因為他（她）的智商比別人低嗎？」類似的困惑縈繞在無數家長的心頭，令其愁眉難展。

事實上，孩子的課業成績無法盡如人意，是多方面原因造成的。其中，智商是一個方面，但它並不能完全決定孩子的課業成績。生活中很多在學習上有困難的孩子，之所以成績不如人，不是因為智商不如別人，而是因為智商以外的其他因素，如讀書習慣、學習方法等在發揮作用。因此，當孩子出現學習上的困難時，家長千萬不能一概而論，將孩子列入「智商低」的行列。如果家長能夠比較全面地了解影響孩子課業成績的因素，就有可能找到孩子成績不佳的原因，進而採取恰當、有針對性的方法，幫助孩子提高成績。

那麼，具體有哪些因素影響孩子的課業成績呢？

教育專家認為，除智商因素外，對孩子的課業成績產生影響的還有環境、學習動機、興趣、情緒、意志行為活動等因素，涉及心理衛生和健全人格的培養問題。具體表現在：

✧ **學習環境**：孩子生活的環境對他們的課業成績有著直接的影響。如果孩子生活在一個經常吵架，以致鬧離婚的家庭，他（她）就會產生焦慮、厭煩、缺乏安全感等心理，從而導致思想消沉，學習沒有動力。此外，家庭與社會環境同樣影響著孩子的課業成績。一個嘈雜、混亂，充斥著誘惑的環境，會讓孩子無法靜下心來念書。

✧ **教育因素**：不當的教育方式是影響孩子課業成績的重要因素之一。生活中有些家長不懂得教育子女的正確方法，對子女採取放任自流的態度，孩子缺乏監督、引導，自然沒有學習的意識，也就不可能取得好成績；另一些家長望子成龍、望女成鳳，對孩子的要求過高，過於嚴格，這種過激的教育方式讓孩子產生了厭學心理，影響了他們的課業成績。

此外，學校的教學水準、師資力量、學習風氣等同樣也影響著孩子的課業成績。另外，老師的教育方式對孩子的學習影響深遠。比如，一些教育方法不當的老師只重視資優生的培養，一旦有些孩子表現不好，成績不佳，這些老師就會諷刺、挖苦甚至訓斥、處罰孩子，使孩子產生自卑和緊張的心理，缺乏成功和愉快學習的體驗。在這種情況下，孩子想要成績優異幾乎是不可能的。

✧ **學習動機不足**：學習動機是推動孩子主動學習的內在動力。如果孩子學習動機不足，對學習不感興趣，覺得學習不好玩，那麼，他就無法把心思放在學習上。沒有耕耘，自然不會有收穫，不愛學習，又怎麼可能努力追求知識，學好知識呢？

✧ **注意力不集中影響課業成績**：注意力不集中，上課不專心是影響孩子課業成績的一個不可忽視的重要因素。孩子注意力不集中具體表現在：上課不能專心地聽講，老師講課時，他的思緒總愛分心，不能跟著老師的思路走；學習、做作業的時候還想著玩的事情，心總是沒有辦法平靜下來；總愛動動這個，玩玩那個，做事情缺乏計畫性與時間觀念，總愛拖拉……孩子這種學習不專心的態度會嚴重影響知識的吸收，影響孩子學習的成效。

✧ **不良的讀書習慣影響課業成績**：還有一些孩子課業成績不好是讀書習慣不良造成的。生活中，那些影響孩子課業成績的不良習慣包括：學習無計畫、懶惰、不愛動腦、依賴性強、學習馬馬虎虎等。可以說，優秀的課業成績與良好的讀書習慣是分不開的，一個讀書習慣不好的孩子是沒有辦法取得好成績的。因此，培養孩子良好的讀書習慣是孩子成績優異的前提。

✧ **學習方法不當影響課業成績**：從學習技術而言，影響課業成績的最直接因素就是學習方法了。生活中，有一些孩子讀書很認真，可就是不見成效，究其原因是學習方法不當造成的。如有很多孩子學習缺乏變通，不懂得舉一反三，喜歡鑽牛角尖，進行疲勞戰術等，制約了孩子正常水準的發揮，影響了孩子的課業成績。這種情況在我們的生活中最常見。

✧ **孩子的意志行為活動影響孩子的課業成績**：孩子的意志行為活動，即孩子的學習品質不佳是造成許多孩子課業成績不佳的一個主觀原因。那些學習意志力不強，遇到困難就退縮，缺乏學習的積極性、進取心、責任心，自制力差的孩子，雖然他們也有學好的美好願望，但因為無法將學習活動進行到底，因此很難取得好成績。

✧ **人際關係影響孩子的課業成績**：孩子所在的人際環境和諧，孩子的自我認知與自尊感就強，就能專心致志地學習；反之，如果孩子的人際關係不佳，經常與他人起爭執，那麼，他（她）的心理就無法處於平和的狀態，也就沒有辦法安心學習了。這樣，勢必會影響他（她）的課業成績。

除此之外，孩子自身的個性、情緒，孩子的生活品質、身體狀況也在一定程度上制約了孩子學習潛能的發揮。

由此可見，如果你的孩子課業成績差，家長不能將其簡單地歸結為孩子的智商問題，而應該觀察孩子的學習狀態，了解引起孩子課業成績差的真正原因，這樣才能對症下藥，幫孩子走出學習的困境。

家長應正確看待孩子的成績

身為家長，我們會頻繁地面對孩子的測驗或考試成績。然而，不同的孩子在向家長匯報課業成績時會有不同的表現，而家長的關注點也大相徑庭。那麼怎樣面對才是正確的呢？

不同的家長對孩子的課業成績會表現出不同的態度：

- ✧ **類型一**：孩子告訴家長自己的期末考試分數：90 分。接著，孩子主動分析自己少 10 分問題出在在哪裡。比如，3 分是沒看清題目，答非所問；2 分是計算錯誤；4 分是根本不會做；另外 1 分是書寫不工整造成的。家長認真聆聽，等孩子分析完了，與孩子一起討論今後應該在哪方面努力。
- ✧ **類型二**：孩子告訴家長期末考試的分數：90 分。家長問：「為什麼會失分呢？」孩子茫然不知，或根本不願去想。家長追問：「你考完也不認真分析分析自己為什麼丟了分數，這樣怎麼可能進步呢？」孩子不耐煩地回道：「老師改的分數，我要是知道錯在哪裡，早就做對了嘛！」家長氣結。
- ✧ **類型三**：家長催問孩子分數，孩子支支吾吾地回答：「83 分。」家長追問：「怎麼才考 83 分呢？你看隔壁的小紅，人家怎麼就能考 95 分呢？」孩子有些不耐煩了，回答：「我都考 83 分了你還不滿意，我們班還有人考 30 分呢！」說完，不高興地走開了。

暫且不論哪種家長對待孩子課業成績的態度更正確。單從孩子對考試成績的不同態度，我們便可看出端倪：第一種孩子更懂得學習，因此，他（她）的課業成績肯定差不到哪裡去；第二種雖然成績不錯，但不善於總結，所以他（她）所掌握的知識也不甚扎實；而第三種孩子則因為家長只關注分數，根本沒有分析分數中那些值得探究的東西。以至於孩子以為自己考試達到一定的分數家長就應該滿足了，因為班上有不少比他（她）更差的學生。由此可見，家長對孩子課業成績的態度決定了孩子自身對分數的理解。因此，家長應該理性地看待孩子的分數，要認可孩子的成績，還應該讓孩子養成自我反省的習慣和能力，即在看到成績後將重點放在做錯了什麼，而不是做對了什麼；習慣分析出錯的原因，而不是置若罔聞；習慣尋找糾正的方法，而不是找到推脫的藉口。這才是正確的學習態度和方法，才能調動起孩子學習的動力，這是保證孩子成為好學生的前提。

專家建議，家長應該正確看待孩子的成績，做到：

✧ **正確的分數觀**：現實生活中，一部分家長總以分數的多少來評價孩子，而不管考試難度如何。其實，考試難度對分數影響很大，家長不能正確看待孩子的相對分數，對孩子心理的健康發展影響很大。因此，家長首先要擺正分數的位置。考試分數固然重要，但它只是衡量課業成績的標準之一。要把孩子的全面素養培養擺在比考試分數更重要的位置上。

✧ **具備正確的成敗觀**：如果孩子考不好，家長態度粗暴，甚至動手打孩子，或在親朋好友面前數落孩子，只會讓孩子低落的情緒更加低落。當孩子學習、考試遇到挫折和失敗的時候，應該鼓勵孩子，幫助他修正學習目標，並幫助孩子尋找、分析失敗的原因，改進學習方法；對於經常遭遇失敗的孩子，要用肯定的方法來逐步增強他們的學習信心。如果孩子考試一直比較順利，則要在適當時候有意地給他製造一些困境，讓他經歷挫折和失敗，引導他培養應付挫折和失敗的能力。

- ✧ **正確的獎懲標準**：有的家長對孩子承諾，如果考試得了多少分或拿了第幾名壓歲錢就多，如果考不好就少。其實，這並不能促使孩子好好學習，這種激勵方法，可能會使孩子過於追求表面的分數，而採取投機取巧、作弊、欺騙等手段。
- ✧ **重視孩子能力的培養**：一般說來，為了考試，延長時間記下來的東西都是速食式的，過後忘記得很快。中小學時期，是孩子興趣、思考能力和動手能力發展最快的時期，孩子除了應該會做考試題目，更應該養成獨立思考，查閱相關資料，獨立做研究，並寫出研究報告這樣的能力和習慣。如果家長一味要求孩子追求高分，很可能會讓孩子錯失培養能力的機會。如一些孩子因為學習壓力大，身體健康嚴重失衡，厭學情緒日益滋生。在這種情況下，孩子談何主動學習、快樂學習？又怎麼可能保證穩定的課業成績？因此，重視孩子的心理與生理健康，培養孩子學習的特質才是家長應該追求的。
- ✧ **客觀評價自己孩子的學習能力**：對孩子的課業成績進行分析，弄清哪門功課、哪些內容有困難，如果問題比較嚴重，當父母的自己沒有能力解決，那就最好有針對性地去正規機構進行學習能力、智力水準、注意力、社會適應能力和行為問題的測查，以便給孩子的學習能力作出一個客觀評價。

此外，家長還應做到有耐心，幫孩子制定切實可行的目標，讓孩子養成獨立學習，不依賴他人的好習慣。當孩子在學習上遇到困難時，應及時向老師、同學或朋友了解問題所在，在此基礎上和孩子進行誠懇溝通，對孩子抱著真誠關心和寬容體諒的態度。要讓孩子體會到，無論成功還是失敗，只要他努力了，父母都一樣愛他。

了解孩子才能幫助孩子

說起對孩子的了解，很多家長可能會不以為然，我自己的孩子，哪有不了解的道理？其實不然，這裡說的了解，不是了解孩子的表面狀況，而是了解孩子的氣質特徵、人格發展特點等。如孩子做事是持久還是有頭無尾，考慮問題是全面還是丟三落四，孩子的注意力、記憶力、特質、用腦習慣如何等。可以說，充分地了解孩子的狀態，是幫助孩子改變學習困難現狀的第一步。

那麼，你的孩子狀態如何呢？

為了幫助家長們更好地了解孩子的狀態，編者提供了以下這個小測試，目的是讓家長自己動腦思考孩子正處於什麼樣的狀態。當然了，這項測試不能將孩子的當前狀態進行準確的數位化，只是幫助家長對自己孩子讀書習慣的養成作出判斷。

根據各種情形閱讀孩子和家長的話語，然後在家庭常用話語前打√號。

情形一：早晨起床

孩子的話	
他律型	自律型
媽媽，書包整理好了嗎？ 給我錢買學習用具。 我要今天的衣服。 幫我梳頭髮。 我要我的襪子。	媽媽，起床的時候放的是貝多芬的音樂，我眼睛自然就睜開了。 早上提前起床把功課做完，下午就有很多時間，多好啊！ 早晨做完早操，吃飯特別香。請您再幫我盛一碗飯好嗎？ 我們最近要做作業，可以幫我去圖書館借以關生活在池塘周圍的昆蟲的書嗎？

父母的話	
他律型	自律型
要遲到了，快點起床！ 作業做完了沒？ 書包收拾好了沒？ 你穿這樣是什麼啊？穿上這件衣服再出門！ 都幾點了，你還有時間看電視啊？ 拖鞋呢？ 大家都在等你呢！ 快點！快點！ 吃完飯趕快去上學！	昨天晚上做了什麼夢呢？ 你肯定可以的，今天繼續加油喔！ 今天你起的比爸爸還早呢！好吧！明天爸爸也一起早起鍛鍊！ 哇！我的寶貝真好看！ 今天在學校也要用功喔！ 媽媽做好吃的菜給你吃。

情形二：放學回家

孩子的話	
他律型	自律型
玩 30 分鐘電腦，我就去補習班。 我看完這個節目就把電視關掉。 (打開冰箱門又關上) 怎麼什麼吃的都沒有啊？ 媽媽，妳跟誰講話？那個阿姨在大喊什麼？ 今天怎麼一直想上廁所？ 媽媽，練習本都寫完了，沒辦法讀書了。 我想讀書，但一句話都看不懂，學不下去。 今天日記該寫什麼？ 媽媽，我功課寫完了，然後要做什麼？	媽媽，我今天只有社會課的作業，查好百科全書，都完成了。 我在讀數學，可是我不太懂。 我背好英文單字了，可以幫我檢查嗎？ 我今天讀了有關螞蟻的書，真的很有趣。我想跟同學一起去找螞蟻蛋！ 我想知道地球內部是什麼樣子，我要去圖書館借有關地球的書。 明天要用色紙跟黏土，我現在就去文具店買。 媽媽，我寫好讀書心得，想讀給您聽。

父母的話	
他律型	自律型
快做作業！ 功課做完了沒？ 去讀書！ 要帶的東西怎麼早上才收，昨天晚上就應該收好！ 你們老師為什麼出那麼多作業？ 到底是小孩的作業，還是媽媽的作業？ 不去讀書，晃來晃去做什麼？ 不就是寫個日記，都寫多久了？ 給你買書是做什麼的？快讀！ 去補習班了沒？	嗯，真棒！ 我的孩子都成為社會學家了！ 哇！這個恐怕連愛迪生也想不到吧！ 媽媽跟你一起找吧！ 好吧，這個周末我們就去你在書中讀到的地方參觀吧！ 如果作文寫不好，你看這樣好不好？

情形三：睡覺之前

孩子的話	
他律型	自律型
今天的書都讀完了，玩一下遊戲又怎麼樣？ 看完這個節目我就睡覺。 我已經刷完牙了，讓我聽歌睡覺吧？	我讀一下書就睡。 爸爸，我想知道宇宙發生了什麼事。 爸爸，我愛你。媽媽，我愛妳。 媽媽，幫我在聯絡簿簽名。 我把今天寫的詩讀給您聽。

父母的話	
他律型	自律型
不准玩遊戲，快去睡覺！ 看看你的房間都亂成什麼樣了？ 這支鉛筆怎麼一直亂丟在這裡？ 這不是明天要用的東西嗎？怎麼放在這裡？ 這種事怎麼現在才說？	在學校有學得吃力的地方嗎？ 你喜歡怎樣的朋友？ 你想做什麼事呢？ 希望我是怎麼樣的爸爸？ 做個好夢。 我愛你，寶貝！ 睡覺之前給媽媽唱首歌吧！

在作測試的過程中你也許早就猜到了，這項測試測的是孩子學習主動性的情況。左欄是「他律型」孩子在家中與父母的對話情形，右欄是「自律型」孩子在家中與父母的對話情形。如果孩子總是被要求著學習，對於學習勉強為之，那麼，他（她）從早到晚所有的語言和行動都是被動的。書包和隔天要帶的物品必須由父母代為整理，作業也要父母過問之後才開始寫。即使學習的時候也要父母或老師反覆囑咐，而且也僅僅完成確定的學習量，然後就再也不肯多學了。如果你的孩子到了一定的年齡學習還是這種狀態，那麼，他（她）的學習狀態就有必要進行大的改進了。

相反，自律型的孩子即使沒有人叮囑也會積極主動地學習。這樣的孩子連簽到和整理物品都顯得與眾不同。學習當中碰到疑問，他們會打破沙鍋問到底，直到完全了解為止。有的孩子在暑假期間也會與老師聯絡請教問題。如果你對右欄的親子對話有 70%以上的共鳴，那麼你的孩子基本上是善於自學且富有潛力的。即使存在少數的問題，只要稍加完善，也是可以取得較好的課業成績的。

學習潛力決定課業成績

在孩子的學習上，家長最容易犯的錯誤就是只重視對孩子進行具體知識的灌輸，而忽視了孩子學習能力的培養，忽視了孩子學習潛能的激發。事實上，孩子的學習潛力決定了孩子的課業成績，如果一個孩子的學習潛力有限，那麼，即使教授再多的具體知識，孩子沒有辦法消化、內化為自己的知識，家長的一切努力也只會是徒勞的。因此，比灌輸知識更重要的是提前打好接納知識的基礎。就像根鬚茂盛的樹木能夠長得又高又大，即使風吹雨打也不動搖，要想建造高大的建築就必須深挖地基。打好堅固的地基，做好成為棟梁的準備，這就是形成潛力的過程。換句話說，培養潛力並非多教知識，而是培養接受知識的能力。

那麼，家長應如何培養孩子的學習潛力呢？

家長應重視孩子基礎學習能力的培養

要想學習出色，必須具備理解力、思考力和表達力。小學時期的科目都是為了培養這些能力而設置的。我們不妨以國文為例，學生閱讀指定的文章，理解內容，整理成自己的想法，然後透過語言或文字表達出來，進而培養說服對方的能力。數學也是這樣。數學的目的並非單純學習數字和公式，關鍵是學會分析生活中經常遇到的問題，並且能夠找出解決的辦法。因此，所有的科目看起來各不相同，實際上都是為了培養核心能力，也就是學習的潛力。潛力深厚的孩子升入國中、高中之後也能輕鬆理解每門功課中的知識，並且能迅速適應。

家長應重視培養孩子豐富的想像力

卓越的觀察力、敏銳的美感、別人意想不到的奇妙創造力等。一旦孩子掌握了以上這些能力，就能做到輕鬆快樂地學習了。

比如，國文課上先讀《賣火柴的小女孩》，再繼續編故事。首先透過想像力想像後面的故事，再用奇妙的創造力編織新故事，最後動用表達力稍加整理，優秀的作品就出來了。擁有這種能力的孩子學習起來肯定是快樂而輕鬆的。

當然，我們的孩子只要具備了潛力形成的要素，那麼不僅國文，任何科目學起來都會很輕鬆，甚至還能取得常人想像不到的巨大成就，既能帶給父母以喜悅，也會成長為令人自豪的國之棟梁。

讓孩子保持求知的熱情

雖然熱情源於對學習的渴望，但是對於大部分人而言，學習絕對不是好玩的事情。必須閱讀枯燥而艱深的書籍，必須忍耐無聊，必須練習難以做到的事。要想做好這麼枯燥無聊的事，就必須有獎勵，尤其是低學年階段更是如此。既可以從物質上進行獎勵，也可以從精神上進行獎勵。例如，功課結束之後可以允許孩子看自己喜歡的電視節目，或者和孩子一起出去玩。將孩子喜歡的各種活動和學習連繫起來作為獎勵，效果非常顯著。但是，進入高年級之後，恐怕就不能再用這樣的手段促使孩子好好學習了。這時候最需要的就是讓孩子明確學習動機並建立學習目標。目標來自夢想，擁有夢想的孩子哪怕父母不要求，也會主動去學習。因此，要想激發孩子的學習熱情，最重要的就是培養孩子的夢想。

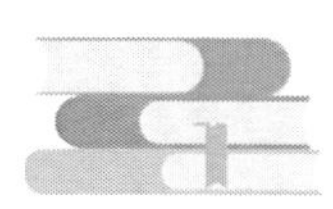

讓孩子養成良好的讀書習慣

良好的讀書習慣，端正的學習態度是課業成績優異的前提。良好的讀書習慣，有利於激發學生學習的積極性和主動性；有利於培養良好的學習方法，提高學習效率；有利於培養自主學習的能力；有利於培養學生的創新精神和創造力。正因為如此，家長應從小重視培養孩子良好的讀書習慣。讓孩子養成學習有計畫、做事有始有終、勤於思考、認真完成作業等好習慣。這是孩子學習的軟潛力。

教給孩子科學正確的學習方法

我們會發現，同樣是背誦一篇文章，背會的結果相同，而過程卻不同，每個孩子完成的方法與品質也不同。比如，有些孩子囫圇吞棗，不管懂不懂，背下來就算是完成了任務。有的孩子卻會先了解文章的大體內容，結構框架，在理解的基礎上熟讀、背誦。由不同的方法達到的結果，從表面上看是一樣的，但實質卻是不同的。這種不同隨著年級的升高，學習內容的增多與難度的加大，其差異會更顯著。如低年級全班差別都不大，只要認真學，很容易考 100 分，到了高年級，分化出現了，一些只會死記硬背的孩子就趕不上來了。到了國中、高中，這種差異就更加明顯了。因此我們說，學習方法很重要。方法得當，才能事半功倍，才能成績優異。從小教給孩子科學正確的學習方法，有助於孩子輕鬆、愉快地學習。

激發孩子優秀的學習特質

優秀的學習特質包括勤奮、刻苦、忍耐等。其中，忍耐不僅對孩子是件難事，對於大人來說也不容易做到。家長必須幫助孩子培養耐心，使孩子能夠耐住性子學習。如果不能堅持學習30分鐘，那麼這樣的孩子做其他事情也不容易堅持到底。比如，剛剛學習10分鐘就要出去喝水，或者無聊地偷聽父母打電話。更讓父母操心的是，孩子面對電腦遊戲和自己喜歡的電視節目時，甚至兩個小時連眼睛都不眨一下。對於這樣的孩子，如果沒有耐心的特質，就不可能端正自己的學習態度，也不可能積極進取，取得好成績。

總之，孩子良好學習潛力的形成需要得到別人的幫助，其中最合適的人選就是孩子的父母，而源泉就是父母對孩子的愛。在父母耐心的教育、引導之下，孩子必能形成自身學習的潛力，必然能取得優異的成績。

父母是孩子優異成績的培育者

每逢冬天來臨，父母都會給孩子穿得暖暖的、捂得嚴嚴的，以抵禦寒風暴雪的襲擊。可是，身為父母，在為孩子身體保暖的時候，可曾想到孩子的內心世界——那裡是否一樣溫暖如春？

其實，每個父母對孩子的愛都是毋庸置疑的，為了孩子的健康成長，為了孩子將來比自己生活得更好，家長們小心翼翼地呵護著孩子，為孩子的學習、生活操碎了心。在家長們看來，孩子最大的任務就是學習了，因此，他們關心孩子的吃住冷暖，關心孩子的課業成績，唯獨忽略了孩子同樣也有七情六欲，同樣也要承受壓力與挫折，同樣也會有苦痛與悲傷……因此，家長應端正自己的愛，了解孩子的需求，幫助孩子實現自身的價值，努力把愛付諸實踐。

具體地說，家長應做到：

給孩子成長的自由，關心孩子，愛孩子

身為家長，可以為孩子創造良好的學習氛圍和學習條件，但不要一廂情願地給孩子報各種才藝班，要始終把孩子的快樂放在第一位，陪孩子玩，和孩子一起成長。

當然，你一定要關心孩子的教育問題，不要嘴裡說著愛孩子、關心孩子，而實際上卻一心想著賺錢的事情。如果是這樣，孩子首先想到的恐怕也不是學習，而是學習以外的事情。

注意自己的言語

父母嘴裡說出來的每句話都會發揮不同的作用。如果孩子聽到的是「你能行」、「我相信你肯定能做到」、「你這麼努力，一定會成功」，勇氣就會被激發出來，他們就真的能夠做到。孩子從這些話語中獲得了勇氣，即使真的遇到了困難，也會從容克服。孩子傷心失望的時候，試著說：「我女兒的發音練習真棒，將來說不定能成為音樂家呢！」學習不好的孩子忽然拿起了書，不妨這樣說：「看我們小孩愛讀書的樣子，將來肯定能考上博士。」言語之中蘊藏著看不見的能量，家長的祝福會原封不動地傳遞到孩子的大腦和心田，孩子會自然而然地按照家長的話去做。

家長應努力挖掘孩子的「閃光點」

事實證明，能力再弱的孩子都有他的「閃光點」，在日常生活中，家長應注意觀察孩子的行為舉止，挖掘孩子的優點，從孩子的優點入手，及時地給予肯定和鼓勵，不斷地強化他積極向上的認同心理。

世界三大男高音歌唱家之一帕華洛帝（Luciano Pavarotti）還是個孩子時，祖母常把他抱在膝上對他說：「你將會成為一個了不起的人物，你不久就會明白的。」後來他當了小學教師，偶爾唱唱歌。但他的父親不斷鼓勵他，說他唱歌很有潛力，終於他在 22 歲那年從事保險業，從而爭取到比較充裕的時間發展唱歌的天賦。成名之後他說：「如果沒有父親的激勵，我就永遠不會站在舞臺上。老師培養訓練了我，但是祖母的那句話讓我用勇氣和信心走向成功。」

優秀的父母在孩子小時候，每當他取得了好成績，或者做了一件讓他自己感覺很自豪，或者讓家長感覺很驕傲的事情，家長都會像開新聞發表會一樣，向所有親友炫耀他的「成功」。這就像拿著放大鏡一樣，去放大他的優點，而且誇讚時一定要當著他的面，是有意識的表揚。堅持每天都要讚美孩子，這能滿足孩子心靈深處最強烈的需求。

要善於發現孩子的點滴進步，並不失時機地予以鼓勵

比如孩子不會收拾自己的玩具，爸爸媽媽要做的不是指責他，而是告訴他怎樣才能收拾好自己的玩具，當孩子有一點點進步的時候，家長應不失時機地鼓勵他：「這回收拾得真好，又乾淨又整齊！」當孩子意識到自己好的舉止被父母注意到時，便在內心調整了行為取向，使好的行為得以鞏固。

不要事事都先把結果告訴孩子

家長事事都先把結果告訴孩子，是非曲直都「被編好程式」，孩子失掉了體驗和探索的機會。習慣於被別人「編程式」的孩子，不太可能有探索的欲望與求知的熱情，這樣的孩子其創造性會大打折扣。

多陪伴你的孩子

孩子不會永遠是孩子，孩子的成長需要父母的陪伴，孩子的成績需要父母的肯定，因此，家長千萬不要錯過了陪伴孩子的時光。孩子殷切需要

家長的時候，請多花一些時間陪伴在他身邊，對於孩子來說，父母的陪伴是他們成長的動力。

在日常生活中，家長除了陪著孩子去考察文化遺跡，參觀博物館，還可以去找螞蟻卵，到池塘尋找蝌蚪，閱讀關於天文的書籍然後討論，登山認識各種植物，秋天去摘栗子，觀看皮影戲……細想起來，家長能陪著孩子做的事情真是數不勝數。這些活動累積下來的潛力絕對不可能透過聘請家教和參加輔導班獲得。

第二章
愛上學習才是關鍵

要想好成績青睞你的孩子，首先應該讓孩子愛上學習。一個愛學習的孩子，才能做到懂學習，會學習，才可能有高的學習「報酬率」。相反，一個對學習缺乏興趣、缺乏動機、缺乏熱情的孩子，是不可能為學習去付出、去努力的。因此，從培養孩子的學習興趣入手吧！讓孩子愛上學習，這是孩子取得好成績的心理動因。

因為愛，所以努力！

好奇是培植探究欲望的土壤

好奇即個體對新異刺激的探究反應。一個富有好奇心的人能夠保持旺盛的求知欲，在獲得知識的過程中體驗樂趣，這種樂趣又會激勵他不知疲倦地去探究未知的領域，促進其智力的發展。對於孩子來說，好奇心尤其重要，它能讓孩子的智慧迸射出火花，更能促使孩子努力地學習。因此，家長應保護好孩子的好奇心，用孩子的好奇心來激發他們好學向上的積極性。正確做法如下：

積極回應孩子的問題

「大海的顏色為什麼是藍的」、「地球是從哪裡來的」、「太陽怎麼不會掉下來呢」……每個孩子的小腦袋裡都有 10 萬個「為什麼」，都有無數他們解不開的謎。因此，他們總喜歡問「怎麼」、「什麼」、「為什麼」一類的問題，而且還有打破沙鍋問到底的勢頭，經常使成人難以招架。有時候，他們還會問出一些令父母、成人臉紅或不好意思回答的「為什麼」來，讓大人們頭痛不已。事實上，孩子愛問是他們好奇、愛探究的表現，這一表現正是智力教育的精髓。因此，對於孩子的問題大人應給予支持和引導。

注意傾聽，做忠實的聽眾是對孩子好奇心的最好支持。孩子問問題的時候，大人採取不理睬、厭煩甚至嘲笑的態度是錯誤的。一些研究顯示，正是由於大人的態度使孩子感到沮喪，從而放棄了對問題的提問，使孩子的好奇心隨著年齡的增長而漸漸泯滅了。因此，家長切忌說「你怎麼這麼煩呢？」、「你沒看我正在忙嗎？去旁邊玩」一類傷害孩子自尊心的話語。當孩子提問題的時候，你應該放下手頭的事情，作出注意傾聽孩子說話的姿態：彎下腰，目光注視孩子，用點頭和微笑鼓勵他，並且用語言表達對問題的興趣。當然，要回答孩子的問題，是需要技巧的，具體來說，應做到：

✧ 如果您知道問題的答案，當然可以直接告訴他。
✧ 啟發孩子思考，鼓勵他自己尋找問題的答案。當孩子漸漸長大，有了一定的知識經驗後，對於他的一些問題成人不必急著將答案告訴他，可以啟發引導他自己去觀察思考，找到問題的答案。
✧ 孩子的問題千奇百怪，成人也不是百科全書，當然不可能事事都知道。這也沒關係，您應如實地告訴孩子：「這個問題，我也不太清楚，讓我查一查書再來告訴你。」對於年齡稍大的孩子，成人可以和他一起來查百科全書，或者請教他人，甚至從網路中尋找答案。這樣使孩子從小了解到知識的海洋是廣袤無邊的，需要不斷地學習和獲得新的資訊，而獲得資訊的方式則是多種多樣的，既可以透過書本，也可以透過他人、透過網路。
✧ 對孩子的問題不要敷衍了事，特別不宜將一些荒誕的、不科學的內容灌輸給孩子，以免他形成對事物的錯誤理解。

鼓勵孩子提問

以下是一位聰明媽媽的教子案例：

記得我家的小翼剛開始說話的時候，說得最多的就是問題：「這是什麼？那是什麼？」我總是耐心地告訴他。

他不停地問，我不停地回答。只要是我們在一起，總是有說不完的話。

小翼快 2 歲的時候，有一天，我驚喜地發現：小翼在問完「這是什麼」後，緊接著就問：「為什麼這樣啊？」哦，原來孩子開始思考問題了，我為孩子的思維成長感到高興。

每次小翼問「為什麼這樣」的時候，我總是在自己的大腦裡搜尋著答案，如果實在是搜尋不到，我就會說：「媽媽也不知道，讓我們來查查書吧！」然後我們就會一起去查找有關書籍。

每次和小翼在一起玩遊戲、講故事、外出時，我都會抓住恰當的時間問孩子「為什麼這樣？」孩子剛開始總是答不出來，我就會幫他回答，然後問「是不是這樣？」孩子通常並不急著說是，他會擺出一副沉思的樣子，然後說「是吧！應該是這樣」。如果孩子能回答出我的問題，我就馬上表揚他，告訴他：「你真的太棒了！」

經過一段時間的培養，孩子的提問能力更強了，他不斷懂得了問問題，還能思考、分析問題。

以上的案例用生動的生活實例告訴我們：讓孩子多問為什麼，經常問孩子為什麼，可以擴大孩子視野、活躍思維、培養他們的創造性。

正視孩子的「破壞行為」

生活中，很多孩子因為好奇，產生了許多破壞行為，如拆、毀物品，屢見不鮮。家長不能輕率地將孩子的某些違規行為定性為「破壞」，而應該真誠地相信每個孩子都懷有良好的願望。同時設法了解孩子行為背後的真正原因，看到他真實的需求和動機。在肯定和鼓勵孩子探索行為的基礎上講清道理，給他提供問題的答案，滿足他的好奇心。

例如：孩子對電視遙控器或者其他事物發生了興趣，家長與其擔心他們毀壞物品，不如教他們使用的方法，滿足孩子想要自己操作的好奇心。又比如，媽媽在廚房忙碌時，孩子總喜歡跟進去摸摸這裡摸摸那裡。這時，媽媽就可以安排孩子做些力所能及的事情，如讓他洗黃瓜、番茄、拌涼菜，幫著媽媽拿調味料等。在這一過程中，孩子就可以了解一些蔬菜的特性，觀察食物生熟前後的變化等，使好奇心得到了進一步的滿足。而且，還有可能更好地激發孩子更深層次的好奇心，培養他們探索事物的能力。

創造滿足孩子好奇心的環境

對於孩子來說，在他們的生活環境中，到處蘊涵著豐富的可供探索的資源。家裡的客廳、廚房、陽臺，戶外的公園、馬路，隨便哪個角落，都能成為引發孩子好奇心、誘導孩子提出問題的學習場所。

家長要做的，首先是消除環境中的不安全因素，並根據孩子的興趣適時適度地提供資料和實踐機會，鼓勵他們動手體驗。聰明的媽媽會採取一些方法來幫助孩子尋找他們需要的答案，並進一步引導孩子深入探究事物的奧祕。

做富有好奇心的家長

幼稚園的創始人、德國教育家福祿貝爾說：「孩子就是我的老師，他們純潔天真、不做作，我就像一個誠惶誠恐的學生一樣向他們學習。」好奇心是一種最寶貴的天賦，而孩子的好奇心和對事物的探索精神遠勝於成人。在這一點上，成人要向孩子學習，重新拾回好奇心。如果你能放下大人的架子，和孩子一起用新奇的眼光來看待這個世界，和他一起用純真的心靈來感受周圍的事物，你的熱切、你的渴望將會極大地感染和促進孩子的好奇心和探索精神。

在遊戲中正確誘導孩子的好奇心

比如，孩子到 2 ～ 3 歲時特別喜歡敲敲打打，家長可以提供幾根不同形狀、不同質地的棍棒（圓頭的、小而短的，木制的、橡膠制的等），讓他們嘗試敲打不同質地的物品，滿足他們的好奇心；也可蒙上孩子的眼睛，家長來敲打敲打，讓孩子辨別家長敲打了什麼。這樣就可以引導孩子探究不同質地的棍棒敲打在同一物品上，產生的聲音會有什麼不同；同一質地的棍棒敲打在不同物品上，產生的聲音又有什麼不同等。這樣，會引導孩子在好奇的基礎上探索更多事物的奧祕。

在滿足孩子好奇心的同時，家長還應該引導孩子，很多問題是在書上可以找到的，只有熱愛知識、努力學習，才能明白更多自己不懂的事情。這樣，也就把孩子的好奇心引進了知識的門檻裡。

有夢想才有持久的好成績

夢想是什麼？夢想是花朵的色彩，是小鳥身上的羽翼，是人類創造美好新生活的心靈動力，是可以令一個人「雖九死而不悔」的生活嚮往，它會最大限度地激發一個人的熱情與潛能，促使其為實現自己的目標投入全部的努力。

這是一個典型的關於夢想的故事：

康斯坦丁·齊奧爾科夫斯基是蘇聯的科學家，他小時候是個異想天開的孩子。

8 歲時，齊奧爾科夫斯基的母親送給他一個大氫氣球，氫氣球能在空中自由飄動，這引起了他極大的興趣。他常常聚精會神地仰望天空思索：能否乘坐氣球去航行？

10 歲那年，齊奧爾科夫斯基患上猩紅熱引起併發症，完全失去了聽覺。但是，齊奧爾科夫斯基沒有失去信心。白天他到圖書館刻苦自學，一到晚上，他就盡情地展開想像的翅膀，設計出各種理想中的飛行器，希望實現飛行的願望。

齊奧爾科夫斯基想：是否可以製造一個永遠懸在空中的金屬氣球呢？能否發明一種航空飛行器呢？能否利用地球旋轉的能量呢？

當時有很多人把他貶為「無用的空想家」和「狂妄的設計師」。但是，這一切都沒有阻擋他探索的步伐。

有志者，事竟成。西元 1883 年，他闡明了太空船的設計方案。

西元 1903 年，他推導出了著名的齊奧爾科夫斯基公式 —— 火箭運動公式。他首次提出液體燃料火箭的設想，並繪製了世界上第一枚液體火箭引擎的構造示意圖。

西元 1929 年，他首次提出了多節火箭的設想。他還提出了建立星際太空站的大膽設想。現在，這些設想都已經成為現實。

只要有夢想就可能創造出奇蹟，這是齊奧爾科夫斯基的故事告訴我們的道理。同樣，只要有夢想，不必擔心孩子不努力學習。因此，家長應珍惜孩子的願望和童真，鼓勵孩子展開想像，大膽設想屬於自己的美好未來。具體的做法如下：

保護孩子的童心，永遠不要嘲笑他（她）的夢想

西元 1969 年 7 月 20 日，阿姆斯壯和另外一名太空人乘坐「阿波羅 11 號」太空船登上月球，完成了人類歷史上首次登月任務。這位 6 歲時就坐過飛機，未滿 18 歲就取得飛行執照的講了小時候的一個故事：

有一次，他在院子裡玩耍，發出很多古怪的聲音，媽媽在廚房裡聽到了，就問他：「你在做什麼？」小阿姆斯壯說：「我要跳到月球上！」媽媽沒有像別的母親那樣潑冷水，罵他胡說八道，而是說：「好啊！不要忘記回來喔！」

正因為阿姆斯壯的父母從小用心保護他的夢想，所以，小小年紀的阿

姆斯壯就對月球充滿了幻想，最終，他達成了自己的願望，成為人類登月「第一人」。

這個故事，給我們的家長帶來了什麼樣的啟發呢？孩子的夢想可能是醜陋的，可能是荒唐的，可能是怪異的，但它是童心上長出的靈芝草。家長如果能欣賞孩子的夢想，呵護它並加以引導，它可能會長成一棵參天大樹。

為孩子建立正面榜樣

由於孩子最初的道德理想是從英雄榜樣身上得到的，再加上少年期孩子較強的模仿性，為孩子建立正面榜樣十分重要。

大物理學家赫茲（Heinrich Hertz）從小在叔叔身邊接受了很好的啟蒙教育。不幸的是，小赫茲 8 歲那年，年僅 37 歲的叔叔過早去世了。出殯那天，世界上許多著名學者不遠千里前來弔唁，甚至連國王、王后也親自趕來送殯。母親拉著赫茲的手，指著長長的出殯隊伍說：「你叔叔獻身科學事業，受到全世界人民的無限敬仰，你要好好向叔叔學習呀！」

赫茲把母親的話銘刻在心。從此，他一有空暇就閱讀叔叔遺留下來的書籍和日記，遇到挫折時不屈不撓。皇天不負苦心人，他最後終於成功了。

在今天的社會中，許多青少年把演藝圈明星當作偶像，使孩子的夢想和追求出現了較大的盲點。因此，為了給孩子建立正面的榜樣，家長應該引導他們閱讀英雄典範、先賢人物的書籍，觀看相關影視節目，讓這些英雄模範和先賢人物成為孩子的榜樣，從而建立起向他們學習的願望，以推動孩子努力學習。

對於孩子的夢想多一點讚許

在繪畫課上，老師對怎樣畫蘋果作了一番精心的指導後，便安排學生進行繪畫，交作業的時候，老師發現有個學生畫的蘋果是方形的，覺得很奇怪，便問這位學生：「蘋果都是圓形的，為什麼你要畫成方形的呢？」

學生回答說：「因為媽媽把蘋果放在桌上時它經常會滾到地上，如果蘋果是方形的，那就不會掉下來了。」

這個時候，作為老師是允許孩子創新還是喝止孩子的「胡思亂想」呢？明智的老師可能會說：「你真是個有想法的孩子，我相信經過努力，有朝一日你一定可以發明出方形蘋果。」而一個缺乏創新的老師可能就會責備孩子：「蘋果怎麼可能是方形的呢？這個世界上從來都沒有方形的蘋果！」兩種老師，他們的教育結果也是我們可以想像得到的。前者教出的一定是富有創新精神的、有理想的孩子；而後者是孩子創新能力的劊子手，只會把孩子的創新能力扼殺在「繈褓」裡！為了使你的孩子更富有創新精神，在社會中更有競爭力，請給孩子的夢想讚許吧！多一些讚許，將多一種可能！

給孩子灌輸夢想一定成眞的信念

世上每一本宗教典籍都是在訴說信仰和信心帶給人類的力量和影響。只要孩子相信夢想會成真，就會充滿動力，充滿自信。自信對孩子來說非常重要。建立自信其實就是一個人戰勝自己心理障礙的過程。有了自信，他就會主動參與一切活動，主動跟人交往，在機遇面前會比其他人善於爭取。信念猶如汽油，可推動人邁向卓越之境。同時，父母也必須與孩子保持一致的觀點和理念，要相信孩子一定能夢想成真。

福勒是美國一位黑人佃農的七個孩子之一。他五歲時開始工作。在九歲以前，以趕騾子為生。但他的母親是個富有夢想的女人，不願接受這種僅夠糊口的生活。

她時常與福勒談論夢想：「我們雖然窮，但為什麼應該貧窮呢？我不希望聽到你說：我們的貧窮是上帝的意願。貧窮不是由於上帝的緣故，而是因為你的父親從來就沒有產生過致富的想法。我們家族中的任何人都沒有產生過出人頭地的想法。」

我們應該有致富的憧憬。這個觀念在福勒的心靈深處刻下了深深的烙印，以至於改變了他的一生。他開始想走上致富之路，致富的願望就像火花一樣萌發出來，並且，他相信自己能夠致富。如今，他不僅擁有一個肥皂公司而且在其他七個公司，包括四個化妝品公司、一個襪類貿易公司、一個標籤公司和一個報社，都實現了他強大的商業夢想。

福勒夢想致富的故事告訴我們：你怎樣想像，就有怎樣的人生。因此，家長的鼓勵很重要。不要因為孩子想得天花亂墜就責備孩子不理智，不務實，不用心做好眼前的事情。如果你希望孩子做好眼前事，不如用「遙遠的未來」激勵現在的孩子。

在親身經歷中培養孩子的理想

對於孩子來說，再沒有什麼比自己親身體驗、親身經歷更有說服力了。因此，要讓孩子實現遠大的理想，家長應該讓孩子親身體驗實現理想帶來的榮耀與震撼。

畢卡索 3 歲半時，父親的朋友、歐洲著名畫家安東尼奧（Antonio Rotta）抵達他們所在的馬拉加市，連國王都出動了，為安東尼奧舉行了盛大的歡迎儀式。作為市立博物館館長的父親帶上小畢卡索專程參加歡迎儀式。從此畫家的神聖地位在小畢卡索心中留下了深刻印象，他因此喜歡上了繪畫。

增強孩子的抗挫折能力

幾乎所有的父母都在擔心孩子遭受打擊，陷入困境，害怕他有挫折感。但大多數成功的人都經歷過挫折，而且正是他們當初的坦然面對，才成就了今天的事業。經歷困難挫折之後，才會得到真正的成長，而曾經的那些苦難經歷反倒成為人生一筆難得的財富。它磨練了人的韌性，煥發了人的潛能。因此，當孩子失敗時，父母應教導他如何接受失敗。因為任何參與競爭的人都必須學會面對失敗，學會如何從失敗中走出來並繼續前進。從失敗中可以學到很多東西，沒有失敗，就等於從未嘗試。

如果孩子因為擔心而不敢嘗試，家長不妨鼓勵孩子：「別怕，你能行！」當然，還可以讓孩子驕傲地喊出：「不怕，我能行！」這個「能行」中包含的是孩子對待夢想的積極主動、不怕挫折的熱情。

激發孩子學習的興趣

心理學研究顯示，興趣能驅使人接近自己所喜歡的對象，驅策人對事物進行鑽研和探索，從事創新的、有趣的或個人愛做的事，樂此不疲。進而促使一個人取得成功。

興趣對孩子的學習有著神奇的內驅動作用，有興趣才有渴求，有渴求才會主動積極地探索，獨立地進行研究和分析，得出自己的結論，而不是被動地接受書本知識。興趣能變無效為有效，化低效為高效。孩子只有對學習內容有足夠的興趣，才會產生強烈的探索欲望和飽滿的情緒狀態，才會自發地調動全部感觀，積極、主動地參與到學習中去，學習就不再是枯燥的事情，學習效率就會提高，也才能取得較好的學習效果。可以說，學習興趣是推動孩子進行自主學習的原動力。充分激發孩子的學習興趣是家長培養孩子學習主動性的有效途徑。

許多調查資料顯示，對學習有濃厚興趣、自覺性強的孩子，大都能專心聽講，注意力集中，認真做筆記，肯動腦筋，愛提問題，按時完成作業，主動閱讀有關的課外書籍，並且有克服困難的頑強毅力。而那些漫無目標、缺乏學習興趣的孩子，在學習上往往很被動，學習不專心，對待學習任務敷衍了事，遇到困難易產生消極、畏難情緒，把學習看成是一種負擔。培養孩子的學習興趣，可從以下幾方面著手：

家長言傳身教

家長的學習興趣對孩子有著潛移默化的影響。比如很多的音樂世家、書香門第都是這樣產生的。實際上，興趣教育比強迫孩子去做家長自己都不感興趣的事情更容易，效果也好得多，所以培養孩子的學習興趣，家長的言傳身教是非常重要的。

所謂言傳就是家長盡可能早地讀書給孩子聽，會彈琴的家長在孩子面前彈琴，會寫字畫畫的，就多在孩子面前展示自己的學習成果，交流自己的學習心得等。孩子在耳濡目染的情況下，慢慢體會到了學習的魅力所在，慢慢就有興趣了。

為孩子創造一個愉悅的學習環境

例如，孩子一般都愛聽故事，不管是老師或父母講故事，還是廣播電臺或電視臺播放故事，孩子們總是專心致志地聽，特別是繪聲繪色地講故事最能吸引他們。當你講小人書中的故事時，你會發現孩子常常是一邊聽一邊很想認識書上的字，這種主動要求學習的精神是非常可貴的。父母可以利用這一時機因勢利導，適當教孩子認認字，不要求孩子寫，更不要求孩子記這些字，只要他們能認識，能把一個小故事讀下來就行。孩子聽得多了，讀得多了，自然而然會掌握這些字。有一天，父母發現孩子已經能很連貫地把書上的故事朗朗上口地讀出來。當孩子在閱讀課外書刊時，家長可利用讀物內容，作為與孩子對話的內容。這樣，孩子在一個輕鬆愉悅的學習環境中，可以不時地受到啟迪，並逐步養成主動學習·、主動探索知識的興趣與習慣。再者，給孩子一個安靜的學習環境。孩子學習時父母不要一下子送水果，一下子與他說話，打斷孩子的思考。最後讓孩子多與愛學習的小朋友接觸，受其影響，對學習產生興趣。

發展孩子多方面的興趣

一些孩子由於受家庭和周遭環境的影響，在三歲左右就開始對畫畫或樂器產生興趣。特別是孩子進了幼稚園以後，在老師的誘導下，他們的興趣愛好出現了第一次飛躍。最先使孩子產生興趣的一般是畫畫、唱歌和表演，當然這些都是模仿性的。對鋼琴、電子琴、手風琴的興趣可以在幼兒期喚起，這時不是要求孩子能達到什麼水準，而是以喚起他們對各種樂器的興趣為主。下棋更是如此，很小的孩子就喜歡跟大人下棋，當然更喜歡和小朋友們一起下遊戲棋。父母只要做有心人，為孩子們提供一些條件，準備一些簡單的器具，多給孩子講講自己的見聞，多與孩子一起玩，孩子多種學習興趣就會逐漸培養起來。

積極鼓勵，適當引導

在學習的過程中，孩子所取得的每一點成績，不管家長還是老師，都應該積極採取多種形式給予適當的鼓勵，讓他們獲得一種被人承認、被人接受的感覺。水滴石穿，量的累積達到一定程度，就會發生質的變化。同樣，鼓勵累積到一定程度也會收到意想不到的效果。孩子對某一問題、某一學科的興趣就在這一次次的鼓勵中得以形成、發展。但另一方面，我們也應該看到，孩子接受新事物的能力比較強，世間的萬事萬物都能引起他們的興趣，而他們由於生活閱歷的欠缺，對真善美、假惡醜的分辨能力有限，不良的學習興趣和讀書習慣也會乘虛而人。這時候，作為家長或老師，就應該適當地加以引導，告訴他們哪些是對的、哪些是錯的，哪些該做、哪些不該做。

挑戰困難，循序漸進

學習是個循序漸進的過程，對學習既要知難而進，又要做到從易到難。在學習中遇到困難是很正常的現象，關鍵是要處理好它。有的孩子喜歡向困難挑戰，在戰勝困難時感到其樂無窮，這樣就形成了自己的學習興趣；有的孩子不喜歡困難重重的感覺，家長可以引導他們在學習中選擇從易到難的方法，不要急於求成，讓孩子在每前進一步中都體會到一種成就感，這同樣也能培養他們學習的興趣。

讓孩子從學習中尋找快樂

學習若能給孩子帶來快樂，那麼孩子一定會喜歡學習，年齡越小的孩子，學習興趣越是以直接興趣為主。例如：有的孩子喜歡畫畫，可能是他樂意用五彩的蠟筆在紙上塗抹，看著五彩的線條在紙上延伸、擴展，他的思維、想像也跟著任意遨遊、馳騁；也可能是老師經常表揚他，雖然他畫得並不怎麼樣……

此外，家長和孩子一起學習，當孩子解答出難題後，與孩子分享快樂；當孩子不懂時，與孩子共同探討，也能讓孩子覺得學習是件愉快的事。

總之，每個孩子對知識的學習和掌握，都是被興趣牽引著一步一步地實現的。身為父母，應該珍惜孩子求知的興趣，並積極地給予保護和鼓勵，從小引導孩子在自主求知中快樂學習。既要順其自然正確地培養孩子的學習興趣，同時又要循序漸進，正確引導。這樣，就可以收到很好的效果。

啟動孩子求知的欲望

萊特兄弟（Wright brothers）小的時候，一天，父親為兄弟兩人買回來一個玩具，玩具上方有一個用橡皮筋作為動力能夠旋轉的小木片，給木片加足動力後，玩具便會飛起來。

兩兄弟興高采烈，他們非常喜歡這個玩具。玩過之後，他們開始想，為什麼這個玩具會飛，而別的玩具卻飛不起來？奧祕在哪呢？於是，他們將小木片拆下來，安裝到別的玩具上，別的玩具也能飛起來，他們翻看著小木片，看不出有什麼特殊之處，於是就自己動手做了幾個小木片，安裝到玩具上，拉緊橡皮筋後，玩具也飛了起來。

從此，他們在這方面產生了濃厚的興趣。長大後，透過閱讀大量的書籍，進行大量的計算、設計和實驗，他們終於製造出了世界上第一架飛機。

一個小小的玩具使萊特兄弟發明了飛機，而那個飛行玩具的製造商卻沒有發明出飛機來，同樣玩過這種玩具的人還有很多，他們也沒有發明出飛機來，為什麼呢？

主要的原因是萊特兄弟具有強烈的好奇心和旺盛的求知欲。求知欲不僅使萊特兄弟發明了飛機，而且還造就了許多科學家和發明家。

求知欲是人們探索、了解未知事物的一種欲望，是人們學習知識的動力。它能使人堅持不懈地探究知識，努力地驅動自己求知的動力，自覺地、發自內心地去探求知識的寶庫。對於孩子來說，啟動他們的求知欲，就是啟動他們對知識、對學習的內在渴望，讓他們愛學，並且持續地保持好成績。可以說，求知欲是孩子學習進步、取得優異成績的內驅力。

那麼，身為家長，應如何啟動、誘導孩子的求知欲，讓他們自覺地、發自內心地去探求知識的寶庫呢？

✧ **開闊孩子的視野，激發求知欲**：家長可以經常有意識地引導孩子到大自然中觀察日月星辰、山川河流。比如春天可以帶孩子去觀察小樹以及其他植物的生長情況；夏天帶孩子去游泳、爬山；秋天帶他們去觀察樹葉的變化；冬天又可以引導他們去觀察人們衣著的變化，看雪花紛飛的景象。孩子透過參加各種活動開闊了眼界，提高了學習興趣。家長最好還能指導他們參加一些實踐，如讓孩子自己收集各種種子、做發芽的試驗、栽種盆栽，也可飼養些小動物。隨著孩子年齡的增長，可以啟發他們把看到、聽到的畫出來，並鼓勵他們閱讀有關圖書，學會提出問題，學會到書中找答案。這樣不但可以滿足孩子的好奇心，而且可以激發孩子的求知欲。

✧ **要讓孩子體會知識的作用**：孩子的求知欲往往表現出隨意性，今天對這個特別喜愛，明天對那個非常熱衷，再過兩天可能對什麼都不感興趣。為了讓孩子的求知欲具有持續性，家長首先要掌握孩子學過哪些知識，然後在與孩子的日常交流中，設法用到這些知識，讓孩子體會到所學知識的作用。家長應時常留心發生在孩子身邊的各種事情，盡量用孩子學過的知識向他解釋。當孩子經常體會到所學知識的作用後，這些經歷往往又能激發他的求知欲。

✧ **抓住孩子的求異心理，鼓勵想像**：孩子天真無邪，想像力豐富，大人要利用孩子的這個特點，結合情景有意識地誘導孩子去想像。如讓孩子想像假如自己到了月球上，會怎麼樣？假如自己在森林裡迷路了，又該怎樣生存，等等。對於孩子大膽地憑藉科學的原理，進行豐富的聯想，要給予肯定。孩子進而會想知道自己所想像的事能不能實現，這樣就會使孩子產生強烈的求知欲望，積極地探索未知世界。

✧ **給孩子提供一個充滿奧祕的環境，以激發孩子的求知欲**：在家裡給孩子提供大量的教材，如望遠鏡、放大鏡、地球儀、磁鐵、風車等，並示範給孩子看，使孩子對此類物體產生好奇心，大人再用語言給予點撥，進而誘發孩子的求知欲望。

✧ **要讓學和玩結合起來**：學習是辛苦的，玩是快樂的，而孩子是無法意識到苦與樂的辯證關係的。因此，在孩子的學習過程中，家長不能要求得過於嚴格、過於嚴肅，以免使孩子對學習產生懼怕。一方面，家長可以在教孩子的過程中，適當地運用一些近似於遊戲的方法。另一方面，家長也可以在孩子玩的時候，適當地引導他玩一些知識性的遊戲。比如，當孩子們無意義地亂跑、亂叫時，可以建議他們來個數數遊戲、唱歌比賽等，孩子往往同樣玩得很快樂。這麼一來，學和玩便有機地結合起來，孩子就可以在快樂中不斷地學到知識。

✧ **把孩子引進書的世界**：書是孩子認識、了解世界的又一個重要的視窗，家長在引導孩子透過這個視窗認識世界時，應選擇符合孩子興趣愛好的書，以培養孩子對書的興趣。在此過程中，家長千萬不可操之過急，否則只能引起孩子對書的厭惡。

✧ **從孩子的愛好入手引導**：如果孩子迷戀恐龍，家長可以經常帶他去自然博物館，或者到圖書館裡借一些史前動物的畫冊，當然適當的時候也可以買一些模型玩具，隨時在家裡上演侏羅紀大戰。不要對孩子迷戀一些冷僻的知識而失望或擔憂，恰恰是這種獨一無二的愛好更能夠維持得長久。所以，嘗試從嬰兒期開始培養和捕獲孩子的興趣吧！最簡單的做法就是讓他盡可能多地接觸外界事物，並且給他足夠的時間去探索和發現。

✧ **啟發孩子思考，鼓勵孩子自己嘗試**：當孩子漸漸長大有了一定的知識累積後，對於他們的一些問題，成人不必急著將答案告訴他們，可以啟發引導他們自己去觀察，去思考，去探索，去尋找問題的答案。這樣可以讓孩子感受到探索的樂趣，品嘗到自己找到答案的成就感，從而產生更加旺盛的求知欲望。如讓孩子觀察冬天玻璃窗上一層霧氣的現象，讓孩子思考有關原理，並引導孩子自己到書中去尋求答案。

✧ **創造條件讓孩子做些實驗**：做實驗不僅可以鍛鍊孩子的動手能力，還可以滿足孩子的探究心理。在做實驗的過程中，孩子可以驗證所學到的知識，品嘗到學習知識的樂趣，並發現新的問題，從而引發新的求知欲望。如讓孩子觀看天上的彩虹，讓孩子了解光的散射，並引導孩子做人造彩虹，以驗證這個知識。

總之，求知欲是人內在的動機和願望，所以，家長一定不能阻塞孩子內心深處向外延伸的通道，否則，無論你怎樣打罵，怎樣苦口婆心，怎樣恨鐵不成鋼，也是無濟於事的，孩子會把你的話當做耳旁風。當孩子自然而然地將求知視為一種追求與習慣的時候，就等於在成功的路上邁出了一大步。這樣的孩子，怎麼可能學不好，考不出好成績呢？

點燃孩子學習的熱情

每個人體內都有非凡的潛力，都有一座奔湧澎湃的火山，這座火山一旦噴發，人生將會因此更加絢爛多姿。這一非凡潛力的激發需要的正是熱情。

熱情是成功的「引擎」，孩子課業成績的好壞，往往取決於孩子對學習的熱情程度，一個擁有學習熱情的孩子能做到廢寢忘食地學習，即使在嘈雜混亂的環境中，也可以全身心專注於自己的學業，從而最大限度地提高學習效率，取得更好的成績。在熱情的支配下，孩子會主動約束自己不利於目標實現的各種不良習慣，以積極的心態面對未來，以不屈的努力克服各種困難，以頑強的意志將努力堅持到底，直到目標實現為止。在有學習熱情的孩子面前，永遠有一個看得見的靶子。

在生活中，有很多孩子對學習缺乏熱情，對他們而言，學習就像吃藥，苦不堪言，只要一提到學習，他們就情不自禁地皺起了眉頭。在學習時，這些缺乏學習熱情的孩子很難將注意力集中在所學的內容上，正因為如此，他們的課業成績比較差。而一個帶著積極的情感學習課程的孩子，比那些缺乏熱情、樂趣和興趣的孩子，或者比那些對學習資料感到焦慮和恐懼的孩子，學習得更加輕鬆、更加迅速，成績自然也就更好。正因為如此，家長有責任讓孩子熱愛學習，並把學習的熱情保持終身。但就如何去激發孩子卻沒有定式，針對每個孩子個性與特點的不同，家長應因材施教，以期最大限度地發揮孩子的能量。

教育學家經過長期的分析、觀察得到，一個優秀的家長，同時也是優秀的導師，他必能在家長與師長之間巧妙地互換角色，從而在不知不覺中激勵孩子不斷進步。具體來說，一個優秀的家長在激發孩子的學習熱情，催促孩子上進時，應該做到以下幾點：

✧ **和孩子討論將來，激發孩子學習的熱情**：每個孩子，都會對自己的未來有所憧憬。做父母的，不妨讓孩子充分表達他們對將來的希望，不管想法有多麼不切實際。父母和孩子一起討論為了實現自己的理想需要具備哪些知識，讓孩子了解，為了自己的將來，目前辛苦讀書是必要的，從而激發孩子學習的積極性。

沒有哪個孩子自甘落後和不求上進，幾乎所有的孩子都希望自己在學習上出類拔萃，只是因為種種原因造成了他們暫時的落後。一旦找到了對症的方法，孩子的學習願望被強烈引發之後，他的進步也許會出人意料。

✧ **正面引導，提出目標，激發孩子的學習熱情，強化孩子的進取心**：孩子的進取心大多是由外在的要求進而轉化為自己的願望的。因此，目標教育是必須的。確立目標可以建立孩子的雄心，雄心可以引導孩子追求，拿破崙的名言「不想當元帥的士兵不是好士兵」，實際上是有激勵作用的。

應該注意的是：短期目標應按照孩子的能力來定。長遠目標是明天的，短期目標則是今天的。目標定得太高實現不了時，會挫傷孩子的積極性，從而影響他的上進心。

✧ **做孩子的榜樣，父母自己積極進取**：人們常說孩子把父母當做一面鏡子，對父母的一言一行、一舉一動都會有意無意地去模仿。因此，家長要培養孩子的求知欲，自己必須先作出樣子，這是教育孩子的一條捷徑。

✧ **對孩子進行危機、挫折教育**：日本非常重視對小孩子進行危機感教育，讓孩子從小就知道，日本地少人多，資源匱乏，只有靠人，靠能力強的人，否則就沒飯吃、沒水喝。

對孩子也是這樣，沒有危機感，躺在安樂窩中是難以激發出強烈的上進心的。

培養孩子能學好的自信

在生活中，有這麼一種現象：成績好的孩子學習會越來越得心應手，成績會越來越好，而成績不好的孩子則會變得越來越不好，學得越來越吃力。這到底是為什麼呢？很多家長質疑。事實上，兩種孩子所以走兩個極端，除了能力上的差異外，最主要的就是狀態不同。

課業成績不好的孩子，他們在學習上的自信已經喪失，對他們來說，表揚、獎勵與他們無關，理想與目標更是等於零。現實慘澹無光，未來更是遙不可及，你說他們能不茫然嗎？在這種狀態下，他們的生活態度是得過且過，他們的學習是被動的、消極的，甚至還有抵觸和抗拒，因為他們努力了也不可能成功，成功和他們沒有關係，他們只能破罐子破摔。

自信的喪失，也就意味著失去動力。為什麼很多孩子對玩遊戲上癮？因為除了遊戲本身的精彩刺激以外，孩子還能從遊戲中獲得成就感。特別是網路遊戲，打得好就可以賺到裝備，賺到錢，就有了地位和權威，受到別人的尊重。與現實人生相比，那是一種更容易實現，更容易掌握的成功，只要不停地玩下去，就會有收穫。這就是很多孩子，特別是那些課業成績不好，在學校被漠視，在家裡經常受責備，缺乏成就感的孩子沉迷於網路遊戲的最重要原因。

因此，要想使孩子努力學習，作為家長，必須幫他建立學習上的自信，讓他感到自己是可以成功的。

那麼，在大家都在努力，你的孩子又落後的情況下要想超越，家長應如何幫孩子建立起學習的自信呢？

信任你的孩子

自信來源於信任。不管孩子學得好不好，作為家長都不要失去信心。父母對孩子的懷疑（能力、品行，甚至是運氣的懷疑），會使孩子感到沮喪，從而自我懷疑，自我否定。你只要發自內心地讚賞孩子，肯定孩子，讓他看到希望，他就會努力，慢慢的，你就能看到孩子的變化。

要有正確的目標

要想孩子恢復學習的信心，就得有學習的目標，而目標的制定要符合孩子自己的條件，目標不可太低，也不要太高，太低激不起孩子的鬥志，太高了，如果一再失敗，一再失望，信心將更受打擊。如果孩子是全班倒數第一，那麼，你只要讓他爭取倒數第二，那也是進步。告訴孩子，不要和別人比，要和自己比，只要在上進，就是好的。

積極鼓勵孩子從事有興趣的活動

正常的嗜好與充分的運動，不但有助於調劑生活，更可培養積極健康的人生觀。

所以，當孩子在節假日要求父母陪同玩遊戲時，父母大可不必嚴肅地說：「不准玩，快去做功課！」因為，遊戲不但能訓練個人的思考力與臨場反應，亦可提高其理解力，對前途也有莫大助益。反之，若孩子因缺乏理解力的訓練而無法領會課業的內容，必將隨年級的升高與課程的加深，更難產生學習興趣了。

因此，當父母發現孩子興趣廣泛並喜愛運動時，應該積極地加以鼓勵。

策略上要有重點，各個擊破

家長不要幻想一個學期孩子就能改變面貌，要有打持久戰的準備。先突破一科，只要在某一科上進步明顯，就可以證明他是有能力、有潛力的，從而建立起孩子的自信。突破一科所付出的努力，所採取的方法，對其他科也有借鑑意義。突破了一科，其他科就有望跟上。

讓孩子發揮自己擅長的學科

有一位教育專家認為：「大腦猶如一條包巾：只要提起一端，便可帶動全體。為何擁有一技之長的人，通常其他方面也會有優異的表現呢？正因頭腦有如包巾般的特性，只要有一端被開啟，其他部位也會相對地活躍起來。因此，若對某一課題產生好奇心，集中精力去做，必能促進全腦的活性化。」

例如，有個學生數學方面的表現不理想，但是他國文成績獨占鰲頭，卻是老師和同學們一致公認的。因此，他因擁有一門擅長的科目而充滿自信與快樂。

讓孩子擁有一項特長

天天的課業成績很差，但他的乒乓球打得特別好。天天的媽媽沒有因為天天功課不好，就要求他放棄自己的愛好，節省時間去念書。相反，她還經常陪孩子打球，鼓勵孩子，學習其實就像打球一樣，要有恆心，要有自信，這樣就能學好，沒有什麼大不了的。

為了給孩子更多的自信，媽媽還替孩子報名體能訓練課，讓孩子專心打球，天天的專長得到了發揮，每打贏一場球賽，他的信心就增加更多。

慢慢地，他跟班上的同學也聊起了打球的話題，證明自己不僅打球好，還會讀書，並且認真投入在課業上。就這樣，他的自信很快就培養起來了。

適當獎勵孩子

有一位家長為了培養孩子學習的自信，給孩子特製了一張獎勵表，如果孩子當天在課堂上大聲朗讀或主動回答老師的提問，就可以得到一顆星。如果一個星期她能得到三顆星，就可以在週末時得到獎勵，到商店去買她喜歡的文具或玩具。如果一個星期得了五顆星，她就可以得到最高獎勵，在週末選擇自己喜歡的活動，如看電影、到餐廳吃飯、去遊樂園，全家人都得服從。此外，她還可以晚半個小時上床睡覺，多看一下圖畫書。事實證明，這樣的獎勵很有效，一段時間過後，這個孩子變得自信多了。

此外，家長還可以透過增長見識的方法提升孩子的自信心。增長見識的方法有很多，比如旅行、讀書，學習一些才藝等。只有孩子掌握的知識增長了，判斷能力增強了，他才能真正變得自信起來。

讓孩子體驗成功

心理學家曾做過這樣的一個實驗：

把一條梭魚放養在有很多小魚的魚缸中，讓牠隨時可以吞吃小魚。一段時間後，心理學家用一片玻璃把牠與小魚隔開。這樣，梭魚再想去吞吃小魚時自然就遭到了一次又一次的失敗，隨著失敗次數的增加，牠吞食小魚的希望和信心也隨之逐漸下降，最後完全喪失信心。在實驗的最後，心理學家把玻璃拿開了，但那隻梭魚依然無動於衷，最終餓死在魚缸裡。

接著，心理學家又做了同樣一個實驗：

把一條梭魚放養在有很多小魚的魚缸中，在中間隔了一片玻璃板，當梭魚第一次、第二次要吃小魚時，心理學家並沒有採取任何行動，而是認真觀察，等到梭魚第三次游向小魚的時候，心理學家悄悄地拿走了那塊玻璃。於是，梭魚吃到了小魚。這樣的實驗在繼續進行著，之後，失敗的次數越來越多，但因為知道總有「吃到小魚」的可能，那條梭魚始終敗而不餒，充滿了旺盛的鬥志。

心理學的研究和生活經驗都告訴我們這樣一個道理：一個人只要體驗一次成功的喜悅，便會激起無休止的追求意念和力量，強化自己的自信心，弱化自己的自卑感，而一連串的成功則會使人的自信心趨於鞏固。反之，如果一個人體驗到的盡是失敗，嘗不到一點成功的喜悅，時間長了，勢必會像那隻備受挫折的梭魚一樣，變得灰心喪氣，毫無鬥志。因此，我們應充分利用個人希望成功的願望，在教育孩子的過程中，讓他們能得到成功的體驗，使每個孩子在不斷獲得成功的過程中，產生獲得更大成功的願望，從而促使孩子在原有基礎上得到理想的發展。

讓孩子體驗成功，是孩子走向新的成功的開始，一句話：成功才是成功之母。

以下是球王比利的故事：

據說，球王比利曾經是一個自卑的膽小鬼。

當得知自己被巴西最著名的俱樂部桑托斯（Santos）看中時，比利緊張得徹夜難眠，他翻來覆去地想著：「那些知名的球星們會嘲笑我嗎？」他甚至還無端猜測：「即使那些大球星們會願意和我踢球，也不過是想用他們絕妙的球技，來反襯我的笨拙和愚昧。如果他們在球場上把我當成戲弄的對象，然後把我像白痴似的打發回家，那樣的話，我該如何面對家人，如何生活下去？」

後來，在家人和朋友的鼓勵下，比利才懷著忐忑不安的心情來到桑托斯隊。比利自己後來形容說，自己當時緊張和恐懼的心情簡直無法形容。等正式練球開始時，他已嚇得幾乎快要崩潰了。

不過，球隊並沒有給他「畏懼」的機會，他第一次上場，教練就讓他踢主力中鋒。緊張的比利半天都沒回過神來，他的雙腿好像長在別人身上，每次球滾到他的身邊，他都好像看見別人的拳頭向他打來。他幾乎是被逼著上場的。但是，當他邁開了雙腿後，便不顧一切地在球場上奔跑起來，也漸漸忘了是和誰在一起踢球，甚至忘記了自己的存在，只是習慣性地接球、傳球和盤球。在快要結束時，他已經徹底忘記了害怕。

慢慢地，他發現自己完全能夠勝任這一角色，因此變得越來越有信心。

球王比利的故事同樣告訴我們，成功能催生成功，並激發一個人的自信。而成功的教育就像無影燈一樣，不會給孩子帶來心靈上的任何陰影，反而會滿足他們自我實現的需要，產生良好的情緒體驗，成為不斷進取的加油站。當孩子取得成功後，因成功而釀造的自信心對其新成績的取得會產生進一步的推動作用。隨著新成績的取得，心理素養再次得到優化，從而形成了一個不斷發展的良性循環，進而讓孩子不斷獲得成功。

想透過成功感來激發孩子的自信心，家長不妨從以下幾個方面入手：

✧ **為孩子創造學習成功的預感**：心理學研究和生活經驗都告訴我們這樣一個道理 —— 如果一件事情有很大的價值，透過我們的努力後又可以實現，那麼我們肯定會對它產生興趣，並願意作出努力。培養孩子的學習興趣時也應注意運用這條規律，那就是為孩子創造學習成功的預感。

　小璐今年上小學五年級，她在五年級上學期末的考試國文成績不及格，以前她的國文成績在班上通常也處於最後幾名。小璐為此十分煩惱，她討厭國文課。

　媽媽為了改變這種狀況給小璐安排了一項作業：每天把《格林童話

選》抄寫一頁，並完成相關的字詞任務。媽媽告訴她只要耐心仔細地完成這項作業，就可以取得好結果。孩子對這項作業非常感興趣，因為它不同於平時完成的那些練習，她感受到，父母對這項新作業寄予了很大的希望，相信她的讀寫水準一定能夠提高。這就給孩子增添了力量，只過了一個半月的時間，大家就看到了成績的進步。她在童話中發現了自己前幾年一直寫錯的詞並學會了許多新的語言表達方法，她現在開始仔細地閱讀其他文學作品，在裡面尋找好的詞、片語及句式。如此一來，小璐終於在國文默寫方面取得了滿意的分數。這更加鼓舞了她，增強了她把國文學好的信心。

✧ **與孩子一起挖掘知識的內涵**：每一門學科都有它自己的特點，裡面都蘊藏著無窮的奧妙和無盡的樂趣。成人要盡可能引導孩子掌握好知識，當孩子釐清一個問題或者理解一個道理的時候，家長要懂得與孩子一起分享這種快樂的感覺，這樣既能增強孩子的自信心，使孩子有勇於探索的積極性格，又能使孩子產生學習的興趣。

✧ **讓孩子做老師**：家長可以讓孩子做老師教自己，試著交換一下教與學的位置，孩子站在教方的立場，會提高其學習的欲望，同時，為了使對方明白，自己必須深入地學習並抓住學習內容的要點，這對於其自身的學習有很大的幫助。

✧ **重視孩子的第一次成功經驗**：在孩子的一生中最能幫孩子建立信心、達到最佳激勵效果的，就是他的第一次成功。哪怕是再小的成功，也能增強自信。當學會一個字、得到一張獎狀、做對一道題、縫好一枚紐扣、擦淨一次地板、洗淨一雙襪子時，他都有成功的喜悅，會期望自己下一次做得更好。在這種時候得到肯定與鼓勵，將使他對前景充滿信心。

✧ **對孩子的要求和期望值不要太高**：對孩子的要求如果太高，孩子就很難實現目標，並很難建立起信心。因此，如果家長發現孩子在某些方面不如他人或達不到預期要求時，要考慮根據孩子的情況和特點進行修改，提出一些適合自己孩子、經過努力能夠實現的目標。要一步一步來，不要急。要知道，培養孩子是一個艱苦細緻的漫長過程，只有透過實行正確的、切實可行的教育，尊重孩子，幫助孩子，鼓勵孩子，並及時給予指導，讓孩子自己去探索、去完成，去體驗成功的喜悅，才能引導他們健康愉快地度過人生的啟蒙階段。

成功是人生的營養，沒有成功的生活必然是畸形的。幾乎所有問題兒童，都是正常秩序中的失敗者，得不到正常的成功，他們只能從別的途徑尋找肯定，比如沉迷遊戲的少年，比如一些走歪門邪道甚至犯罪的孩子，那都是他們尋找自我價值的方式。

你想讓孩子成為怎樣的人，就讓他在那個方面獲得成功吧！比如，你希望他取得好成績，就給他學習上的成功。給他機會，給他寬容和鼓勵，幫他得到成功——小小的成功，會把他帶向更大的成功。

多讚美你的孩子

哥倫比亞大學的蓋茲和匹斯蘭德兩位教授，曾經針對「讚美在學習上的效果」作了一項心理實驗。

他們兩人隨機取樣，在某校挑選了一些學生進行測驗。他們先把這些學生分成 A、B、C 三組，然後進行考試。三天以後，再舉行同樣的考試。不同的是，在第二次考試之前，先對 A 組學生加以讚揚，稱讚他們考得很好；而對 B 組學生給予懲罰，責怪他們沒有考好；至於 C 組學生，則不給予讚美，也不給予懲罰。實驗結果發現，受到讚美的 A 組，第二次考試的成績最好，其次是受到懲罰的 B 組，沒有受到獎懲的 C 組反而考得最糟。

這項心理實驗的結果顯示，相較於責罰與不管不問，讚美的效果最好。這是因為，每個孩子的心靈都是敏感而脆弱的，他們自我意識的產生完全依賴於家長和老師對他們的評價。得到的鼓勵、喝彩和掌聲越多，他們對自己的信心就越足，表現出來的能力就越強，也就越能向著良好的方向發展。

美國職業作家瑪律科姆·戴爾科夫少年時代曾有過這麼一段有趣的故事：

戴爾科夫小時候住在伊利諾伊州的羅克艾蘭，無依無靠，生性十分怯懦。西元 1965 年 10 月的一天，他的中學英語老師露絲·布羅奇給學生安排作業，要求學生在讀完小說《殺死一隻知更鳥》末尾一章之後，接下去續寫另一章。

戴爾科夫寫完作業交了上去。布羅奇夫人在他作業的頁邊批下一句話：「寫得不錯！你將會成為了不起的人！」

看了老師的批語，戴爾科夫激動不已。就是這句話，改變了他的一生。

戴爾科夫回憶說：「讀了老師的評語，我回家立刻寫了一篇短篇小說——這是我一直夢想要做但又不敢做的事。」

在接下來的歲月裡，他寫了許多短篇小說，並總是帶給布羅奇評閱。老師為人拘謹而真誠，不斷地給他鼓勵。後來他被提名當了校刊的編輯。由此他充滿自信，就這樣開始了卓有成就的一生。

戴爾科夫確信，如果不是因為老師在作業本上寫下的那句話，他不可能取得後來的一切。老師的一句讚賞和激勵的話，便改變了一個少年的一生，使他成為一名職業作家。由此可見，讚賞和肯定對孩子成長的作用有多大。可以說，讚美是孩子成長過程中的陽光、空氣和水，它能激發孩子的潛能，增強孩子的自信心，讓孩子獲得優異的成績。當然，讚美也是需要講究技巧與掌握分寸的，具體地說，應注意以下幾個方面：

✧ **寬容和理解孩子**：寬容和理解孩子，可以幫助他們重新振作。每個孩子在成長的過程中，都可能遇到困難或挫折，都可能遭遇到人際上的困擾與考試的失敗，都可能不小心做錯了事情，這時候，家長應該寬容和理解孩子，給孩子精神上的鼓勵與支持，讓孩子重新振作起來。

✧ **告訴孩子「你真棒」**：賞識的語言猶如陽光，可以鼓舞人的勇氣，激發他的自信。

一位老師在推薦赴美讀高中的女孩時說「我以性命擔保她做得到」，這句話深深震撼了父親的心。他怎麼也不會相信，僅僅在 4 個月前，他的女兒還是一個被老師批評為「沒有數學頭腦」、垂頭喪氣地說「我討厭上學」的孩子。

剛去美國不久，女孩（史蒂芬妮）文科首次得了滿分！老師一句「妳真棒」讓女孩心花怒放。接著她的化學又開始頻頻得滿分。有人問老師問題，老師跟他們說：「問史蒂芬妮，她什麼都知道。」老師還在全班大聲讚揚：「你們要努力呀！否則將來你們都要當史蒂芬妮的員工了！」

每個人都是有天賦的，但並不是每個人的天賦都能被喚醒。就像打開寶藏的口訣「芝麻，開門」一樣，喚醒這沉睡的巨人也需要祕訣，那就是賞識他！

- ✧ **讚揚和鼓勵孩子一定要真心**：真心讚揚孩子，可以幫助他們揚長避短。鼓勵性的語言很多，應該多用、多創造。比如：「你真厲害！」「好小子，你真棒！」「不要洩氣，再努力一下就會成功。」「沒關係，失敗是成功之母。」「我真為你驕傲！」
- ✧ **用讚美代替責備**：孩子由於受心理發展水準的限制，學習、判斷是非、記憶等能力較差，在犯了錯誤之後，雖經家長指出和教育，還有可能重犯。這種現象並不表示孩子不知道自己行為的錯誤，而是由於他的自制力不強，或已經形成了習慣，抑或這種行為的結果多數能給孩子帶來好處或滿足等原因，因而一犯再犯。這時候，家長可以透過讚美他的自制力來鼓勵孩子，孩子為了得到更多的讚美，往往會朝著好的方向發展，從而使你的教育取得事半功倍的效果！

總之，家長們務必要記住的是，對待任何一個孩子，往往是表揚越多優點越多，訓斥越多問題越多。讚美是父母送給孩子的最好禮物。父母越是讚美和欣賞自己的孩子，孩子的優點就越多，也就會變得越優秀！

讓孩子按照自己喜歡的方式學習

偉大的教育學家陶行知先生曾這樣闡明他的教育主張：

陶行知有一次講學時，在講臺上放了一隻大公雞和一把米，讓雞靠近米，按住雞頭，硬逼著牠吃。可想而知，雞是一定不吃的。隨後，老先生又用手掰開雞嘴，把米硬塞進去，雞仍是不吃，接著他退後幾步，雞穩定心情後，便從容地低頭吃了起來……

強迫只會換來抵抗，雞吃米如此，學習如此，做其他任何事情都是如此。一個長期做自己不喜歡做的事情的人，會感到壓抑和不快，而且會越來越討厭這樣做。相反，如果是做自己喜歡的事，則不僅會在當時感覺愉

快、舒心，而且還會越來越喜歡做這樣的事。因此，作為家長，只有尊重孩子，尊重孩子的意願，讓孩子按照自己喜歡的方式學習，孩子才能對學習發生興趣，才能學到知識，獲得好成績。這正是我們每位家長與孩子共同期望的結果。具體地說，家長應做到以下幾點：

了解孩子適合的學習方式

每個孩子都有自己獨特的學習方式，這種方式能使他們學得更快更好。比如，有些孩子在比較自由的情形下更容易獲得最佳學習效果，他們不喜歡墨守成規，需要多一些自由選擇的機會，如自己決定學什麼、從哪裡開始學等。而另一些孩子在按部就班的情形下學習效果最好，他們需要老師或家長告訴他們每一步該怎麼做。因此，家長應了解孩子適合的學習方式，並加以引導。這樣，才能使孩子取得良好的學習成效。

關注孩子的喜好

家長應該了解孩子，了解孩子的成長變化，包括內心世界、生理發育、社會活動、人際交往及各種適應能力。給孩子提供必要的心理援助和精神支持，讓孩子順其自然，因勢利導，形成趣味性特質和快樂性學習風格。

教育孩子的過程就像軍事化訓練一樣，整齊有序，統一標準，統一行裝，它要順乎孩子心理發展的運動軌跡，關注孩子屬於自己的天賦。我們要知道孩子喜歡什麼，需要什麼，他在想什麼，什麼方式是他成長的最佳方式。使孩子在玩中獲得樂趣，獲得經驗，獲得成就感和滿足感，體驗喜悅和快樂。在隨學隨玩的過程中釋放疲勞，疏導心理，以良好的心態積極主動地投入和承擔某種活動。在學習中他能將玩時的方法、思維集中起來變成學習樂趣，激發學習興趣，形成自樂而得，得而自學，學而自樂的特質，這是形成孩子獨立人格，自主學習的良好方法。

讓孩子選擇自己喜歡的學習方式

在生活中我們往往會有這樣的發現：有些孩子用這種方法會學得更好，有些孩子則用另外一種方法會學得好一些；有些孩子在獨自一個人閱讀的時候記得又快又牢，一旦被人影響，就沒有辦法安心學習、閱讀；而有些孩子在團體中更容易使自己融入學習中，學習效率也更高；有些孩子喜歡坐在椅子上學習、看書；而另一些孩子則喜歡在樹蔭下，靠在樹幹上閱讀才能心平氣和……

這些學習方式中，哪一個才是最好的呢？答案不是絕對的，只要是孩子最喜歡、最適應的，就是最好的。因為，學習是孩子個人的行為，家長要做的，就是尊重孩子的個性發展，注意培養孩子的自主學習意識，讓孩子用自己所喜歡的方式去掌握學習技巧，合理分配時間和精力，形成獨特高效的學習風格和學習特質。

引導孩子利用自己喜歡的學習方式

學習最重要的技巧，就是善於利用自己最喜歡的方式。如果孩子只知道循規蹈矩、按部就班地照著那些所謂「最好的」學習方法來學習，效果可能會更差。同時，家長還應該讓孩子知道，在平時的學習中不要總是一味尋求最好的學習方式，只要是自己喜歡的就是最好的。比如，孩子喜歡看電影、電視，就讓他從影像資料中學習；如果孩子喜歡看報紙雜誌，那就讓他從閱讀中學習。但必須牢記一條：這種辦法一定要和孩子所學的課程連繫起來。

力求學習活動的多樣化

多樣化的、現實的、有趣的、指導性的學習活動已成為孩子學習的重要內容。家長應培養孩子的主動性，讓孩子感覺到學習是件快樂的事情，從而愛上學習，取得高效的學習效果。

此外，還要告訴孩子，不要盲目去追求那些所謂的「快速學習法」或「超級學習法」，因為，最重要的學習技巧，就是善於利用自己最喜歡的模式。只有利用自己感覺最合適，自己覺得最有興趣的方法去學習，才能把自己從學習中真正「解放」出來，才能讓孩子極大地提高學習效率，取得好成績。

第三章
專注是學習優秀的前提

專注就是集中精力、全神貫注，把意識集中在某種特定的行為上。它是理解的開始，是學習和記憶的前提。

一個學習態度專注的孩子，才會把自己的時間、精力和智慧凝聚到自己學習的內容上，從而最大限度地發揮積極性、主動性和創造性，努力爭取優異的成績。

給孩子獨立、安靜的學習環境

孩子專注與否與周圍的環境密切相關。一個祥和、安靜的學習環境，能讓孩子很快做到「入境」、「人靜」，也只有「入境」、「入靜」，孩子才能夠目的明確、思想集中、踏踏實實地學習，並取得良好的學習成效。相反，如果孩子的學習環境混亂嘈雜，就很容易給他造成心理干擾、情緒壓力，使其產生焦慮、厭煩、不安等心態，導致他無法安心地學習。以下的故事講的正是這個道理：

小剛是小學六年級的學生，平時他學習特別認真，成績也很好。可是，最近不知怎麼回事，上課的時候老是打哈欠，一副精神不振的模樣，班導王老師暗示了他幾次，可情況並沒有因此而好轉。這到底是怎麼一回事呢？為此，王老師特地去了一趟小剛的家，對他進行家庭訪問。

那是星期天的下午，王老師來到小剛的家門口，大老遠就聽到小剛家裡傳出麻將聲。

聽到敲門聲，小剛的媽媽出來開門，一見王老師，小剛的媽媽有些不自在了，她紅著臉把老師引進了家門。王老師一看到小剛家混亂嘈雜的情景，一下子就明白了小剛上課精神不振的原因。原來都是麻將聲惹的禍呀！

王老師說明來意，並介紹了小剛最近在學校的表現情況。最後，王老師意味深長地對小剛的媽媽說：「孩子想要好好學習，需要家長與孩子一起努力，特別是家長，要為孩子創造一個良好的學習環境。」

小剛的媽媽聽了這話，不禁慚愧地連連點頭，趕忙中止了家裡的「活動」，並承諾以後一定不會在家裡打麻將影響孩子學習了。

孩子良好讀書習慣的養成有賴於一個良好的家庭環境，而良好的家庭環境首先應該以安靜、祥和為前提。故事中，小剛的家長沒有意識到這一點，在家裡公然開起了「麻將館」，讓孩子缺少安靜的學習環境，導致孩子注意力不集中，影響了孩子的正常學習。這種做法顯然是非常不明智的。當然，在現實生活中，這樣的家長畢竟是少數，更多的家長還是非常重視良好的家庭環境與學習氛圍的營造的。小田眾的爸爸媽媽就是這樣的：

小田眾全家擠在一間小小的一居室裡，每當孩子開始學習的時候，田眾的爸爸媽媽就主動關掉電視，在客廳裡喝茶、看書、看報紙。媽媽對孩子說，這是共同學習，共同進步。一般情況下，爸爸媽媽是不會無故打擾孩子學習的，除非是孩子在學習或者寫作業的過程中遇到了難題，主動請教爸爸媽媽，這時，爸爸或者媽媽才會給予幫助、提示。

在爸爸媽媽的影響和幫助下，小田眾不僅學習認真、專心，意志力還非常強。通常沒有想不出答案的問題，是不會主動請求幫助的。正因為如此，小田眾的課業成績在年級裡名列前茅，做其他事情也總是有始有終，讓老師和同學都非常佩服。

小田眾的例子告訴我們，只有家長盡力為孩子排除使孩子分心的因素，給孩子創造一個安靜、獨立的學習環境，孩子才能夠集中精力學習，養成良好的讀書習慣。而要給孩子創造一個獨立、安靜的學習環境，家長應做到以下幾個方面：

要給孩子創造安靜的家庭學習氛圍，讓孩子專心地學習

孩子的注意力很容易受到外界嘈雜聲音的干擾。因此，要想孩子專心地學習，家長自己要保持安靜，不要做分散孩子注意力的事，如看電視、大聲議論或哈哈大笑等。如果是在不同的房間裡，家長也應該把門關好，

把聲音調小。當然，這個時間段，家長也可像故事中田眾的爸爸媽媽那樣，認真地看書學習，做為好榜樣讓孩子效仿。

避免過多干擾孩子

生活中，經常會有這樣的現象，一些家長愛子心切，總擔心孩子凍著、餓著、冷著……因此，總喜歡在孩子看書、學習、做作業的時候「熱情」地照顧他們。比如，孩子剛學習一下子，家長就進來詢問：「寶貝，口渴了嗎？要不要先喝點什麼？」於是，孩子的學習被迫中斷。不久，家長又會進來說：「做得怎麼樣了？有沒有遇到難題？」「光線夠不夠？要不要我幫你調亮一點？」就這樣，一而再、再而三地「關心」一次又一次地打斷了孩子學習的思路。試想，一個注意力總是被打斷的孩子，如何能較高品質地完成自己的學習任務呢？

孩子的學習場所要固定、獨立

我們都知道，孩子的注意力是很容易受到習慣的影響的，因此，對於孩子來說，擁有屬於他們自己的學習場所很重要。作為家長，最好要給孩子布置一間屬於他們自己的房間，讓孩子在固定的學習場所學習。此外，孩子學習時的桌椅位置應固定，不能隨意搬動。這樣，孩子在固定的場所，固定的位置學習，他們很容易就能形成一種專心學習的心理定式，只要一進入這個環境，他們的整個身心就會不自覺地投入學習之中，從而取得良好的學習效果。

盡可能減少各種外在干擾源

小芸的書房臨近社區的大門口，時不時有人走動，社區大門的「哐當」聲和門衛的問詢聲不時傳來……在這種充斥著刺激和干擾源的環境下，小芸寫作業的時候總是無法集中精神，她總喜歡一邊做作業一邊豎起耳朵聽外面是不是有小朋友玩鬧的聲音，還時不時探頭看看窗戶外面發生了什麼事情……

媽媽知道這種情況以後，立刻為小芸調換了臥室。此後，孩子學習時明顯專注多了。

我們都知道，孩子的注意力以無意注意為主，他們常常會因為外物的刺激出現注意力分散的現象。因此，在給孩子布置房間時，家長應該考慮到房間的位置、隔音效果等因素。減少無關的刺激和干擾，給孩子盡可能安靜的空間。比如，孩子的房間不要臨近街道，如果家住在臨街面的地方，而又無法搬遷，家長不妨和孩子一起動手，減少雜訊等不良刺激的干擾。

先來看看牆壁有沒有可改造的地方，牆壁不宜過於光滑。如果牆壁過於光滑，聲音就會在接觸牆壁時產生回聲，從而增加雜訊的音量。因此，可在小床旁的牆上釘一塊布。這個小訣竅源於電影院，你仔細觀察一下就會發現，電影院裡的牆壁是凹凸不平的，因為凸凹不平的牆壁可以吸收一部分聲音。

再來看看傢俱的擺放。盡量把房間裡的傢俱合理放置。傢俱過少的房間會使聲音在室內共鳴回蕩，增加雜訊。

女孩子喜歡的布藝裝飾品也有不錯的吸音效果。懸垂與平鋪，其吸音作用和效果是一樣的，如掛毯、布制的裝飾花甚至窗簾等。其中，以窗簾的隔音作用最為明顯，既能吸音，又有很好的裝飾效果，是不錯的選擇。

總之，保證孩子學習環境的獨立與安靜，不但表現了家長對孩子的尊重與理解，還可以發展其注意力的穩定性與持久性，讓孩子更有效地學習。因此，家長不可忽視。

學習空間應整潔、有序

孩子學習的空間除了要獨立、安靜，還應該注意其布局是否科學合理。如果孩子的房間裡總是亂糟糟的，或者色彩過於花哨，擺設過於複雜，都會讓孩子產生焦躁不安的心理，導致他們在學習的過程中容易分心。以下就有這麼一個案例：

郭亮亮的家庭條件不錯，媽媽為了確保他能安心學習，特地為他布置了一個小書房。

這是一個通風透氣、光線充足的朝南房間，明朗豔麗的背景，牆上掛了好幾幅風景畫和亮亮帥氣的寫真照片。窗邊是書桌，桌上放了一臺電腦、一個漂亮的會動的音樂筆筒和一個地球儀。書桌邊有個玩具櫃，上面擺了很多玩具，如遙控飛機和賽車等，在玩具櫃旁邊還有一個賽車跑道。

郭亮亮每天放學一回家就跑進書房裡「寫作業」，還要求別人不要打擾他。可他的作業總是寫不完，每天都要拖到很晚才能把作業寫完。為此，亮亮的媽媽很納悶，不明白亮亮的學習效率怎麼會這麼低。

有一天，媽媽下班回家，偷偷打開亮亮的房門觀察。她發現，亮亮總是一邊寫作業一邊用手玩音樂筆筒，使其發出聲音來。大約過了十分鐘，亮亮起身來到賽車道前，取了兩輛四驅車讓它們比賽，玩了一下子，他又回到書桌前繼續寫作業⋯⋯可以說，郭亮亮的「學習生活」甚是豐富。

看到這裡，郭亮亮的媽媽明白了：原來都是房間的布置、擺設惹的禍呀！

試想想，孩子的自制力本身就有限，房間裡的東西如此之豐富，孩子怎麼可能靜得下心來安靜地學習呢？為了保證亮亮的學習效率，媽媽把他房間裡那些玩具全部撤走了，只作了簡單的布置，一段時間後，亮亮的學習效率明顯提高了。

郭亮亮的故事給了我們一個警示，孩子房間的布局合理很重要。專家建議，適合孩子學習的環境應該達到以下標準：

首先，房間的布置不要過於花哨，擺設也不能太過複雜。因為飾物過多，擺設過於複雜，會對孩子形成視覺干擾，讓孩子在腦中形成多個興奮點，影響孩子的注意力。因此，家長應該盡量簡化孩子學習空間裡的東西，房間布置應該以舒適實用為主，傢俱不宜過多，色調要柔和，不要有煩瑣的裝飾。物品擺放要有規律、有秩序，色彩不能花哨。玩具方面，除了孩子最喜歡的一兩件可以擺出來，其餘的最好擺在固定的玩具角內。

其次，孩子的書桌應該根據孩子的年齡、身高、喜好來選擇；書桌應放在可以保證光線充足又不刺眼的地方；書桌的位置應盡量固定，不要經常移動；最好採用可調節亮度的檯燈。書桌上的東西應盡量保持整齊，書桌上除了文具和書籍外，不應擺放其他物品，以免分散孩子的注意力；抽屜和櫃子最好上鎖，以免孩子隨時翻動；書桌前方除了張貼與學習有關的地圖、公式、拼音表格外，不要貼其他吸引孩子注意力的東西，女孩的書桌上不宜放置鏡子；不要讓孩子一邊看電視，一邊做作業。

第三，最好在學習場所準備好所需的所有用具：紙、筆、直尺、草稿紙、削好的鉛筆、橡皮擦等，如果孩子想學習時，發現所需的用具都不見了，或者是橫七豎八地亂放著，這會影響孩子的心情，使其注意力很難集中起來，從而妨礙學習效果。

第四，為孩子提供舒適的學習環境。為了打造舒適的學習環境，家長可以在孩子房間的牆上貼一些裝飾畫或者繪畫作品，還可以在窗臺上放個盆栽。一個舒適的學習環境能夠增進孩子的學習興趣，從而提高他們的學習效率。

如果孩子喜歡諸如芳香油或者香燭之類的東西，家長完全可以用這些東西來增加學習環境的舒適感。但是，要注意香氣的用量，香味不要太濃。否則反而會引起身體上的不適感。

此外，為了能給孩子提供一個整潔、舒適、有序的學習環境，家長還可以試著引導孩子把自己的房間打掃乾淨，並培養孩子把自己的東西整理得井然有序的好習慣。一開始父母可以幫著孩子整理一下房間，將學習用品和生活用品分開放，並且告訴孩子拿東西後要物歸原處，過一段時間之後，和他一起整理，最後完全由他自己整理，讓他養成愛整理東西的好習慣，也讓孩子學會了主動改造自己周圍的環境。如教孩子把清洗乾淨的衣物疊好後，分類、整齊地放進櫥櫃中，脫下的衣帽、鞋襪掛放在適當的位置，不亂丟，然後擦拭桌椅……

這樣一來，孩子不但會心情愉快，甚至學習也能得心應手，做作業時的煩躁也會因此一掃而空。這不但可以幫助孩子整理好自己的房間，避免雜物分散孩子的注意力，而且可以培養孩子的手眼協調能力、分類辨識能力及有條理的習慣。良好生活習慣的養成，能讓孩子終身受益！

讓孩子過有規律的生活

生活無規律將會導致孩子注意力分散，無心學習，上課不專注。因生活無規律導致注意力不集中的例子在生活中有很多。

王愷與大多數的男孩一樣，非常貪玩。每天放學後，他從來不會直接回家，總是這裡逛逛，那裡遛遛，因為回到家，家裡也沒人，爸爸媽媽沒下班，奶奶又到隔壁打麻將去了，一個人在家也是挺無聊的。

為了消磨時光，有時候王愷還會趁放學這段時間跑到網咖玩遊戲，有時候玩過了頭，還要媽媽到網咖來叫他回家。

回家後，他匆匆忙忙吃幾口飯，就去寫作業了，當然，很多時候因為太晚了，他的作業總是沒有寫完。

在學校，王愷屬於那種既不專心又不聽話的孩子。他的心思不在課堂上，總是一下子用筆敲敲前桌同學的腦袋，一下子轉到後桌去說話，老師責備他，他還跟老師頂嘴，弄得任課老師對他非常頭痛。

王愷之所以如此隨性，毫無約束，與其家庭教育有著很大的關係。在日常生活中，王愷的爸爸媽媽因為工作忙沒有時間管束孩子，而王愷的奶奶又忙著打麻將，以至於王愷流連於網咖、街道，受到諸多外物的誘惑，在這種情況下，王愷分心、不愛念書就是情理之中的事情了。生活中，有很多王愷這樣的孩子，他們之所以過著無規律的生活，與他們的家庭教育是分不開的。具體表現在兩個方面：

✧ **家長自身生活無規律**：有些家長自身生活放縱、毫無規律、追求享樂，家中人來人往，過於喧鬧，長此以往孩子也會養成隨心所欲的習慣，使注意力變得分散、不易集中，影響注意力的正常發育。

✧ **家長過於放任**：一些家長擔心讓孩子過有規律的生活會約束孩子的創造力，讓他們變得刻板而沒有創新力，因此，對孩子採取放手、聽之任之的態度，孩子從小缺少行為規範，不僅無法養成注意力集中的習慣，還會養成多種不良品性。有的孩子為了引起大人的關注，經常有意地以不同行為吸引大人注意以達到自己的目的，結果出現注意力分散的問題。

還有一些家長認為孩子平常學習太辛苦，於是，一到節假日就給孩子放假，允許孩子睡懶覺，晚上玩遊戲到深夜。作息不正常導致孩子生活無規律，從而影響到孩子的專注力。

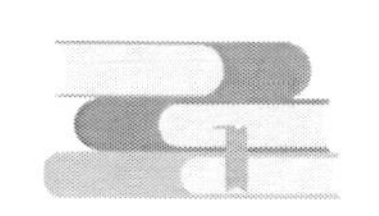

過度的自由和放任，對於規律性的形成是有害無益的。

生活中，許多家長很忙，沒有時間過多地照顧孩子，所以在把孩子接回家之後，很多家長的辦法就是打開電視讓孩子看，或讓孩子自行從事喜歡的活動。於是，孩子坐在電視機前，愛看的節目一個接著一個往下看，沒有家長的催促是不會自覺去寫作業的。等到快睡覺了，孩子才想起作業，迫不得已，只好挑燈夜戰，如果作業多，勢必要花費很長時間，這便又影響了休息。久而久之，孩子就形成了生活不規律的習慣。

有秩序、有規律的生活，有利於孩子專注力的發展，更有利於孩子的身心健康。因此，家長應該培養孩子有規律的生活習慣。以下是專家的建議：

✧ **為孩子制定一個有規律、固定的指導日常事務的規章制度**：對於一個不成熟的孩子來說，一個能預知的世界就是一個安全的、有秩序的和靠得住的世界。家庭日常生活制度，可以避免把生活節奏打亂，是一個極好的省時又省力的教子方法。

　要精心地建立日常制度，把一天的時間安排得疏密有致，學習、工作、休息、娛樂、玩耍要交替進行。一天的安排如此，一天與一天之間也要有連貫性和一致性。如就寢時間、起床時間、就餐時間、做作業的時間等，這些事情都要按制度行事。

　制度訂立後，可以有一個試行期。發現欠妥之處，可以進行修正。制度也不是固定不變的，應盡量使它富於靈活性，符合家庭活動的變化和孩子發育的要求。

　制度制定後，家長要認真地督促孩子，孩子表現出某種不自覺時，要及時提醒。重要的是務必使之形成習慣。

- ✧ **家長要以身作則，過有規律的生活**：好家長勝過好老師，家長一定要言傳身教、以身作則。如家長要求孩子早睡早起，自己就要做到早睡早起。按時作息，不要一有應酬，抽菸、喝酒、聊天，便什麼都忘記了。生活無規律，又怎麼能讓孩子做到生活有規律呢？
- ✧ **幫孩子建立秩序感**：家長可以為孩子提供一個屬於自己的角落，從學習物歸原處、整理個人物品的過程中，逐漸建立秩序感。在執行的過程中，家長要嚴格而不嚴厲。
- ✧ **讓孩子體驗到規律的好處**：很多時候，孩子生活無規律，必定手忙腳亂，做不好事情。反之，如果他（她）生活有規律，做什麼事情就會得心應手。因此，如果你的孩子做到諸如頭天晚上把第二天上學要準備的東西準備好了，自己的衣物放整齊了，上學沒有遲到這些看上去頗有規律性的事情時，家長應表揚孩子，鼓勵孩子堅持。一旦孩子堅持下來了，便能形成一種習慣。這對孩子的一生是有很大益處的。

總之，孩子有規律的生活是家長訓練出來的，只要讓孩子適應了規律，必定能從規律中得到好處。

一次專心做一件事

13 歲的陽陽總是躁動不安，他沒有辦法做到專心地做一件事情。此時他坐在自己房間的書桌旁，準備做作業。正當他打開作業本的時候，突然想到同學說周杰倫本月要開演唱會，但不知道日期是哪一天。這樣想著，陽陽隨手打開了電腦，查找有關周杰倫演唱會的資訊。接著，他又順便瀏覽了一些網頁，當意識到自己的作業還沒做時，急促地關了電腦，匆匆忙忙地做起作業來……

手裡做著這件事，心裡卻又想著另一件事情，這是現實生活中很多孩子普遍存在的缺點。因為總是一邊做這件事一邊想著其他事情，因此，這些孩子沒有辦法專注把正在做的事情做好，如將作業寫好等；而且，因為不斷分心想著其他未完成的事，也使他們的心裡更慌張，壓力更大，也就更加無法集中精神了。因此，要想孩子學習專注，有成效，家長應該讓孩子從小養成一次專心做一件事的習慣，讓孩子全身心投入到這件事情中，並積極地希望它成功。做到學得用心、玩得盡興，這樣才不至於筋疲力盡，勞而無效。

要做到這一點，家長應作以下幾個方面的努力：

- ✧ **避免讓孩子同時做兩件或兩件以上的事情**：盡量避免孩子同時做兩件或兩件以上的事情。如果非做不可，可以分清主次，一件一件完成。一件事情沒有完成前，禁止孩子進行下一件事情。即使孩子同時做多件事情，也是注意力在幾件事情之間來回切換，而不是把注意力一分為二。
- ✧ **讓孩子明白一次只做一件事情的好處**：家長應該告訴孩子，一次只做一件事情，而且認真做的話，就可以省去做錯了重新再做的麻煩，這能提高自己的辦事效率。此外，這種只關注自己完成情況的工作態度，會幫助我們建立一種輕鬆愉快的心情，在自己的成就中快樂地完成任務。
- ✧ **根據作業的難易程度給孩子安排作業順序**：研究表示，孩子開始學習的頭幾分鐘，一般效率都比較低，隨後上升，15 分鐘後達到頂點。根據這一規律，家長可建議孩子先做一些較為容易的作業，在孩子注意力最集中的時間做較複雜的作業。如此一來，孩子的注意力也就跟了上去，學習的效率也因此得到了提高。

✧ **培養孩子的耐心**：要想讓孩子一次只做一件事情，家長還需要培養孩子的耐心。對於孩子來說，他們的自覺性和堅持性是與他們的耐心相連繫的。耐心越強的孩子，他的自覺性和堅持性就越高，辦事能力也就越強。在日常生活中，當孩子出現缺乏耐心的表現時，往往是培養耐性的最好時機。

✧ **從小培養及督促**：從孩子能理解大人的話開始，家長就要注意幫助孩子逐步學會正確評價和判別自己行為的適宜度，讓孩子慢慢明白，什麼是應該做的，什麼是不應該做的。家長可從小就教育孩子，不管做什麼事情，都應該一心一意，不能三心二意。只有集中注意力做一件事情，才能把事情做好。此外，家長還可以用《小貓釣魚》等故事教育孩子，啟發孩子。

✧ **家長作出表率**：有人做過一個試驗 —— 給幼兒看有關媽媽耐心做一件事情的錄影。結果，這部分幼兒比沒有看過錄影的幼兒更能專心致志地畫畫或者寫作業。可見，要想讓孩子一次只集中做好一件事情，家長是孩子最好的榜樣。

✧ **教孩子做完事情「關好抽屜」**：家長可以引導孩子把他們需要做的事想像成一大排抽屜中的一個小抽屜。孩子所要做的，就是一次拉開一個抽屜，令人滿意地完成抽屜內的工作，然後將抽屜推回去。不要總想著所有的抽屜，將精力集中於自己已經打開的那個抽屜。一旦把一個抽屜推回去了，就不要再去想它。

此外，家長還應注意，盡量避免給孩子過多的選擇，要知道單選題耗費的時間精力永遠比多選題少。假如想讓孩子集中全部注意力在課本上，那就最好收起他的音樂播放機和遊戲機。

陪讀影響孩子的專注力

韓韓的媽媽是某大學畢業的高材生，爸爸也是個出色的工程師，可是，這一對名校出來的高材生對自己孩子的教育卻毫無辦法。因為韓韓實在太不爭氣了。他的課業成績在班裡倒數第一，每次去開家長會，韓韓的媽媽都覺得自己的臉全被孩子丟盡了，而韓韓的爸爸則索性以工作忙為理由，從不去參加家長會。

最後，韓韓的媽媽只好求教於輔導老師。輔導老師分別與媽媽和韓韓進行交流。在交談的過程中，輔導老師發現，問題不全在韓韓一個人。

由於望子成龍，媽媽從韓韓上一年級開始，就放棄了自己的夜生活，扮演起了「員警」角色，她每天晚上都待在韓韓身邊，督促他學習。不管孩子學習到幾點，媽媽都不叫苦，不叫累。媽媽以為，韓韓只要懂事一點，就能體諒自己的苦心。可惜的是，事實並非如此。

韓韓對媽媽監督自己寫作業感到厭煩。他覺得媽媽不信任自己，更重要的是，每次韓韓提前完成作業後，媽媽都會額外增加他的作業量，為此，韓韓覺得自己的學習沒有盡頭。每天晚上，不管作業是多還是少，他都會拖拖拉拉到 10 點以後才把作業做完。

看完這個故事，相信不少家長會恍然大悟：哦，原來是這樣的！因為，像韓韓家的這種現象，在我們現實生活當中太常見了。很多家長因為擔心孩子學不好，輕則窺探孩子，看他是否專心學習；重則索性就待在孩子身邊「站崗」，一心一意監督孩子。為了自己的孩子不落後於其他人，很多家長經常會在孩子完成自己的作業之後，再給他加量。

其實，家長的這種做法是非常不明智的。事實顯示，陪讀非但不能讓孩子考出優異的成績，而且還會產生許多負面影響，從某種意義上來說，家長陪讀這種做法明顯是吃力不討好的行為。

✧ **陪讀會分散孩子的注意力**：不少家長認為，自己陪在孩子旁邊，他肯定會集中注意力做功課。其實不然，因為這時孩子會把注意力集中在家長身上，唯恐自己的行為違反家長的規定而受到責備，這樣反倒分散了孩子學習的注意力。

✧ **陪讀會降低學習效率**：有些家長並不了解教育規律，陪讀時以自己的標準來要求孩子，甚至要求孩子長時間地學習。結果不但事倍功半，還會造成孩子記憶力不佳、自信心不足、心煩意亂、思維遲鈍等現象，使學習效率下降。

✧ **陪讀不利於孩子養成良好的讀書習慣**：一般來說，從孩子入學時起，家長和老師會幫助他們安排好作息時間，包括起床、吃飯、上學、玩耍、完成作業等。讓孩子自覺按作息時間去做，會養成他們良好的生活、學習和行為習慣。反之，處在父母督促之下，一切聽從父母安排，這樣一來，孩子將失去主見，一旦無人督促便會無所適從。

✧ **陪讀不利於培養孩子堅強的意志，容易使孩子產生依賴心理**：堅強的意志是孩子在克服困難的過程中形成的。學習本身就屬於不斷克服困難的過程，因此也是意志鍛鍊的過程。如果孩子學習時家長陪在身邊，孩子往往稍有點困難就會求助爸爸媽媽，而爸爸媽媽為了減輕孩子的負擔、縮短他們做作業的時間，也會把答案直接告訴孩子。這樣，孩子缺乏了良好的鍛鍊機會，一味依賴家長，自然難以培養出堅強的意志。此外，因為習慣了依賴，還會造成孩子責任意識、責任能力的缺失，喪失了自主完成作業的信心和能力，並會挫傷孩子學習的積極性與主動性。

向孩子提出專注的要求

很多孩子因為身心發展的規律與特點，一般無法做到專心致志地做好一件事情。因此，要想讓孩子注意力集中地做某件事，家長應給孩子提出切實可行的要求。有位家長是這麼做的：

劉煒的爸爸聽老師說，劉煒在上課的時候經常注意力不集中，很多時候，老師問問題他都答非所問。為此，爸爸給要求劉煒上課的時候必須全神貫注，具體地講就是要做到以下幾點：

- ✧ **眼睛盯著老師**：老師的動作、板書、推導和演算過程，都不能遺漏。
- ✧ **耳朵跟著老師**：老師講課的重點、講解的問題、強調的細節都必須聽清楚，弄明白。
- ✧ **筆頭要跟上**：聽課時的一些要點、聯想、感受，甚至靈感要隨手記下來，在書上也要有標注。
- ✧ **注意相關知識**：要邊看邊聽邊思考，注意相關知識的關聯，想得廣一點、深一點，總結出規律和方法。

爸爸意味深長地對劉煒說：「眼在、耳在、神在，那才叫上課。」

劉煒按照爸爸說的那樣做，上課注意力集中以後，再認真做作業，到期末考試，好像不用怎麼複習，拿出課本和筆記本一翻，老師講的都在眼前了。正因為如此，後來，劉煒的課業成績非常出色。

為此，劉煒深有感觸地說：「如果我爸爸只會要求我說『上課要集中精神，要聽老師的話，考試要考 100 分』，卻不告訴我具體該怎麼做，那我必定是一頭霧水。爸爸告訴了我，怎麼做才是全神貫注的表現。而我按照爸爸說的做了，也成功把注意力集中到學習上！」

劉煒的例子告訴我們，身為家長，與其因為孩子的注意力渙散指責孩子，不如給孩子提出切實可行的要求。

那麼，什麼樣的要求才算是切實可行的呢？一般來說，只要在孩子力所能及的範圍之內或者透過一定的努力能夠做到的要求，都是切實可行的。當然，對孩子提的要求，不僅要做到切實可行，還應該做到以下幾點：

對孩子的要求要始終如一

也就是說，家長應該堅持執行始終如一的規章和紀律。如要求孩子每天放學以後，應該先做什麼，再做什麼，要形成制度。這樣，孩子就知道在某一時間該做什麼事情了。當這些事情做完以後，可以讓孩子自由安排自己的時間。如果家長對於孩子的要求總是一再變更的話，那麼，孩子必然會感到無所適從，從而逐漸漠視家長提出的要求。

給孩子提出的要求要明確、具體、簡潔

孩子的思維具有形象、具體的特點，因此，家長對孩子提要求時要做到具體、明確、簡潔．切忌籠統、模糊或要求太高。否則，孩子對父母的要求不能正確理解，無法達到要求，或者乾脆置之不理。有兩位媽媽是這麼給孩子提要求的：

小麗的媽媽：小麗的媽媽外出前對小麗說：「今天你把自己的房間整理整理！」說完，媽媽就出門了。可是，小麗的媽媽回來後發現，小麗沒按要求做，房間依舊亂七八糟。媽媽很生氣，把小麗教訓了一頓。小麗很委屈：「房間這麼多東西，你叫我如何收拾啊？」

言言的媽媽：言言的媽媽要外出了，在出門前，言言的媽媽對言言說：「言言，做完作業以後，你把書放到抽屜裡，把玩具放進紙箱，把衣

服放到櫃子裡。」媽媽回來以後，言言果然已經按照媽媽的要求把這些事情做好了。

言言和小麗的例子告訴我們，要想孩子按照自己的要求把事情做好，最好的辦法就是告訴孩子該怎麼做，如果沒有給孩子明確的指令，那麼，孩子無論如何也不能把事情做得合乎大人的要求。

此外，對孩子的要求要有梯度，不要五六個要求一下子全提出來並讓孩子完全做到。有效果的辦法是讓孩子一個一個來，從最容易的做起，其他方面提醒他一下就可以了。

教給孩子專注的方法

蔣洲與李航是同桌。蔣洲的學習不算太好，上課分心是家常便飯。通常是老師上著課，他聽著聽著就不知不覺天馬行空地胡思亂想起來，要知道，蔣洲也算是個要求上進的好學生，他對自己心猿意馬的狀態非常惱火。他發現自己的朋友李航上課似乎特別專注，狀態也特別好，這是怎麼回事呢？

專注意味著專心致志，把注意力集中到一個問題上，完全鑽進去。要做到注意力高度集中，專注地做一件事情，也是需要方法的。有經驗的人，只要用幾分鐘到半小時就能進入精力高度集中的狀態，而且這種狀態一口氣能持續幾個小時。而沒有方法，缺乏經驗的人，要達到這樣的程度幾乎是不可能的。比如，故事中的李航就屬於那種懂得專注的人，而蔣洲想專注，可苦於沒有辦法。因此，要想孩子專注地學習，家長應教給孩子專注的方法。

那麼，家長應教給孩子哪些專注的方法呢？以下是專家的建議：

清理桌面

這個方法非常簡單，就是讓孩子在上課或者在家中複習功課的時候，要將桌子上那些與自己此時學習內容無關的其他書籍、物品全部清走，不讓它們停留在自己的視野裡，以免讓自己心存雜念。這是一種空間上的處理方式，是讓孩子訓練自己專注的最初階段的一個必要手段。孩子一坐在書桌前，就能把與自己此時要做的事情無關的內容置之腦外，這就是高效率。

保持適度的緊張感

過於緊張容易導致情緒焦慮，但過度散漫無疑會耗損寶貴的注意力。保持適度的緊張感恰恰能夠讓一個人的注意力集中起來，提高辦事效率。

從醫學角度來看，適度的緊張可以增強人類大腦的興奮程度，提高大腦的生理功能，使人思維敏捷，反應迅速。而且，當一個人處於適度緊張的生活或工作狀態中時，心臟就會透過強收縮排出更多的血液以滿足全身器官組織的需要，血管舒張、收縮功能也隨之改善，帶動人體各方面機能。簡單地說，適度的緊張，會讓人體進入一種興奮狀態，這種興奮會刺激我們懶惰的頂葉皮層，促使它加班加點工作，從而使人可以持續地在長時間內集中注意力。

因此，家長應告訴孩子，要想做到上課集中精神，就應該讓自己保持適度的緊張狀態，不要過於放鬆。例如，不要靠在椅背上聽課，不要趴著聽課，過於鬆弛、放鬆的狀態不利於專注。

給自己集中注意力的心理暗示

有的孩子對自己上課走神不能集中精神感到非常著急，自己也想專注聽講，但就是不由自主分心。實際上這是潛意識消極暗示的結果，老在心裡對自己說：「怎麼我就是集中不了精神呢？」結果就真的集中不了；相反，如果告訴自己：「上課了，我要集中精神了！」那麼就可能很快地進入狀態。因此，家長應教孩子多給自己積極的心理暗示。

積極行動

老師開始講課了，有的孩子書本還沒找出來，在這樣的狀態下讓他快速集中注意力是不可能的。注意力有賴於積極行動的引導，鈴聲一回應回到座位，並立刻找出本節課要用的書和資料，迅速看一下老師要講的內容，哪些是重點，哪些自己理解有困難，這些問題會促使孩子專注起來，在老師開講後便能全神貫注投入學習。

把注意力放在老師身上

在課堂上，能快速收起玩心集中注意力的最簡單方法就是讓孩子的注意力快速放在老師身上，讓老師帶著孩子的精神走，隨著老師的講授思考，自然而然就進入到專心學習的狀態中。尤其是某些授課風格幽默的老師，更容易帶動孩子們的注意力，而對於孩子們來說，這無疑是個不用費太多力氣的討巧辦法，值得一試。

適當的壓力

我們常說「化壓力為動力」，這是有道理的，完全沒有壓力的狀態，勢必帶來散漫；適度壓力，則會帶來高度的注意力。如果孩子習慣上課聽60%，家長可以拜託一下老師，多給孩子一些課堂提問；抑或在孩子做家庭作業時採取一些監督對策。

讓孩子多做一些有時間限制的事情

利用做快題的方法，嚴格訓練自己的注意力。在一定時間內，快速完成一件事，對精神集中狀態要求極高，這是提高專注力很好的方法。這裡給家長介紹一種在心理學中用來鍛鍊注意力的小遊戲。在一張有 25 個小方格的表中，將 1 ～ 25 的數位打亂順序，填寫在裡面，然後以最快的速度從 1 數到 25，要邊讀邊指出，同時計時。

研究顯示：7 ～ 8 歲兒童按順序尋找每張圖表上的數位的時間是 30 ～ 50 秒，平均 40 ～ 42 秒；正常成年人看一張圖表的時間是 25 ～ 30 秒，有些人可以縮短到十幾秒。家長可以幫孩子多製作幾張這樣的訓練表，每天訓練一遍，相信孩子的注意力水準一定會逐步提高。

教孩子不要在困難上停留

很多時候，孩子對自己理解的事物、有興趣的事物，會比較容易集中注意力。反之，如果缺乏興趣並缺乏足夠的了解，就有可能注意力分散。

因此，家長應該引導孩子在遇到自己不理解的問題，即困難時，不要有過多的停留，這一點不懂，沒關係，接著聽老師往下講課。可能慢慢地就理解了。如果還是不理解，等課後再請教老師也不遲。如果這個時候就被困難擋住，進而對之後的內容望而卻步，是根本不可能做到專心致志。

讓孩子做些放鬆訓練

家長可以讓孩子舒適地坐在椅子上或躺在床上，然後向身體各部位傳遞休息的資訊。先從左腳開始，使腳部肌肉繃緊，然後鬆弛，同時暗示它休息，隨後命令腳踝、小腿、膝蓋、大腿，一直到軀幹休息，然後從左右手放鬆到軀幹。這時，再從軀幹開始到頸部、頭部、臉部全部放鬆。這種放鬆訓練的技術，需要反覆練習才能較好地掌握，而一旦掌握了這種技術，你就能在短短的幾分鐘內，達到輕鬆、平靜的狀態。

家長能夠把這些方法傳授給孩子是不錯的事情，但如果能鼓勵孩子自己開發一兩種方法出來，那就更圓滿了。

在遊戲中培養孩子的專注力

蘇聯心理學家曾做過這樣一個實驗：

將各種不同顏色的紙分別裝進與之顏色相同的盒子裡，讓孩子在遊戲和單純動作兩種不同活動方式下完成任務，同時觀察孩子的專注時間。

結果，在單純放紙條的情況下，4 歲大的孩子只能堅持 17 分鐘，6 歲大的孩子能堅持 62 分鐘；而在遊戲放紙條活動中，4 歲大的孩子可以持續進行 22 分鐘，6 歲大的孩子可以保持 71 分鐘，而且分放紙條的數量比單純完成任務時多了 50%。實驗結果顯示，遊戲能夠激起孩子極大的興趣，孩子在遊戲活動中，其注意力集中程度和穩定性都很強。因此，家長可以利用遊戲來培養孩子的注意力。

安徒生的父親是一位善於利用遊戲培養孩子專注力的家長：

童話大師安徒生在學齡階段，雖然沒有接受過正規的學校教育，但是，他的父親經常和他一起玩遊戲，在遊戲中，安徒生的父親有意識地訓練安徒生的專注力、想像力和思考能力。

有一次，安徒生的父親在工作時，剩下了一塊木頭，為了讓安徒生高興，他就動手給小安徒生做了幾個木偶。木偶做好了，父親就對安徒生說：「我們給木偶穿上衣服吧！」

給木偶穿上衣服後，父親又說：「我們現在有演員、有舞臺、有幕布，可以演戲了。不過在演戲之前，要先把角色的對白練熟。」

於是，父親拿出一本名為《荷爾堡》的戲劇故事書，讓安徒生把這本書讀了一遍又一遍。

安徒生非常認真地把故事中的對白背得滾瓜爛熟。在演出時，安徒生表演得異常投入，街坊鄰居都說他們父子真是一對「瘋子」。

從那以後，安徒生迷上了演戲，為了演好戲，安徒生有時甚至看書看得忘了吃飯。

正是這種對演戲的痴迷，無形中培養了安徒生做事的專注力和豐富的想像力。為其之後的成功奠定了一定的基礎。可以說，是童年時期的遊戲成就了安徒生輝煌的一生。

與安徒生的父親一樣，比爾蓋茲的父親同樣非常重視遊戲對於孩子專注力力開發的重要性。他平時沒有多少閒暇時間，但是，只要有空，他就陪比爾蓋茲玩遊戲，尤其是做一些智力遊戲，如下跳棋、打橋牌。玩遊戲時，父親總是鼓勵比爾多思、多想，有時，當比爾下了一步好棋時，父親就拍手叫好。這更加激發了比爾的思考潛能和注意力。

美國著名學者斯特娜夫人與女兒維妮弗里德就經常玩一種叫「注意看」的遊戲。遊戲是這樣的：

斯特娜夫人一手抓住五六根彩色的髮帶，在女兒面前一晃而過，然後問女兒，自己手中的髮帶有幾根。

開始的時候，斯特娜夫人的速度比較慢，讓孩子有足夠的時間去注意看她手中的髮帶，後來，斯特娜夫人的速度越來越快，到最後只是眨眼間的工夫。

剛開始，女兒維妮弗里德輸的次數比較多。後來女兒猜對了，就反過來考媽媽，媽媽反而輸得更多。

這種遊戲就是用來培養孩子的注意力的。因為孩子要在遊戲中取勝，他必須在一定的時間內努力把自己的注意力集中在遊戲上，克制著不讓自己的注意力分散。

作為家長，在日常生活中，應盡量為孩子提供遊戲條件，鼓勵孩子玩各種各樣的遊戲。比如，可以透過安排一些簡單而明確的任務來讓他完成，也可以根據一定的目的，有計畫地向孩子提供遊戲材料，讓孩子玩耍。

那麼，家長應如何激發兒童遊戲的興趣呢？

- ✧ **多為孩子提供豐富、有趣的遊戲材料**：豐富、有趣的遊戲材料，能激發孩子對遊戲的興趣。因此，要想孩子在遊戲的過程中保持專注，家長給予孩子的遊戲材料應該生動、有趣。
- ✧ **材料的提供要有計畫性**：根據一定的目的，有計畫地向孩子提供遊戲材料，切忌把材料一股腦兒地堆在孩子面前，讓他們東抓抓西摸摸，缺乏遊戲的目的性。
- ✧ **遊戲的難度要循序漸進**：遊戲內容要有梯度，由簡單到複雜，滿足孩子不同階段的不同需要。
- ✧ **遊戲的時間要適度**：遊戲時間不宜太長。適度地調換遊戲內容，有利於培養孩子的專注力，一次活動不要提供過多的玩具。
- ✧ **不要干擾孩子做遊戲**：孩子遊戲時不要有意干擾，不要在孩子玩得高興時給他們吃東西，或要他們做些不相干的事，這樣既掃了他們的興，又中斷了他們的活動，容易造成孩子的不專心。
- ✧ **讓孩子多與同儕做注意力遊戲**：家長一有時間就應該帶孩子去接觸同齡的孩子，讓孩子與同儕一起參加一些互動遊戲。讓孩子從中獲得更多的樂趣。此外，讓孩子與同儕一起做遊戲，還可以培養孩子的競爭意識，孩子為了表現得更出色，在遊戲的過程中往往會更投入、更專注。

在遊戲時間裡，父母可以以一個參加者的身分參與到孩子的遊戲中，千萬不要以一個局外人的姿態去觀察孩子的遊戲情節，隨意提醒並打斷孩子正在進行的遊戲。父母不要以為做遊戲既無聊，又浪費時間，其實，孩子的注意力培養最初就是從遊戲開始的。

對孩子進行專注力訓練

集中注意力是一種使頭腦保持冷靜、清晰和專一的方法。對孩子進行集中注意力，即專注訓練，能幫助孩子得到潛在的無限寧靜和力量。專注力不強，孩子的思想經常開小差，做事情總是三分鐘熱度，上課無法專心聽講，做作業不認真，在這種情況下，孩子的學習品質是很難得到保證的。因此，對孩子進行專注力的訓練是很有必要的。

在日常生活中，家長可以這樣對孩子進行專注力訓練：

一、視覺注意力訓練

視覺是由眼睛、視神經和視覺中樞的共同活動完成的。外界物體發出的光作用於人的眼睛，透過眼睛的透明組織發生折射，在視網膜上形成物像，視網膜感受光的刺激後，把光能轉換為神經衝動，再透過視神經將衝動傳入視覺中樞，從而產生視覺。對孩子進行視覺訓練，其目的在於提高和增強視覺器官的感受能力和大腦對視覺資訊的加工處理能力。

視覺注意力訓練分視覺集中、視覺追蹤、視覺轉移訓練三種。

所謂視覺集中，是指將視力集中在某一點上，長期練習，可讓孩子集中注意力。比如，一個人要射箭，就必須注意力集中，對準目標，在最關鍵的時候將箭射出。如果注意力有一點點不集中，就不可能射中。因此，練習射箭的人，往往會將一枚中間有小洞的小銅錢掛在遠處，經常遠遠地注視它，努力去分辨銅錢的空心。練到一定的時候，當他們能夠輕鬆地射中銅錢的空心時，才進行更進一步的訓練。

視覺追蹤指的是，一個人的眼睛追蹤著某一物體，使其在自己的視線範圍之內。視覺追蹤，一般用於閱讀、計算水準的低級階段，以及容易出錯的煩瑣計算。我們經常發現，會計在閱讀報表，累計大串數位時，會一邊用筆尖順著數字滑動，一邊口中唸唸有詞，以便集中注意力。會計手中的筆就是視力引導工具。使用視力引導工具能夠大大改善注意力集中的水準，並且能夠促使眼睛進行平穩的、有節奏的運動，可以幫助閱讀者糾正看書過程中反覆、回跳和視線游離等注意力分散狀況。不僅使閱讀速度得到提高，而且還增強了對閱讀內容的理解和記憶。

視覺轉移指的是，引導孩子跳躍式地注意某些東西，如隔行注意等。

以下，編者為孩子提供了一些相關的視覺注意練習，這些訓練有助於提高孩子的視覺注意能力。

視覺集中訓練

家長需要在房間裡找一樣東西，可以是一張椅子或一盆花，放在前方約 60 公分處，讓孩子的眼睛平視前方，自然眨眼，集中注意力注視這一件物體約 15 分鐘。在這個時間段內，要專心致志地仔細觀察。然後，讓孩子閉上眼睛，努力在腦海中勾勒出該物體的形象，應盡可能地加以詳細描述，最好用文字將其特徵描述出來。然後再重複細看一遍，如果有錯，加以改正。

用靜觀的方法，不僅可以改善觀察力、注意力，而且可以提高記憶力和創造力。讓孩子觀察的東西要不斷地變換，不然他就會沒有興趣了。

視覺追蹤練習

父母與孩子一起看同樣的書，然後尋找書中的某些關鍵字語。要求在看書的時候拿支筆，看到重點的地方畫條線。這樣，孩子的眼睛會不自覺地跟著筆尖走，不僅能夠提高閱讀速度，而且可以幫助孩子糾正看書過程中注意力分散的不良習慣。

視覺轉移練習

訓練過程：

1. 將相鄰兩數相加，如 3 ＋ 5 ＝ 8，將和數 8 寫在第三格內。
2. 再將第二和第三個數相加，和數寫入第四格內（超過 10 的，只寫個位數。如 5 ＋ 8 ＝ 13，就只在第四格內寫 3）。
3. 直至出現與第一、第二個數（即第 1 題的 3 和 5，第 2 題的 2 和 7）相同的數的循環為止。
4. 數出循環出現前共有多少個數字。
5. 把循環數的個數和發生錯誤、重新計算的次數記錄下來。

第 1 題

3	5	8	3																

第 2 題

2	7	9	6																

這個練習需要很細心地進行計算，只要有一處差錯，後面的就全錯了。如果一旦出現不循環或很快開始循環，就是出錯了，要重新開始做。此練習以重複計算的次數少，所需的時間短為好。讓孩子經常做這樣的練習，一段時間後，孩子就能做得又好又快。

二、聽覺注意力訓練

聽覺是由耳、聽覺神經和聽覺中樞共同活動完成的。聽覺的發展對孩子的智力發展具有重要的促進作用，兒童依靠聽覺，辨認周圍事物的發聲特點，欣賞音樂，學唱歌。聽覺也是學習語言的重要條件，學說話，聽別人說話，都離不開聽覺。因此，家長一方面要注意保護孩子的聽覺器官，講究用耳衛生；另一方面，還應進行有意識、有目的的聽覺訓練。訓練孩子的聽覺，目的在於提高孩子的聽覺專注力，使孩子變得善於聽，聽得有成效。

孩子都喜歡聽故事，在日常生活中，家長可以透過讓孩子聽故事、複述故事來訓練孩子的聽覺注意力。如每天給孩子講一個故事，在孩子聽故事的過程中，停頓一下，提個問題讓孩子回答。家長的提問有助於孩子有目的地傾聽，更好地理解故事內容。讓孩子一邊聽一邊思考，不僅提高了孩子的興趣，還能很好地培養孩子的注意力和傾聽能力，提高孩子的記憶能力和語言表達能力。

在孩子聽故事的基礎上，家長還可以讓孩子完整地把故事複述一遍，這就對孩子的「聽」提出了很高的要求，能夠有效地訓練孩子聽的能力。孩子講述完後還可以給他打分，既激發了孩子參與的興趣，又能促使他不斷努力。

三、動作注意力訓練

動作注意力訓練即透過讓孩子完成特定的動作來達到訓練注意力的目的。比如教他做一些體操動作、舞蹈動作或一些遊戲動作，都能達到這種效果。

比如，家長可以與孩子一起玩「走直線」的遊戲。

具體要求：準備一根10公尺左右的長繩、一捲膠帶和一個開闊的空間。

先在地上拉一根長繩，用膠帶黏住兩頭。為了讓孩子的視覺注意力更有目標性，提高訓練效果，訓練者可以在繩子的一端放一樣實物作為孩子視線的著落點（這件實物放置的位置要和孩子的視線同一水平）。然後讓孩子站在繩子的另一端，雙手側平舉，抬頭挺胸，目光直視前方開始行走。行走時必須腳尖對著腳跟，始終沿著直線前進。熟練以後，還可以雙手拿碗、頭頂書本增加訓練的難度和趣味性。也可以父母一起參加，比賽誰走得好、走得快。

四、混合型注意力訓練

混合型注意力訓練實際上就是把眼睛看、耳朵聽和動作結合起來，既訓練了視覺，又訓練了動作。這種訓練難度大，可以邊說邊示範給孩子看，讓孩子跟著做，比如，說出一種行動，讓孩子表演出來等。

如讓孩子做「聽鼓聲走」練習，家長可以先準備小鈴鼓或其他能發出聲音的玩具一個。

在訓練的過程中，家長應讓孩子遵守規則，鈴鼓拍得快，孩子走得快；鈴鼓拍得慢，孩子走得慢；鈴鼓停止時，孩子站在指定物體旁。

在玩的過程中，家長可以不斷變換指定目標，在孩子走的過程中，家長可以變換鈴鼓的快慢，以此指揮孩子快走或慢走．變速走及向指定方向走。

第四章
提高孩子的記憶力

記憶力是指人的大腦對經驗過的事物進行儲存和再現的能力。

在生活中我們常常發現，那些課業成績好、聰明睿智的孩子，往往都有著出色的記憶力。而那些記憶力差的孩子，其課業成績必定也差。由此可見，記憶力的好壞，決定著孩子課業成績的高低。要想提高孩子的課業成績，關鍵之一是增強孩子的記憶力。

讓孩子掌握記憶的規律

生活中，常常有家長反映：「我的孩子記憶力很差，剛學過的知識，沒過兩天就忘得一乾二淨了」或者「我家孩子忘性大，做什麼事情都丟三落四的」等等。

其實，任何事情都是講究規律的，按規律辦事，事半功倍，記憶也是一樣的道理。生活中，一些孩子之所以經常忘事，跟他們沒有掌握好記憶的規律是有很大關係的。如果他們掌握了記憶的規律，按照記憶規律來記憶，勢必會取得意想不到的記憶效果。

專家建議，要想讓孩子將他們記下來的東西印象深刻地保持下來，應該讓孩子掌握好以下的記憶規律：

記憶要趁熱打鐵，間隔的時間不要太長

德國著名的心理學家赫爾曼·艾賓浩斯（Hermann Ebbinghaus）就曾對記憶的規律進行了研究，他發現，遺忘過程的發生是不均衡的，記憶後的20分鐘、1小時、24小時是遺忘速度最快的幾個時間段，分別遺忘42%、56%、66%；2～31天遺忘率穩定在72%～79%之間；遺忘的速度隨時間而不同，表現為熟記後最初遺忘得比較快，而以後便逐漸緩慢下來。

因此，為了防止遺忘，提高記憶效果，家長應教孩子趁熱打鐵，在記憶猶新的時候便進行複習。在這方面，俄國教育家烏申斯基所規定的一條原則就值得遵守：與其借助複習恢復記憶，不如借助複習防止遺忘。他用生動的比喻和形象的語言告訴我們：在記憶活動中，應該去「鞏固建築物」，而不要去「修補已經倒塌的建築物」。

當然，記憶的間隔也不是越短越好，心理學的研究顯示：時間間隔過短對記憶的鞏固同樣是不利的。有一個實驗資料顯示：複習間隔為半小時

的時候，需要複習 11 次，間隔為兩小時的時候需要複習 7 次，而間隔為 10 小時的時候，只需複習 5 次。可見，間隔太短反而對記憶的鞏固不利。

睡前、醒後是記憶的黃金時段

記憶時，先攝入大腦的內容會對後來的資訊產生干擾，使大腦對後接觸的資訊印象不深，容易遺忘，這種現象被稱為前攝抑制（先攝入的抑制後攝入的）；後攝抑制（後攝入的干擾、抑制先前攝入的）正好與前攝抑制相反，由於接受了新內容而把前面看過的忘了，使新資訊干擾舊資訊。因此，睡前記憶不會有後攝抑制，醒後記憶不會有前攝抑制，應該抓住睡前和醒後這兩個記憶的黃金時段。

睡前的這段時間，您可以讓孩子複習一下白天或以前學過的內容。根據艾賓浩斯遺忘規律，24 小時以內接觸過的資訊，一天後能保持 34%的記憶。這時，如果能稍加複習，便可恢復記憶。另外，由於不受後攝抑制的影響，也很容易記住所記憶的內容。並且，睡眠過程中記憶並未停止，大腦會對剛接受的資訊進行歸納、整理、編碼、儲存。所以，睡前的這段時間真的是很寶貴。

早晨起床後，由於不會受前攝抑制的影響，記憶新內容或再複習一遍昨晚複習過的內容，則整個上午都會記憶猶新。

教孩子先理解再記憶

在現實生活中，我們往往會發現，讓孩子記住一些不連貫、沒有意義的字母或數位很困難，同時，也很容易遺忘。而如果讓孩子記憶一些意義連貫的內容，如美妙的故事、童話，甚至唐詩宋詞等，要比單純記憶一些無連貫意義的內容容易得多。因此，在讓孩子記憶學習內容之前，最好能幫助孩子理解所學內容。

一次的記憶量不宜過多

應該控制好每一次記憶資料的總量，如果總量過多非常容易產生大腦疲勞，使記憶效率下降。正確的做法是，把量控制在這樣一個範圍，能讓孩子一次完成記憶過程，記憶完成後，還覺得意猶未盡，有餘力從事其他科目的學習。如果需要背記的資料實在過多，可以切分成幾部分，每次解決其中一部分。

同類的內容一次不要記得過多、過久

同類的內容一次記得過多、過久容易發生遺忘。因此，家長應告訴孩子，如果一上午或者一天都在學習歷史，那麼後邊學習的內容就很難記住。因此，在學習時，要注意文理學科交替進行，不同學科交替進行，刺激大腦皮層的不同部位，有利於大腦皮層的興奮，保證記憶效率。

用腦過度，腦機能下降時，記憶效率低

家長應讓孩子做到適當休息，不要讓孩子在疲勞的狀態下學習，每學習四五十分鐘，可以做做廣播體操、眼保健操等，緩解疲勞，不但有利於孩子的身心健康，還能提高他們的記憶效果，增強學習效率。

讓孩子始終保持記憶的興趣

在所有的記憶規律中，最重要的一條是保持興趣。沒有興趣，就不可能真正記住需要掌握的知識。科學家對人的記憶過程進行了研究，得出了一個結論：記憶是否深刻，與頭腦的興奮程度有直接的關係。這意味著記憶過程中必須非常專心，同時對需要記憶的資料保持一種興奮的精神狀態。因此，如果需要記憶，家長應採用適當的辦法，讓孩子興奮起來。

日常生活中，家長可隨機向孩子提問，檢查孩子記憶的牢固程度。需要注意的是，一次不可以提問太多，也不要總提重複的問題。這一方面是為了加強隨學隨記的牢固程度，另一方面也是為了考察以前學過的知識還有多少印象。這兩者的比例要安排好。

明確目的能增強記憶效果

「為加強記憶力，過分講究記憶技巧而忘記常識是不可取的。」美國學者布魯諾·弗斯特為此提出「目的」這一問題，他還特意舉了以下這個例子：當孩子想要回憶某個單字而忘得一乾二淨怎麼也想不起來時，其真正的原因可以說是他當初沒有想要記住的意圖。布魯諾·弗斯特進一步解釋：「只有有意識地、有計畫地、強行地記憶，只有帶有明確目的的學習才能記住，這樣記住的東西才是牢固的、永久的，這一條任何人無法違背。」

史丹佛大學的教授做過這麼一次有趣的試驗：

請 20 個二三十年前中學畢業的成年人回憶俄語語法規則中某些例外的詞，即在俄語的詞形變化中與一般語法規則有所不同的單字。大家不假思考，脫口而出，而且回答得準確無誤：

遊蛇、出嫁、憋不住、驅趕、支撐、呼吸、聽見、觀看、看見、憎恨、欺負、忍受、依靠、旋轉、玻璃的、錫的、木制的……

但是，沒有一個人能說得出「遊蛇、出嫁、憋不住」等單字屬於哪條規則的例外情況。

蘇聯老教育家卡普捷列夫說過：「真正經得起考驗和正確的記憶是有意記憶。」

要記住某個單字，首先必須對它產生印象，在心中做個記號，從而「留下痕跡」。當孩子忘卻某個單字或某件事物時，首先請他想一想在接觸該單字或該事物時記憶的目的是什麼。這一點很重要，因為要增強記憶力，必須先有一個明確強烈的目的。

著名的教育心理學教授愛德華．桑代克（Edward Thorndike）做了幾次實驗，測試了記憶的目的對記憶效果的作用，在一次實驗中，他命令第一小組的學生僅僅寫一連串的單字和數列；命令第二小組不僅要寫單字和數列，而且要記住。結果哪個小組成績好呢？當然是第二小組。桑代克教授的實驗結果，我們從日常經歷中也可以體會到。發生某件事時，如果努力使之留在心中就能記住。

可見，記憶的效果和記憶的目的有密切的關係。在其他條件相同的情況下，記憶的目的越明確，記憶的效率就越高。佛洛伊德（Sigmund Freud）這樣說過：「意圖是所有記憶和忘卻的基礎。人們所記憶的事物，應該是自己想要記憶的事物；所忘卻的事物，應該是自己想要忘卻的事物。」

從資料保持的數量來說，有目標的記憶記住的多，盲目記憶記住的少。有目標的記憶就是有意記憶，由於事先預定了記憶目標，並且能運用一定的記憶方法，記憶效果自然要好得多。

從資料保持的時間來說，目的明確的記憶持久，目的模糊的記憶短暫。經驗證明，記憶的持久性，即記住的東西在頭腦中保持時間的長短，在一定程度上取決於我們記住它們時，是想長期記住還是短期記住。同一個班級的學生，如果其他條件相同，那麼，具有長遠學習目標的，學習一般比較扎實，成績穩步上升；而只是為了應付考試，或為了取得某種榮譽，抑或為了避免家長責備，沒有遠大的學習目標，只有短暫學習目的的學生，雖然在一定時期內可以取得良好的成績，但時間一長，成績就會下降。許多學生還有這樣的體驗，為應付第二天老師提問而記住的知識，很快就忘記了。這其中的奧祕在於：你希望記憶時間的長短不同，在記憶時有意無意動員起來的記憶能力也就不同。

從資料保存的品質來說，有目的記憶的知識較為系統，而無目的記憶的知識較為零散。許多學生的學習和實踐經驗顯示，如果沒有明確的記憶目標，很難記住一種有系統的知識。在生活中，我們讀小說、看電影、聽廣播、參觀展覽、和朋友閒聊……當時並沒有記憶意圖，沒有經過任何努力，可在不知不覺中卻記住了一些東西，其中有些生動有趣的知識甚至會深深地銘刻在我們的心裡終生難忘。

但是，這些無意識記憶保持的知識，無論怎樣生動，怎樣鮮明，怎樣牢固，畢竟只具有片斷的性質，有一定程度的偶然性。無目的無意圖的記憶，完全取決於外界刺激的強弱，不可能形成有系統有組織的知識，它常常使最重要、最有價值、最值得記憶的東西置於腦後，而把沒有實際意義的知識記住了。

記憶目的要明確似乎是個簡單的問題，但在實際學習中卻有不少的孩子往往做不到。他們看書學習完全沒目的，僅僅憑興趣，碰到什麼學什麼，遇到什麼記什麼；有的雖然有目的，但不夠正確，或是為了應付老師提問，或是為了應付考試，或是為了炫耀才華，顯示自己……這樣，事情一過去，「記住」的知識又都忘了。這就告訴我們，影響記憶目的的條件很多，只有掌握了這些條件，才能做到目的明確。

記憶對象的重要性對明確記憶目標也有很大影響。哨兵記口令很準確，情報人員記接頭暗號很牢固，因為口令和暗號關係重大，不容許記不準記不牢。陰天出門人們常常忘記帶雨傘，因為頂多是淋雨，所以並不把它時刻放在心上。

目的又有長遠的與短近的、偉大的與平凡的、一般的與具體的之分，它們都是有利於提高記憶效率的。我們要具有遠大理想，把當前的學習和未來連繫起來，從而具有長遠的、偉大的、一般的學習目的，以提高學習記憶的品質。

同時，我們還要指導孩子確定短近的、平凡的、具體的目的，善於根據不同的學習內容，提出不同的記憶任務，確定記什麼、記多久和記到什麼程度。有的資料要逐字逐句地記憶，有的只需記住梗概內容；有的要嚴格記住資料的順序，有的則只要著重理解就行了。充分運用這個規律，避免盲目的、隨意的學習，可以增強記憶效果。

總之，學習前家長一定要讓孩子給自己提出明確的記憶目的。

採用多種感官記憶

古書《學記》中有這樣一句話：「學無當於五官，五官弗得不治。」意思是說，學習和記憶如果不能動員五官參加，那就學不好，也記不住。這說明遠在 2,000 年前古代人就已經了解讀書學習要用眼看，用耳聽，用口唸，用手寫，用腦子想，這樣才能增強記憶效果。

宋代學者朱熹說，讀書要三到：「謂心到、眼到、口到。心不在此，則眼不看仔細，心眼既不專一，卻只漫浪誦讀，絕不能記，記亦不能久也。三到之中，心到最急，心既到矣，眼、口豈不到乎？」

先人的經驗告訴我們，採用多種感官記憶的重要性。

有位老師曾經用 3 種方法讓 3 組同學記住 10 張畫的內容：

對第一組同學，只說明畫上畫了些什麼，並不給他們看這些畫。也就是說這組同學只是聽，沒有看。

對第二組同學，老師給他們看這 10 張畫，可是不說明每張畫畫了些什麼。也就是說這組同學只是看，沒有聽。

對第三組同學，老師不但告訴他們畫的內容，而且在講每張畫內容的同時，給他們看那張畫。也就是說這組同學聽了又看。

過了一段時間，老師分別問這 3 組同學記住了多少畫的內容。結果第一組記住的最少，只有 60%；第二組稍多，記住了 70%；第三組記住最多，達到 86%。

據說有人研究過：人獲取的外界資訊中，83%來自視覺，11%來自聽覺，3.5%來自嗅覺，1.5%來自觸覺，1%來自味覺，顯然增加視覺、聽覺資訊量是多獲取資訊最可取的方法。

獲取資訊的管道和記憶有什麼關係呢？又有人進行了研究，結論是：人從視覺獲得的知識，能夠記住 25%，從聽覺獲得的知識能夠記住 15%，若把視覺與聽覺結合起來，能夠記住 65%。

要記憶外部資訊，必先接受這些資訊，而接受資訊的通道不止一條，有視覺、聽覺、味覺、觸覺等。多種感覺參與的記憶，叫做多通道記憶。這種記憶方法其效果比單通道記憶強得多。

所以，好的記憶習慣就是要同時調動多個感官。在孩子的學習過程中，家長應該要求孩子做到，上課聽講，眼睛盯著黑板，重點啊！公式啊！一個都不能少；耳朵跟著老師，問題啊！評論啊！都不能遺漏；手上也不能閒著，筆記啊！翻頁啊！該動就要動。回家複習，要堅持「不動筆墨不讀書」。「動筆墨」，就是要記筆記、提煉要點、推導演算，甚至摘抄評論。這種採用多種感官記憶的方式將有助於孩子學習。

記憶就是反覆再反覆

我們知道，與大腦記憶密切相關的是大腦新皮層的顳葉和牛皮層的海馬。從外部進入大腦的資訊在顳葉被分類和保存，重要的資訊則被送到海馬，並在海馬區加以保存和整理，一個月左右再返回顳葉。如果將資訊重複，就會在海馬留下深刻的印象，所以反覆刺激大腦，刺激速度越快就越能夠在海馬裡構築起清晰的記憶回路。

大腦中如果沒有海馬，那會是什麼結果呢？在利用猴子進行的實驗中，研究人員在讓猴子記住一些事情後，將其海馬摘除，猴子就記不住這些東西了。但是，顳葉仍然在正常地發揮作用，以前記住的東西仍然完好無缺的保存著。但猴子並沒有記住海馬切除前一個月的事情。這是因為，過去一個月的記憶被海馬保存下來，正在這裡處於等待篩選的狀態。我們從中得出的教訓是，重要的事情在記住後的一個月內，必須複習一遍。只要複習，就能很好地記住。

反覆就是強調，是記憶的重要因素。有科學家指出，反覆背誦可以刺激大腦中的海馬，開啟右腦深層的記憶回路。反覆背誦，透過大腦的機械反應使人能夠回想起自己一點也不感興趣的、對之沒有產生過任何聯想的東西。同理，透過反覆誦讀，就可以培養右腦的記憶能力，讓自己記住自己完全不解其意的東西。

兒童的純機械記憶力比成年人好。這種記憶隨著年齡的增長而下降。相反，多種聯想的能力是隨著年齡的增長和閱歷的增多而提高的。因此，在這方面失去的，在另一方面得到了大大的補償。

不依賴機械記憶的重複，對固定記憶有著重要的作用，而且這是不受年齡限制的。重複自己剛學的東西，並不時地重複它。不要急於求成，不要想一下子把所有的知識都記住，只有重複多次才能記住。心理學家艾賓浩斯研究出的遺忘規律告訴我們，遺忘的規律是先快後慢，這即是說要記住一件事，應及時複習（重複）、鞏固。

義大利心理學家聖多瑪斯·阿奎那（St. Thomas Aquinas）在其《概論》一書中這樣告訴我們：「應該經常思考我們想記住的東西。」古希臘哲學家亞里斯多德曾指出：「時間是記憶的破壞者。」如果我們不採取挽救辦法的話，我們的記憶會隨著時間的推移而逐漸消逝。然而，有一個簡單的挽救辦法，這便是重複，或叫做複習和溫習。

家長教孩子進行右腦反覆誦讀訓練時，應抓住兩個原則：一是精選，二是反覆。精選就是讓孩子選擇他們感興趣的內容，篇幅不要過長，最好朗朗上口，以優美的詩歌為宜。反覆就是不斷地背誦相同的內容。

讓孩子複習所學過的東西，回憶就得到了新的活力。然而，為使複習不占用太長的時間，就應該重視複習的方法和時間的安排。心理學家喬斯特做了一個非常有趣的實驗，他根據閱讀的次數，研究了記憶一篇課文的速度。他舉例指出：如果連續把一篇課文看六遍所記住的內容比每隔五分鐘看一遍，一共看六遍所記住的內容要少得多。

某心理學家找到了能產生最好效果的理想的間隔時間，他做了各種試驗，證實理想的閱讀間隔時間是十分鐘至十六小時不等，依要記住的內容而定。十分鐘以內，重讀一遍是多餘的，超過十六小時，一部分內容已被忘卻。

這也就是說，如果只是反覆誦讀、複習 5 遍或 10 遍，那麼，即使記住了，也只是一種淺層記憶，雖然當時可以完全記住，但是，過一段時間就會忘得乾乾淨淨。因此，反覆誦讀應有一定的時間間隔，此外，還應注意不要間隔太長的時間。

心理學家們經過實踐證明，反覆誦讀相同的內容，背誦所需的時間就會越來越短，逐漸縮短為原來所用時間的 1/2，然後是 1/3、1/4⋯⋯背誦的次數越多，就越有助於打開右腦的深層記憶回路，看到的內容可以變成圖像儲存在大腦裡，當我們需要時，可以隨時原樣再現。

下面，筆者為孩子提供了相應的一些誦讀資料，家長在對孩子進行反覆誦讀訓練的過程中，可以幫助孩子做好以下的背誦記錄，看看每一次背誦孩子所花的時間。

資料一：四季的美

春天最美的是黎明。東方一點一點泛著魚肚色的天空，染上微微的紅暈，飄著紫紅的雲。

夏天最美的是夜晚。明亮的月亮固然美，漆黑漆黑的暗夜，有無數的螢火蟲翩翩飛舞，即使是濛濛細雨的夜晚，也有一兩隻螢火蟲，閃著朦朧的微光在飛行，這情景著實迷人。

秋天最美的是黃昏。夕陽偎依著西山，感人的是點點歸鴉急匆匆地朝窠裡飛去。成群結隊的大雁，在高空中飛翔，更是叫人感動，夕陽西沉，夜幕降臨，那風聲、蟲鳴聲聽起來叫人心曠神怡。

冬天最美的是早晨。落雪的早晨最美，就是在遍地鋪滿銀霜的早晨，在無雪無霜寒冷的清晨，也要生起熊熊的炭火。手捧著暖和的火盆穿過廊下時，那心情和這寒冷的早晨是多麼和諧啊！

把每次背誦所需的時間填入下表中：

第一次	第二次	第三次	第四次	第五次

資料二：鳥的天堂——巴金

我們吃過晚飯，熱氣已經退了。太陽落下了山坡，只留下一段燦爛的紅霞在天邊。

我們走過一段石子路，很快就到了河邊。在河邊大樹下，我們發現了幾艘小船。

我們陸續跳上一艘船。一個朋友解開了繩，拿起竹竿一撥，船緩緩地動了，向河中心移去。

河面很寬，白茫茫的水上沒有一點波浪。船平靜地在水面移動。三支槳有規律地在水裡划，那聲音就像一支動聽的樂曲。

在一個地方，河面變窄了。一簇簇樹葉伸到水面上，樹葉真綠得可愛。那是許多株茂盛的榕樹，看不出主幹在什麼地方。

當我說許多株榕樹的時候，朋友們馬上糾正我的錯誤，一個朋友說那裡只有一株榕樹，另一個朋友說是兩株。我見過不少大榕樹，這樣大的還是第一次看見。

我們的船漸漸逼近榕樹了。我有機會看清它的真面目，真是一株大樹，枝幹的數目不可計數，枝上又生根，有許多根直垂到地上，伸進泥土裡。一部分樹枝垂到水面，從遠處看，就像一株大樹臥在水面上。

榕樹正在茂盛的時期，好像把它的全部生命力展示給我們看。那麼多的綠葉，一簇堆在另一簇上面，不留一點縫隙。那翠綠的顏色，明亮地照耀著我們的眼睛，似乎每一片新的生命在顫動。這美麗的南國的樹！

船在樹下停靠了片刻。岸上很溼，我們沒有上去。朋友說這裡是「鳥的天堂」，有許多鳥在這樹上做巢，農民不許人去捉牠們。我彷彿聽見幾隻鳥撲翅的聲音，根立在地上，像許多根木樁。土地是溼的，大概漲潮的時候河水會沖上岸去。鳥的天堂裡沒有一隻鳥，我不禁這樣想。於是船開了，一個朋友划著槳，船緩緩地移向河中心。

第二天，我們划著船到一個朋友的家鄉去，那是個有山有塔的地方，從學校出發，我們又經過那「鳥的天堂」。

這一次是在早晨。陽光照耀在水面，在樹梢，一切都顯得更加光明了。我們又把船在樹下停靠了片刻。

起初周圍是靜寂的。後來忽然一聲鳥叫。我們把手一拍，便看見一隻大鳥飛了起來。接著又看見第二隻，第三隻。我們繼續拍掌，樹上就變得熱鬧了，到處都是鳥聲，到處都是鳥影。大的，小的，花的，黑的，有的站在樹枝上叫，有的飛起來，有的在撲翅膀。

我注意地看著，眼睛應接不暇，看清楚了這隻，又錯過了那隻，看見了那隻，另一隻飛起來了。一隻百靈鳥飛了出來，被我們的拍掌聲一嚇，又飛進了葉叢。站在一根小枝上興奮地唱著。那歌聲真好聽。

當小船向著高塔下面的鄉村划去的時候，我回頭看那被拋在後面的茂盛的榕樹。我有一點留戀。昨天是眼睛騙了我，那「鳥的天堂」的確是鳥的天堂啊！

把每次背誦所需的時間填入下表中：

第一次	第二次	第三次	第四次	第五次

教孩子將記憶描繪成圖畫

右腦具有圖像記憶功能，在努力想起某事物時，記憶會以圖像的形式再現。

在進行這個訓練時，要求孩子緊緊盯住需要記憶的事物，當他覺得已經全部記住時就可以合上書，憑藉心中的圖像將它重新描繪出來。

統計顯示，13 歲以下孩子中的 90%、所有年齡段女性中的 50%、所有年齡段男性中的 25%具有圖像記憶能力。

這種能力是每個人在幼兒期就具有的。幼兒時期大腦的活動狀態以右腦為優先，進入小學以後開始接受以語言性為主的左腦教育，結果，與生俱來的圖像記憶能力日漸衰退，甚至完全喪失。但只要堅持進行圖像記憶訓練，就可以再次喚醒這種能力。

先讓我們看一看參與過這種訓練的家長的報告：

我拿到教材後的第一印象是：「這種訓練對孩子來說是不是太難了點？」但令我吃驚的是，參加訓練的孩子們直呼好玩，全是一副興致勃勃的樣子。

我採用的訓練方法是，在開始的兩週時間裡，讓孩子們先仔細看圖，然後要求他們描繪出輪廓。接下來，在描繪出輪廓的基礎上，要求他們完成填色。起初我選擇的都是簡單的圖形，目的是讓孩子體會到模仿繪畫的樂趣，那些日子每天一次的繪畫時間是孩子們最高興的時候。剛開始合上教材進行描繪時，孩子們需要苦想一段時間。但隨著時間的推移，每次花費的時間越來越短，在第三週結束的時候，他們幾乎可以毫不猶豫地一筆勾勒出輪廓。

之後，我參考有關教材，對訓練方法作了一些調整。

1. 用 1 分鐘時間凝視一幅畫，每個細節都不能漏掉。
2. 在 1 分鐘後，不再看教材，先閉上眼睛，在腦海裡重現圖畫。
3. 睜開眼睛，開始在紙上描繪。

訓練方法改進後，我明顯感覺到，孩子們在凝視圖畫 1 分鐘後，頭腦裡存留的圖像越來越清晰。到了第三天的時候，不僅是輪廓，就連顏色也記得分毫不差。在覺得不能確定的時候，孩子們會閉上眼睛再次溫習腦海中的圖像。

後來，最初的 1 分鐘凝視也顯得太長了。令我大吃一驚的是，進入 12 月分的時候，孩子所需的凝視時間都明顯縮短，最長的也只需要 20 秒而已。

在學校的高年級和 10 歲以上的班級也展開了繪圖訓練。我覺得增加填色這一環節在很大程度上調動了孩子們訓練的積極性。

最初的生硬模仿確實很難，但透過 1 分鐘凝視，在右腦中形成直觀圖像後再來描繪的話，就變得簡單多了。

這裡還有一份報告：

自從進行了這個訓練，我處理檔案的速度明顯變快，周圍的人都誇我工作神速呢！

在進行圖像記憶訓練的同時，我還進行了丹田呼吸訓練。國中一年級的兒子跟我一起進行訓練，一週後的某天，他對我說：「看電視的時候，我能猜到下一句臺詞是什麼。真是奇怪。」「真的，你能猜到下句是什麼？」「是的。」兒子對自己擁有這樣的能力也感到迷惑不解。

周圍的人也發現了我的變化：「不得了！你的變化很大嘛！」「咦，做事怎麼這麼快？」

如果是簡單的圖形，我可以在瞬間完整記住。只要能聯想起數位，數位對應的圖畫就會浮現在腦海裡，我自己都覺得不可思議。

過了一段時間，頭腦中的圖像有些模糊的時候，就再看一遍圖像。

到現在，我還是很驚詫於自己能力的變化。

進行訓練後的三四天，晚上做夢時夢見的顏色都可以記得一清二楚。

隨著訓練的深入，夢境變得越來越清晰。打個比喻，就像以前的黑白電視機突然換成了最新式的大螢幕彩電。圖像記憶訓練的效果在工作上也顯現出來了。11 月的時候，上司還表揚我：「最近工作很有效率嘛。」

是的，堅持做這個訓練，圖像記憶能力就會得到長足發展。

假設有這麼一組詞語：照相機、冰淇淋、貓、門簾、豬、錘子、肥皂。讓孩子對這組詞語進行死記硬背，你會發現，孩子記得很慢，而且記住一下子可能就會忘記。

其實，要想讓孩子全部記住這些詞語並不難，家長要做的就是引導孩子學會把詞語轉換為圖像進行記憶訓練，這樣孩子就能輕而易舉地把這些詞語記下來。

首先，家長可以讓孩子閉上眼睛，靜下心來，然後對他進行心理暗示，告訴孩子：「現在，在你的頭腦中有一架照相機，你馬上要看到的這些卡片會被這架照相機照到裡面，而且是按順序原封不動地保存著的。」

接著，讓孩子睜開眼睛，家長讓孩子一邊看詞語一邊幫孩子描述圖像：

我的頭腦裡有一架照相機，照相機照到了一個快要融化了的冰淇淋，小貓看見冰淇淋快融化了，高興地「喵喵」直叫，媽媽餵完豬聽到貓的叫聲掀開門簾走進屋子，她順手拿起錘子嚇唬小貓，不小心碰掉了肥皂。

在家長的引導、描述下，孩子透過看詞聯想圖像，並把圖像透過想像聯結到一起，這時候，在孩子的腦海中這些東西就形成一個整體，孩子只要記住其中一個，就能按照順序全部記起這些詞語。

之後，家長可以慢慢增加每一組詞語的個數，從 7 個詞語到以後的 10 個、15 個、20 個，逐漸遞增，你會發現，因為掌握了把詞語轉化為圖像進行記憶的記憶方法，孩子能夠很輕鬆就記住這些詞語。

當孩子已經掌握了這種方法以後，不要家長描繪，他同樣可以對看到的詞語進行圖像再現。可見，圖像有非常強的記憶協助功能，經常對孩子進行詞語的圖像訓練會讓孩子的記憶更加牢固，還能達到開啟右腦記憶能力的最終目的。

同理，不只是詞語可以轉化為圖像進行右腦記憶訓練，家長還可以引導孩子，在閱讀的時候，利用自己的大腦照相機功能，像錄影帶一樣，把看到的文字轉化為圖像，一幅幅展開來，進行記憶訓練。經常做這樣的訓練，不但能提高孩子的記憶能力，還能增強孩子的自信心，讓孩子覺得自己是一個天才。

將資料轉化為圖像的訓練方法指導：

首先，家長應告訴孩子，要充分運用各種感官，視覺、聽覺、觸覺、嗅覺、味覺，給圖像賦予這些感官可以感到的特徵。

舉例：要在腦中留下蘿蔔的圖像，孩子應該明確自己的蘿蔔是紅的還是白的？葉子是什麼顏色的？蘿蔔是沾滿了泥巴還是洗得乾乾淨淨的？輪廓越清楚，細節越清晰，圖像在腦中留下的印象就越深刻，越不容易被遺忘。

其次，教孩子運用聯想把圖像串聯成生動的情節，連鎖聯想就是把記憶資料串聯起來，構成奇異的情節，像鎖鏈一樣，一個環連著一個環，無論多少資料都可以從第一個環依序連結到無限多個。

舉例：在只有 2 個記憶資料時，例如貓和青蛙，怎樣把牠們串聯起來呢？家長可以讓孩子想像貓背上一隻青蛙優哉遊哉地躺著睡覺。有 3 個資料時，例如，貓、青蛙和玫瑰花，怎麼串聯呢？可引導孩子想像貓背上一隻青蛙優哉遊哉地躺著睡覺，這時一支玫瑰花飛過來黏到了青蛙的身上。如此連鎖下去，無論多少個資料都能串成一個鎖鏈，一環扣一環，這些奇異的情節保證將讓孩子很難忘卻。

現在，就讓孩子按照圖像記憶訓練題練習吧！

1. 讓孩子把以下一組詞語轉化為圖像進行記憶：天使、星星、笛子、漢堡、雞塊、筍、鴨子、飯團、蜜蜂。
2. 讓孩子把下面的小故事透過想像記憶下來，（限時 1 分鐘）。

一隻飢餓的狐狸來到葡萄架下，看見一串串葡萄從架子上垂落下來，就想摘一串來吃。但怎麼也抓不著到，狐狸累壞了，最後牠決定放棄。

狐狸一邊走一邊自言自語地說：「反正葡萄還沒熟呢。」

當然，家長還可以自己給孩子出題，對孩子進行圖像記憶·從而強化孩子的右腦記憶能力。

默寫訓練有助於提高右腦記憶

左右腦處理資訊的方式完全不同。左腦是分部分處理資訊，速度非常慢；右腦則能在瞬間掌握整體，然後再利用直覺修改錯誤的部分，正確地整理資訊。

默寫記憶訓練是培養和提高孩子右腦資訊處理能力的一個好辦法。家長在對孩子進行默寫訓練時，不必要求孩子一字一句地進行記憶，因為逐字逐句地記憶並不利於右腦記憶能力的增強。

因此，在對孩子進行默寫訓練時，家長可讓孩子聽一遍文章，或者迅速地看一遍文章，在聽或者看的過程中把所有的資訊作為一個整體輸入大腦中。之後根據自己的記憶，把聽到的或者看到的內容默寫下來。

經常進行默寫訓練的孩子，眼睛會變得更加靈活，耳朵也會變得更加靈敏，右腦獲取資訊的能力也會隨之得到提高。

右腦的資訊處理能力提高了，孩子就可以在短時間內閱讀大量資訊，與之相關的右腦記憶能力也會獲得長足的發展。

默寫訓練的具體操作步驟如下：

1. 用一分鐘時間反覆閱讀一篇短文，然後讓孩子合上書，憑記憶默寫出來。要求孩子做到：標點和換行也要跟原文一樣。
2. 默寫完後，讓孩子自己檢查是否跟原文有出入。
3. 孩子第 1 次默寫某一篇文章的時候，是不可能全部記住的，可以進行第 2 次。再用 1 分鐘時間反覆讀這一篇文章，然後憑記憶正確地默寫出來。

4. 這樣的訓練可以反覆進行 2 ～ 3 次，直到孩子能夠全部正確地默寫出來為止，再換一篇練習。

以下是一個舉辦默寫記憶培訓班的老師的總結：

開始的時候先讓孩子們聽圖像訓練音檔，透過圖像訓練提高速讀能力。然後挑出一篇文章，反覆做 1 分鐘閱讀，再在稿紙上將文章默寫出來，這前後大概需要 15 分鐘。

剛開始的時候，用字數很少的文章，每頁大概只有 9 行字的那種，即使這樣，孩子們也只能達到默寫出一半的程度。有時我也會讓陪孩子一起接受訓練的家長們來默寫，他們倒是能默寫得多一些。這時不能急躁，不要在乎默寫出多少，重要的是每天堅持。節假日、旅行的時候也不能放鬆。

過了兩個月，孩子們都養成了良好的習慣，從學校回到家都先做作業和默寫練習，然後才出去玩。即使家長不在家，孩子們也一直堅持練習。

當進入第 2 本教材的訓練階段時，孩子們不但默寫品質大大提高，注意力也空前集中。最大的變化是讀書量增加了。有時家長從外邊回來會發現家裡好安靜，再一看，孩子正聚精會神地讀書呢。

6 個月過去了，教材也教到了第 4 本，孩子們的默寫成績越來越好。默寫每頁 300 字左右的文章，最多漏一兩行，默寫速度也非常快。買上兩三本書，一天就可以全部讀完。連旁人都不禁感嘆：「書翻得這麼快，真的看進去了嗎？」

默寫記憶訓練前後共進行了半年時間。在這半年裡，孩子們不驕不躁，非常刻苦，這讓我體會到了堅持就是勝利的道理。我相信，在以後的日子裡，他們也會繼續保持這種學習熱情，讓我驚喜連連的。

這就是默寫記憶訓練的神奇力量。

以下是編者為孩子提供的默寫訓練題，家長可要求孩子用一分鐘時間閱讀題目中給出的文章，然後憑記憶將文章正確地默寫出來。默寫時，標點和換行也要和原文一樣。

資料一：北風和太陽

一天，北風和太陽打賭。

「誰能讓行人把衣服脫下來，誰就贏了。」

北風使出全力吹，但行人怎麼也不脫衣服。太陽放射光芒，照耀著行人。

「太熱了，受不了了。」行人脫光衣服，跳進了水裡。

資料二：野豬和狐狸

一頭野豬正在樹下磨牠的獠牙，狐狸看見了就問：「野豬先生，周圍一片平靜，並沒有危險存在，你為什麼還要磨牙呢？」

野豬回答道：「等到危險逼近時再準備就來不及了。」

資料三：森林協奏曲

在清晨和黃昏，不只是鳥，森林裡所有的動物都在唱歌奏樂：各唱各的曲子，各有各的唱法；各有各的樂器，各有各的演奏方法。在森林裡可以聽到清脆的獨唱、拉提琴、打鼓、吹笛；可以聽到犬吠聲、嗥叫聲、咳嗽聲、呻吟聲；也可以聽到吱吱聲、嗡嗡聲、呱呱聲、咕嘟聲。燕、雀、鶯和歌聲婉轉的鶇鳥，用清脆、純淨的聲音唱著。甲蟲和蚱蜢吱吱嘎嘎地拉著提琴。啄木鳥打著鼓。黃鳥和小巧玲瓏的白眉鶇，尖聲尖氣地吹著笛子。狐狸和白山鶉叫著。母鹿咳嗽著。狼嗥叫著。貓頭鷹哼哼著。九花蜂和蜜蜂嗡嗡地響著。青蛙咕嚕咕嚕地吵一陣，又呱呱地叫一陣。

讓孩子在娛樂中愛上背誦

親子遊戲是家長與孩子之間，以親子感情為基礎而進行的一種活動。親子遊戲的形式自由靈活，不用具體設定時間，就在日常嬉戲中。然而親子活動的意義卻很重大，在和諧的生活氛圍裡和孩子一起遊戲能夠啟發孩子的智慧。遊戲不是上課，家長和孩子都是遊戲的參與者，和孩子處於平等的地位。遊戲的形式不限，只要家長能自然而然地引發孩子智慧的發展。由此及彼，在家庭裡，完全可以透過遊戲提升孩子的記憶力。那麼，什麼樣的遊戲會使孩子在輕鬆的同時又獲得鍛鍊呢？背字典就是個很不錯的方式！

專家指出，背字典是提高孩子記憶力非常有效的方法。在背字典的時候，首先要制定出每天的記憶計畫，例如每天記 30 個字，一年就能把一本字典全背下來。然後是熟悉字典，字典是按ㄅ、ㄆ、ㄇ、ㄈ、ㄉ音序排列的，接著每個聲母後的韻母按ㄚ、ㄛ、ㄜ、ㄞ、ㄟ拼寫，然後是三音節拼寫。字典裡的字很有規律，同聲的字都在一起，比如《新華字典》有個「氐」（音為ㄉㄧˇ，義為根本）字，我們以「氐」為字根加上偏旁部首，很容易就記住「邸」、「詆」、「坻」、「抵」、「底」、「柢」、「砥」、「骶」這些字了。邸：過去高官的帽子上有一對像耳朵一樣的圓翅，把右邊的右耳旁想成這對圓翅，就記住表示高官的住宅的「邸」字了；詆：詆毀別人時用的是嘴，「詆」也記住了；坻：加了提土旁，一定和土地有關係，表示土坡的「坻」就記住了……依此類推，以「氐」為字根的其他字很快就記住了。背字典是個工程，摸索出規律就會趣味盎然。

在孩子發現了字典的排列規律後，還要讓孩子發現自己的記憶力很不一般，可以用這樣的話鼓勵他們：「瞧，這樣難記的字，你都記得，你的記憶力很厲害嘛！」「這個字在哪頁你都知道，記憶小天才呀！」當孩子發現自己的記憶力真的很不錯的時候，還可以講一兩個別人背字典的小故事，激發一下孩子的興趣，「你也很不錯的，敢不敢試試？」這時孩子大多都會很肯定地回答：「沒問題！」這樣，背字典的遊戲就可以開始了。

當然，和孩子在遊戲中一起背字典應增加些樂趣，不要只抱著字典背，不然，孩子很快就會沒有了興趣。可以把偏旁部首用小卡片畫出來，寫出一個字根，家長和孩子輪流給字根加偏旁，並嘗試說出加了字根的新字的字義，然後和字典裡正確的字對照，最後以寫出正確字的多少判定輸贏……透過這樣的遊戲，一定能夠大大增加背字典的樂趣，使背字典這個聽起來很大的工程不再枯燥。

透過比賽增強孩子的記憶力

在家庭生活中，家長可以透過開展各種比賽，增強孩子的記憶力。眾多的事例顯示，競爭的方式相比其他任何方式更容易讓孩子記住要記的東西。

「成語接龍」是一個可以隨時隨地進行的智力比賽，相信很多人在家中都玩過。第一個人起了頭以後，後面參與的人都會豎起耳朵聽前面的人說出來的成語。當要輪到自己的時候，全身都會緊張起來，腦海裡迅速地搜尋著自己要說的成語。說對了，趕快就把「接力棒」交給下一個；說錯了，周圍的人馬上就會提醒。幾個回合下來，大家記住的成語數量都會有所增多。比賽中有競爭有互動，大家一起開動腦筋，能夠記住很多成語。這種活潑的比賽方式是提高孩子記憶力的好方法。孩子在比賽時當然希望自己能夠贏，利用孩子的這種好勝心理，家長和他們比記憶力，可以使他們記得快、記得牢，起到事半功倍的效果。

此外，還可以在家裡和孩子比賽記憶古詩：大人背一句，孩子背一句，大人能行，孩子也一定能行。孩子的短時記憶力比大人們強很多，這樣幾個回合下來，玩玩鬧鬧中，孩子就把詩詞記住了。家長還可以找來一些寫作時有可能用到的字詞、句子、範文·和孩子一起背誦，看誰背得快記得牢，對勝利的一方要實行獎勵。孩子在得到勝利和喜悅的同時，又增加了自信心。

和家長一起玩背撲克的比賽也是孩子們喜歡的遊戲之一。這種小小的撲克牌，能夠有效訓練孩子的記憶力。家長和孩子把撲克牌各分幾組，每人隨機抽出一張，看誰出的牌大，誰的牌大兩張牌就歸誰，以誰的牌多決勝負。在玩的過程中，家長要引導孩子記住剛剛出過的牌的花色和數字，並記住整理後的順序，幾個回合下來，當孩子能夠記住自己手裡牌的順序、花色和數位的時候，再逐漸增加撲克的張數以增加記憶的容量。

看過足球比賽的觀眾很容易被賽場上的氣氛所感染。那些在看臺上搖旗吶喊的人，比賽場上奔跑著的人還要興奮。在家庭裡玩比賽，就要製造出既緊張又興奮的氣氛，讓孩子在整個比賽過程中，全身的細胞都處於亢奮狀態，把全身的能量都調用上，所有的智慧都開發出來。

在英國，有一款傳統記憶力家庭比賽。它的玩法是：一家人圍坐在一個圓桌邊，其中一人做裁判，不參加本輪比賽。由裁判起頭隨便說出一個名詞，其他的參與者按順時針方向輪流，先說出自己之前的參與者說出的名詞，自己再說出一個新名詞後，輪到下一位。如果有人背錯或者報出不是名詞的詞，則算輸掉本輪比賽。這一輪比賽即告結束。

在這個比賽裡，裁判要記住所有新報出的名詞，並評判每位參與者說出的名詞正確與否。這裁判也不是很好當的，每一輪輸掉的人，就是下一輪比賽的裁判。

這個好玩又刺激的比賽不斷被流傳著，並添加了其他一些條件或規則，變得更為刺激有趣。要在這樣的比賽中獲勝，是有困難的。每位參與者都想刁難下一位，「斑馬」、「水桶」、「士兵」、「雨鞋」、「聖誕樹」、「香蕉」等毫不相干的詞語要被依次複述出來，對人的記憶力的確是很好的訓練。

家長在家裡和孩子們一起玩這種好玩又刺激的比賽，在競爭中讓孩子學會記憶的技巧，這對孩子的記憶力會有很大提高。

事實顯示，孩子通常會對感興趣的事物主動記憶。這樣，在和孩子比賽的時候，家長不要忘記增加趣味性，不要演變成學校裡老師提問學生回答的家庭版。在比賽中，大人和孩子是平等的競賽同伴，大人不能再以高高在上的家長自居，要給孩子平等的空間，讓孩子充分調動自己的智慧參與其中。

孩子必須掌握的基本記憶法

每個人都有自己擅長的記憶方式，比如，有的人擅長視覺記憶，有的人擅長聽覺記憶，還有的人擅長混合型記憶……不管採取哪一種記憶方式，方法科學與否都將影響記憶效果。

對孩子來說，學習面臨最多的就是記憶問題，各個學科內容不同、特點各異，因而記憶的形式是多樣化的。而孩子往往沒有經驗，需要家長教給他們一些科學的記憶方法，以幫助他們達到記憶的目的。

具體地說，孩子應該掌握的有以下幾種基本的記憶法：

利用直觀形象進行記憶

小學生擅長於具體形象記憶。直觀、形象的東西，尤其是視覺影像，容易給孩子留下深刻的印象。因此，如果能將孩子所要記憶的一些抽象的東西盡可能地與具體形象的東西結合起來，讓孩子在形象的基礎上進行記憶，記憶就會很快很好。

小明記電話號碼很有一套，問他是怎麼記憶的，他說：「把那些沒有意義的數字和自己所熟知的東西掛起鉤來，就能夠很快記住。比如，33329916 這個電話號碼，3332 是他所居住的區域的郵遞區號，99 又恰恰是他所居住的公寓號，他住在 16 號房間。幾組數字加起來正好是 33329916。」

有意記憶法

有意記憶法是一種有明確的目的或任務，憑藉意志努力記憶某種資料的記憶方法。學生為了系統掌握各門學科的知識，必須進行有意的記憶。進行有意記憶，首先要有明確的任務，任務越明確，越能調動心理活動的積極因素，全力以赴地實現記憶的任務。任務越具體，記憶效果越好。

某心理學家做過這樣一個實驗：先讓老師給同年級的兩個班的學生安排默寫課文的作業，並說明第二天要做測驗。第二天的測驗結果顯示：兩個班的測驗成績差不多。測驗後，只讓甲班的老師告訴學生兩個星期後同樣的內容還要測驗一次，但不要複習；而乙班什麼也不通知。兩個星期後，進行第二次測驗，甲班學生的測驗成績比乙班要好得多。這個實驗說明一個道理：只有明確記憶目標，才能有良好的記憶效果。其次，有意記憶需要意志努力的參與。

聯想記憶法

聯想記憶法是利用聯想來增強記憶效果的記憶方法。美國著名的記憶術專家哈利 · 洛雷因曾說過：「記憶的基本方法是把新的資訊聯想於已知的事物。」

當一種事物和另一種事物相類似時，往往會從這一事物引起對另一事物的聯想。若把聯想運用於記憶過程中，即把記憶的資料與自己體驗過的事物聯結起來，記憶效果就好。比如，在記憶英語單字的時候，可以大膽使用自己的想像，巧用想像加深印象，增強記憶效果。莉莉就是個善於想像的女孩，英語一直都學得很棒，看看這孩子如何記憶英語單字：

isolate vt· 使孤立、使隔離

記憶方法：i（愛）＋ so（如此）＋ late（晚）

「當你發現你愛他時，已經晚了，他已娶妻，你只能孤立。」

campus n. 校園，大學教育

記憶方法：camp（營地）＋ us（我們）

「我們在大學校園裡露營。」

看看是不是很有意思？您不妨也鼓勵孩子試一試！

理解記憶法

理解記憶法是指在積極思考、達到深刻理解的基礎上記憶事物的記憶方法。理解記憶是以理解事物為前提的。透過對事物的理解進行思維加工、分析綜合，弄懂事物各部分的特點以及內在的邏輯關係和該事物與以前知識經驗之間的連繫，使之納入已有的知識結構中，以便保存在記憶庫裡。

簡而言之：先理解，後記憶。因此理解記憶的全面性、牢固性、精確性及有效性，依賴於學習者對記憶事物的理解程度。

在孩子學習的過程中，有些學習資料是需要理解記憶的。如數學概念、定理、法則等，孩子在學習國文時，通常要介紹作者以及文章的歷史背景，其目的就是為了幫助學生理解課文。當然對於理解的東西，還需要多次重複才能記住。在重複的過程中，需要用到有意記憶法。

精選記憶法

每個人每天接觸的資訊太多了，這些資訊並不是都需要記憶的。要記的內容太多，大腦得不到休息，反而什麼都記不住。因此，記憶必須有所選擇，選擇那些最重要、最有意義、最有價值的資訊。精選記憶法是對記憶資料加以選擇和取捨，決定哪些資訊重點記憶，哪些資訊可以略記的一種記憶方法。

要將所有的教科書都背下來是不容易的，也是不現實的。讀教科書時，決定教科書中哪些資料應該記住很重要。有時候得讀完一整段，甚至一篇文章才能知道哪些資料是重要的，哪些是無關緊要的。因此．不妨把整篇文章看一遍，但不必急於把它背下來。這樣做一方面幫助了解各段落間的關係，一方面也增進了專注力。下一步才把注意力放在細節上，把整章內容再看一遍。這一次慢慢看，仔細地讀。找出書中要表達的重點，將它們畫線，或做記號，以便記憶的時候能很快找到它們。但是不要把整篇文章的每一句都畫上記號。畫的重點太多等於沒有重點，或者說還沒有找到重要的概念。

分類記憶法

如果所要記憶的資料內容較多，您可以試著讓孩子將記憶的內容按一定的要求進行分類。實際上，分類過程本身就是一個理解和記憶的過程。

要記憶下列 10 種物品：貓、帽子、狗、掛鐘、桌子、衣櫃、眼鏡、鸚鵡、鞋子和戒指。您可以讓孩子把上述 10 種物品先加以分類，比如：貓、狗、鸚鵡是動物，帽子、眼鏡、鞋子、戒指是穿戴在身上的東西，掛鐘、桌子、衣櫃則是家裡的擺設。這樣一分類，記憶就容易多了！

限時記憶法

讓孩子在規定的時間裡背誦一些數位、人名、單字等等，可以鍛鍊博聞強記的能力。比如：在3分鐘內，背誦圓周率（π）小數點後30位數字：3.141592653589793238462643383279，在2分鐘內背誦10個陌生的人名等。

關於記憶的方法還有很多，這裡不可能一一詳述，還需要家長在實踐中發現並教給孩子。總的說來，將孩子引入記憶方法之門，讓他知道用上述記憶方法可以提高記憶力，並促使他去探索、交流、創造適合自己的記憶方法，以達到提高記憶力的目的，這些都是孩子提高課業成績的必要因素。

趣味記憶術增強記憶能力

興趣與記憶的關係非常密切。對學習資料和要記的東西本身的直接興趣，是推動人進行有效記憶的內在動力。當一個人興致勃勃、津津有味地專注於吸引自己的事物時，他的大腦就進入了高度興奮狀態，在這種狀態下，大腦記憶的效果最強，而且不容易出現疲勞和興奮轉移。因此，家長如果能夠讓孩子掌握好趣味記憶術，那麼，孩子的課業成績將取得飛速提高。

以下編者介紹幾種趣味記憶法：

諧音記憶術

諧音記憶術是一種利用諧音來幫助記憶的記憶方法。

我們都知道，現實生活中那些有意義的東西容易記憶，沒有意義的東西不好記。諧音記憶術就是給沒有意義的內容硬加上某些意義，使之變得容易記憶起來。

比如，大多數人都覺得記憶歷史的年號、大串的數字是件難事，如果他能利用諧音記憶術，那麼記憶就會顯得容易多了。例如馬克思（Karl Marx）生於西元1818年，逝世於1883年，利用諧音讀「一爬一爬爬（上）山」。這樣讀起來順口且有趣，自然也就記住了。

記年號可以利用諧音記憶術，背誦圓周率以及其他的長串數位同樣可以利用諧音進行記憶。有一個孩子就是這麼進行圓周率記憶的：

有位老師要上山去和寺廟的和尚喝酒，臨行前給學生安排了背圓周率的作業，要求學生背到小數點後面的22位：3.1415926535897932384626。學生背得頭昏腦漲，還是背不起來。這時，有位學生突發靈感，用圓周率的數位諧音把老師上山喝酒的事編成一段口訣：「山巔一寺一壺酒，爾樂苦煞吾，把酒吃，酒殺爾，殺不死，樂而樂。」待老師從山上喝酒回來，每個學生都將圓周率背得滾瓜爛熟了。

口訣記憶法

人的記憶是以「組塊」為單位的。口訣記憶法可以縮小記憶資料的絕對數量。把記憶資料編成口訣或押韻的句子，加大了資訊濃度，增強了趣味性，不但可減輕大腦負擔，而且能提高記憶效果，使記憶的內容記得牢，避免遺漏。加法口訣、乘法口訣、珠算口訣、二十四節氣歌等都是用口訣法來幫助記憶的。對於一些容易混淆的字，根據各個字字形或字義的特徵編成口訣，就很容易分辨了。

例如：巳滿、已半、己開口。

又如：少了買，多了賣。

這些口訣對孩子的記憶非常有幫助，如果發現孩子的學習沒有什麼記憶口訣，你就需要多多關注，很多口訣也是可以自己編的，只要順口，有意思，容易記憶就行了。最好的辦法就是和孩子一起編口訣，等口訣編完，基本上這個知識點也就記住了，並且根深蒂固，不會忘記。

卡片遊戲記憶法

學生最費力的記憶對象之一是英語單字。可用卡片遊戲幫助記憶。具體做法是：用圖畫紙製作很多寬 7 公分、長 3 公分的長方形卡片，在這些卡片上面寫上需要記憶的英語單字，背面寫上詞意。把容易錯和有特別用法的地方弄清之後，也一併記在背面。正面用黑色，背面用紅色，很醒目，便於區別。卡片張數一次以 50 張左右為宜。

做好卡片之後，先讀正面單字，再看背面意義進行記憶。大體上覺得記住了時，就把卡片正面朝上隨機放在桌子上。然後把自己記住的單字卡片揀出來，翻過來看看自己記得是否準確。記對了的放到一邊，錯了的放在另一邊。

這時桌子上只剩下一些記得不清的單字卡片。再回過頭來一張張地努力去記憶這些卡片。打亂卡片的次序，把自己記住的單字卡片挑出來。接著再把最後仍未記住的和記錯的單字卡片集中起來重新記憶。這樣反反覆覆之後，你就會為卡片漸漸減少而高興，對記憶本身也有了興趣。

如果是幾個人同時來比賽，會讓孩子更有興趣。把卡片擺在桌子上，每人一次只准揀一張，由揀的人說出那張卡片上單字的意義。說對了的，這張卡片歸他，說錯了，這張卡片放在一邊。待桌上的卡片揀完之後，將剛才大家認錯的卡片擺出來繼續認。桌子上如仍殘留有卡片，大家就一一翻過來再記。當桌子上的卡片全部被認完之後，數一數誰手中的卡片最多，誰就是贏家。

當然，這種方法不限於記憶英語單字，也可以把此法用於記憶其他各種事項。這樣的記憶遊戲需要多多開發，家長最好和孩子一起參與。

第五章
好習慣成就好成績

研究顯示，在影響中小學生課業成績的諸多因素中，讀書習慣的好與壞對孩子課業成績的影響最大。良好的讀書習慣，可以讓孩子以較少的時間和精力耗費，取得較高的學習效益。它不但有利於激發孩子學習的積極性和主動性；還有利於讓孩子形成良好的學習方法，提高學習效率。不良的讀書習慣不僅影響到孩子的課業成績，還可能影響到孩子生活的各方面，使其養成懶惰、缺乏進取心等缺點。正因為如此，作為家長，一定要讓孩子從小養成良好的讀書習慣。

讓一切變得有序

- ✧ **現象一**：平平是一年級的小學生，可是他一直不會整理自己的學習用品，經常忘帶課本、作業、學具和其他物品，家長替他送過好多次，為此老師提醒過爸爸媽媽呢！另外，在家裡平平也是從不整理自己的用品，書架亂得一塌糊塗，家裡到處都是他的書，媽媽光收拾他的東西就花很多時間，但經過沒幾天，又會亂成一團。
- ✧ **現象二**：文文是一個一天到晚總是忙忙亂亂、慌慌張張、丟三落四的孩子，不是把作業本忘在家裡了，就是忘了帶課本。期末考試時，文文又犯了同樣的錯誤，把文具盒忘在家裡了。怎麼辦呢？

像平平和文文這樣的孩子在我們周圍並不鮮見。這些孩子缺乏條理性，他們的學習用品經常亂擺亂放，沒有次序、沒有方法、不分場合：書架上，橫豎站臥各種姿勢、長短大小各種規格、古今中外各種內容的書都有；床頭、窗臺、茶几、餐桌、沙發、鞋架上到處都有沒看完的書；寫完作業後，課本、作業本、草算本、字典、鉛筆、文具盒、橡皮擦、尺、墨水瓶擺了一桌子，書包扔在地上；沒課表、沒作業記錄本；紅領巾、校服、鞋套、學具等亂扔一通。正因為如此，他們總丟三落四，不講秩序，不會整理，不良的習慣給他們的生活帶來了諸多麻煩。

專家認為，孩子之所以養成了這些不良的習慣，跟家庭教育是有很大關係的。

- ✧ 家長自己沒有好的習慣，給孩子作了一個不好的榜樣。
- ✧ 家長對孩子的習慣養成不重視，忽視了生活細節對孩子的影響，沒有從小培養孩子的整理習慣。
- ✧ 對孩子過分溺愛，總是在替孩子「善後、擦屁股」。如孩子學習完了，家長幫忙收拾；孩子的鉛筆斷了，家長幫孩子削鉛筆；孩子的鉛筆盒落在家裡了，家長很及時地送到學校去等。類似的做法讓孩子產生了極大的依賴性。從而養成了不整理、不善整理、不樂於整理的生活習慣。這對孩子獨立性的培養是不利的。

對於孩子來說，從小培養其整理習慣，能使孩子做事更有秩序更有條理，這對孩子今後的工作與生活幫助很大。

有一位年輕人，他大學畢業後去了一家圖書公司做編輯，他說：「生活有秩序幫了我的大忙，平時，桌子上的稿子非常多，我將它們一一分類，採用的、不用的、需要我本人修改的，從不混淆。改稿子的時候，我精神高度集中，不會因為忙亂而分心。」正因為如此，他的工作效率很高，工作很出色，很受器重。

正因為如此，家長應糾正自己的教育方式，從小培養孩子自己的東西自己整理的好習慣。而要讓孩子養成做事有條理的習慣，家長應做到以下幾點：

✧ 不能過分溺愛孩子，別總是大包大攬替代孩子做他力所能及的事情。要從小處著眼著手，培養孩子自己整理學習用品的好習慣，從小就鍛鍊孩子獨立的動手能力，這將使孩子受用終生。

✧ 演習遊戲。讓孩子在亂七八糟的書架和條目清楚的書架上找書，體會有條理帶來的好處。要出門旅遊了，卻找不見火車票、照相機、水壺，讓孩子體會到做不好準備工作帶來的麻煩。

✧ 讓孩子定期整理書包。孩子最好每月整理、刷洗一次書包。因為書包是孩子每天都要攜帶的，經常清洗可以清除細菌。同時，書包的整潔也關係到個人的衛生面貌，背上乾乾淨淨的書包，會給自己一個好心情。

✧ 讓孩子自己整理玩具、物品，這能讓孩子體驗到整理的樂趣。

首先，家長應該為孩子準備一個地方，讓孩子專門用來放置自己的玩具和物品，讓孩子知道這些玩具和物品各有各的「家」，每次用完之後，都應該將這些東西送回它們自己的「家」去。

其次，家長要讓孩子明白，收拾自己的玩具和物品是自己的事，自己的事情要自己做，家長偶爾幫幫忙，應該獲得孩子的感謝。

再則，家長要盡可能地用遊戲等方式吸引孩子參與收拾整理自己的玩具、文具用品等事情，並且堅持不懈，不斷強化，最後使孩子形成習慣。

✧ 讓孩子和爸爸媽媽一起做家事，體會家長的辛勞，知道亂放物品是一種非常不好的習慣。

✧ 讓孩子整理自己的書桌，盡可能避免書桌不整潔，還要注意不要在書桌上堆放與學習無關的東西，這樣做，能讓孩子在學習的過程中保持專注。

總之，讓孩子養成做事有序的習慣，是孩子養成其他良好讀書習慣的開端。

有計畫，讓學習變成習慣

「凡事豫則立，不豫則廢。」一份科學的學習計畫能幫助孩子明確學習目標，合理安排時間，增強學習的自覺性和積極性，提高學習效率……如果孩子能每日按照學習計畫表有計畫地學習，時間久了，他們自然而然就能把完成每天的學習任務當成一種動機，學習也就成了習慣。

那麼，家長應如何幫助孩子制定一份科學的學習計畫呢？

學習計畫要科學、可行，兼顧生活的平衡

孩子的學習計畫要按照孩子的特點制定。一般來說，要幫助孩子制定學習計畫，家長需要事先明確孩子每天要學習的內容及順序。如當天要學習的書按順序擺放在書桌左側，每完成一個科目，就把相應的書挪到右側，然後檢查目標是否完成。這時盡量不要改變順序，也不要混淆不同科目的書籍。

每天的學習要以學習的量為基準，因為如果不規定學習量，只是單純規定學習時間，就等於在沒有目的地的情況下盲目乘船航海。部分精力不集中的孩子就會養成蹭時間的壞習慣。因此，家長在為孩子制定學習計畫時應幫孩子規定學習的量，注意不要貪多，否則會使孩子產生厭倦心理。

此外，在制定學習計畫時還應該考慮到生活的其他方面，要把一天中的全部活動都納入到計畫中來。既要使學習在一天中占首位，又要使學習同其他活動協調起來。有規律而充實的生活是提高孩子學習效率的基本條件。

學習計畫要有一定的靈活性

計畫不應絕對不變，應根據實際情況和執行計畫中的體會進行調整。例如，某天孩子因參加運動會覺得身體非常疲倦，那就應該及時改變計畫早早休息。如果單純為了執行計畫，硬要孩子一邊打盹兒一邊堅持在規定的時間裡學習，或是不解完十道題就不睡覺，那就無異於削足適履了。

學習計畫既要有靈活性，又必須以基本不變為原則，這樣才有利於養成良好的習慣。倘若把什麼情況都看成是例外，隨便變更計畫，是難以養成好習慣的。所以，在一開始制定計畫時就要留有餘地，計畫一旦訂好之後，盡可能不要變動。堅持這一原則十分重要。

要有具體的學習目標

這個目標要根據孩子自己學習的目標、以往的學習情況、學科進度、喜惡學科等情況來制定。

✧ 計畫要適合孩子個人的能力和特點，不要從個人的喜惡出發，更不要照抄別人的計畫，必須考慮自己孩子的體力、智力、性格、志趣等是否與實現學習目的和採用的方法相適應。此外，還要注意家庭環境、經濟狀況，近鄰關係等條件。

✧ 要根據時期的不同來制定不同的計畫。一般可分為學年計畫、學期計畫和一週作息時間表三種。

在制定作息時間表時要注意以下幾點：

· 自學時間集中使用不如分散使用效果好，尤其是前後內容連貫性不強的功課。

· 為了能長時間持續學習下去，要注意中途休息五六分鐘左右。可利用這段時間進行簡單的體育活動，如做體操之類。

· 預習和複習的時間要分開進行。複習盡可能在當天課後進行，預習則盡可能在課前進行。無論預習或複習，都是距離講課的時間越近越好。

· 要充分利用上課時的閒置時間和自學時間，特別是整理筆記要盡可能在課後較近的時間裡進行，趁熱打鐵。

· 娛樂時間的安排要適當，使精神從緊張的學習狀態中解放出來。在學習時間分配上應適當考慮運動、娛樂、社交等活動。

· 所學科目的時間分配順序，要考慮到內容近似的科目盡可能不要連續學，以免互相干擾影響學習效果。

每天檢查孩子是否完成了計畫

孩子由於認知水準、思考問題的方式、表達能力等方面的局限性，很多時候，學習計畫對他們完成學習任務、實現學習目標並無直接的、實質性的作用。在這種情況下，要想讓學習計畫發揮它的功效，就需要家長的監督與檢查了。如家長幫孩子制定了科學、可行的學習計畫之後，為了讓孩子持續完成計畫，家長應每天關心與督促孩子。值得注意的是，這個時候不要讓孩子覺得家長的檢查是為了監視自己，而應努力讓孩子和家長之間產生共鳴，感覺家長看到了自己在學習上付出的努力。

當孩子沒有完成計畫的時候，不要忙著懲罰和責備孩子，而是要問清原因，和孩子一起尋找新的方法。

教育孩子要克服惰性

有計畫地做事，還需要克服惰性，當天的事要當天做完。如果難以完成的事情不斷累積，最後越積越多，計畫就會被打亂，很可能要花費數倍的時間完成要做的事情，這樣做事很容易不了了之。

根據學習結果給予獎勵

要想讓孩子持續學習下去，適當的獎勵必不可少。比如，孩子獨自完成學習任務後，家長可以給孩子貼上貼紙。貼紙累積到一定的數量，就可以送一件禮物，這也是不錯的方法。

不要給孩子額外的負擔

家長還應做到不要隨意給孩子增加負擔，比如孩子按照家長的要求在規定的時間內完成了作業，可家長不但沒有因此鼓勵孩子，還讓孩子多做幾道題才去玩。這樣做的結果，只會讓孩子覺得自己努力了反而會有更多的作業等著他，與其這樣，不如邊學邊玩。

鼓勵孩子勤於思考

德國物理學家普朗克曾經說過：「思考可以構成一座橋，讓我們通向新知識。」喜歡動腦筋思考的孩子內心充滿了好奇與求知的欲望，在求知欲的驅使下，這些孩子更加熱衷於學習與求解，學習的主動性更強。可以說，培養孩子思考的習慣，等於給孩子的能力安上了「驅動器」，在未知的驅動下，孩子的學習效益必定高人一等。因此，家長應該鼓勵孩子以積極主動的態度對待學習，在學習的過程中多動腦筋思考，多提問題，養成勤於思考的好習慣。

那麼，家長應該怎樣培養孩子勤於動腦、獨立思考的習慣呢？

專家建議：家長可以從以下幾個方面培養孩子的思考習慣：

不要直接回答孩子的問題

低年級的孩子總有問不完的問題，而且喜歡打破沙鍋問到底。有些家長為了省事，直接把答案告訴孩子。這樣的確能馬上「打發」他們，但從長遠看，對發展孩子的智力沒有好處。因為家長經常這樣做，孩子必然依賴家長的答案，而不會自己去尋找答案，不可能養成獨立思考的習慣。因此，當孩子提出問題時，應該啟發孩子，提醒他們運用學過的知識、看過的書、查找到的資料等去尋找答案。當孩子自己得出答案時，他們會充滿成就感，也會更加願意自己動腦。

讓孩子經常處在問題情境之中

家長不但要學會耐心地回答孩子的提問，還要主動、積極地創造一些問題去問孩子，引導孩子觀察事物，發現問題，激發他的質疑興趣和欲望。向孩子提出問題時，要符合他的年齡特點和知識範圍，如果問題提得過難或過易，都會挫傷孩子思考的積極性。當孩子圓滿地回答了家長提出的一個個問題時，他會感受到獲得成功的喜悅。

此外，家長還可以放下架子向孩子「請教」一些問題，或在家庭遇到疑難問題時去和孩子商量。這些做法，可以促使孩子主動思考。

參與到孩子的思考中

要培養孩子勤於動腦、獨立思考的習慣，家長還要善於發現孩子的問題。在孩子遇到問題，並表達給家長的時候，家長要積極參與。

如果你陪孩子去參觀一個攝影展覽，對於展出的作品，你可以發現他的興趣點，可以一起去討論，去評價，更可以問他一些問題：為什麼認為這個作品好，你的理解是什麼，別人的理解是什麼，為什麼不同等等。

如果你陪孩子參觀一個科技展，他的問題會更多，這是什麼材料，這個設施有什麼功能，為什麼等等，對於這些，可以鼓勵他多問問展臺的工作人員，當你碰到孩子提的問題一時難以解答時，千萬不要厭煩或簡單化處理，最好是告訴孩子：「這個問題還真難，我也不太清楚。等我查查書，或問問其他朋友後告訴你。」注意要說到做到。當然，現在有互聯網，可以和孩子一起查一查感興趣的問題。

平時，父母要利用一切機會與孩子交談，透過交流激發孩子思考。但是，要注意的是，討論問題時，要盡量談一些有利於孩子獨立思考的問題，而不是代替孩子去思考。無論是當孩子碰到問題時，還是給他們提一些具體的建議，家長都要引導孩子獨立地進行創造性的思維，用自己已掌握的知識和經驗，針對要解決的問題，發現新的具有創造意義的解題方法。

5 歲的晨晨是個愛問問題的孩子。有一次，晨晨從幼稚園回來，神祕地問媽媽：「媽媽，你知道唾液是什麼味道嗎？」

「不知道。」媽媽坦白地說。

「唾液是臭的！」晨晨肯定地告訴媽媽。

「你是怎麼知道的？」媽媽好奇地問道。

「我把唾液舔在手心，一聞，真臭！」說著，晨晨還做了個示範。

媽媽煞有介事地聞一聞，皺著眉頭說：「果然很臭，這是一個重大發現！唾液在我嘴裡待了這麼多年，我怎麼都不知道呢？可能是『久聞不知其臭』吧！」

晨晨一聽媽媽這麼說，非常得意。

「可是，唾液為什麼會這麼臭呢？」媽媽不解地問晨晨，「媽媽也不知道，你說該怎麼辦？」

晨晨歪著腦袋想了想說：「那我們上網查一查吧！」於是，母子兩人忙開了……

從此，每次從幼稚園回來，晨晨都要問媽媽一些莫名其妙的問題。

長大後，晨晨很有創意，做事也有自己的主張，從來不會人云亦云。

一個成功的家長，總是善於引導孩子去思考！晨晨的媽媽無疑就是這麼一位成功的家長！她在參與的過程中，充分調動了孩子思考與發現的積極性，讓孩子從思想上獨立出來！

讓孩子自己獨立去思考、去判斷

在生活中，家長應該提供一些機會給孩子，讓孩子自己去思考、去判斷：什麼是對，什麼是錯，什麼應該做，什麼不應該做。能不能全面而深入地思考問題，決定了一個人思維的深度和廣度，也決定了結論的正確性。

美國物理學家利奧·雷恩沃特（Leo Rainwater）小時候非常善於思考，他能夠從其他人熟視無睹的事物中想到一些更深層的問題。

雷恩沃特上小學的時候，在一次國文課上，老師問道：「同學們，你們說 1 加 1 等於多少？」

「等於 2。」同學們異口同聲地回答。

只有雷恩沃特若有所思地看著老師，沒有回答。

老師有點疑惑，就問他：「雷恩沃特，你怎麼不回答呢？難道你不知道這個問題的答案嗎？」

雷恩沃特想了想，對老師說：「老師，我不是不知道 1 加 1 等於 2，只是，您為什麼要問我們這樣一個簡單的數學題呢？您是不是有其他的答案？」

聽了雷恩沃特的話，老師感到非常高興。因為，老師提這個問題的目的被雷恩沃特言中了！老師微笑著對大家說：「同學們，雷恩沃特說得沒錯。從數學的角度來說，1 加 1 等於 2，但是，從其他角度來說，1 加 1 未必等於 2。就像我們今天要學的這篇文章裡所說的，兩個人互相幫助，兩人的力量就大於他們的力量之和。所以，我們要互相幫助，互相關心，樂於助人。」

在鼓勵孩子獨立思考方面，家長有很多事情可以做，最簡單的就是傾聽孩子敘述自己的想法。儘管孩子的想法常常是天真、幼稚，甚至可笑的，但家長一定要按捺住想糾正他的願望，抓住他談話中有趣的、有道理的論點，鼓勵他深入闡述，讓他嘗到思考的樂趣，增強自我探索的信心。

跟孩子一起收集動腦筋的故事和資料

動腦筋的故事和資料很多，家長和孩子共同收集，整理好放在家裡。閒置時間，大家可以翻閱這些資料，互相討論感興趣的問題。

舉辦家庭智力競賽

利用節假日進行家庭智力競賽，家長和孩子輪流做主持人，準備小獎品或其他獎勵措施。為了增加氣氛，可以請親友或其他小朋友參加，這樣既可以令家庭充滿溫馨，也可以讓孩子在遊戲中體會到勤於動腦、獨立思考的樂趣。

總之，為了培養孩子勤於動腦、獨立思考的習慣，家長要經常創造動腦筋的氛圍，鼓勵孩子多想、多問、多實踐。

讓孩子合理安排時間

愛因斯坦認為，人與人之間的最大區別就在於怎樣利用時間。因為每個人對時間的處理態度、安排內容、使用方式不同，所以他們的收穫也不同。善於管理時間的人，能把一分鐘變成兩分鐘，一小時變成兩小時，一天變成兩天，能用有限的時間做很多的事，最終換來了成功。而不懂得管理時間的人，就只能任光陰虛度。

生活中，不善於利用時間的孩子有很多。比如，一些孩子在做功課時，沒有養成專注、集中精力的習慣，他們容易把本來一個小時可完成的作業，拖到數個小時，並且越拖心裡越覺得膩煩，越拖越懶得學習、懶得寫作業，也就越不能專心。因此，要想改變孩子做事沒有效率、不專心這一壞習慣，家長應從小培養孩子的時間意識，幫助孩子學會合理、有效地利用時間，做時間的主人。

一般來說，家長可以從幾個方面入手：

讓孩子認識時間，從小培養孩子的時間觀念

家長應該讓孩子從小就了解到時間是每個人都擁有的，但也是最易失去的資源。掌握時間、珍惜時間，就是掌握現在。

讓孩子遵循一定的作息規律

如讓孩子按照一定的時間睡覺、起床。如果孩子沒有時間觀念，連最基本的生活作息都會一團混亂，這樣，孩子上學遲到、曠課的事情就會經常發生。只要孩子掌握一定的作息規律，一定能夠變得勤快而有效率起來。

家長可以和孩子一起制定一張作息時間表，什麼時間起床，洗漱要多長時間，吃早餐要多少時間，放學後先做什麼，然後做什麼，幾點睡覺等，都可以讓孩子作出合理的安排。只有把作息時間固定下來，形成習慣，孩子才能對時間有一個明確的認知，才能養成良好的時間觀念。

利用孩子的大腦興奮階段

珍惜時間，不等於說學習時間越長越好，不舍晝夜，有張無弛，疲勞轟炸，只會導致神經衰弱，影響身體健康，學習效果自然也不會好。須知貪玩是孩子的天性，家長可以透過定期與孩子交流對時間的了解來準確了解其大腦皮層的最佳興奮時段。

每個人的最佳興奮時段是不太一樣的，比方巴金喜歡挑燈夜戰，艾青早上會詩興大發，福樓拜（Gustave Flaubert）則慣於通宵寫作。家長可與

老師配合，把一天中比較重要的學習任務在這一時段交與孩子完成，這樣花較少的時間可以完成較多的工作，讓孩子產生一種有效利用時間的成就感。與此同時，有意識地將孩子玩的時間安排在大腦皮層的興奮處於抑制狀態的時間段，長期如此，會讓孩子產生一種「玩原來也這麼無趣」的心理，從而在一定程度上截斷其貪玩費時的心理路徑。培根說得好：「合理安排時間，就等於節約時間。」此種方法亦有功效，而且長此以往還能逼迫孩子培養一種高效利用時間的習慣。

指導孩子按照任務的輕重緩急安排學習順序

孩子往往分不清自己要做的事情的重要程度，他們的事情往往是由父母和老師來安排的。這是造成孩子不善於利用時間的一大原因。

事實上，只有充分了解到自己要做的事情與自己的關係，才有可能把這些事情處理好。父母可以指導孩子每天把自己要做的事情按照重要和緊迫程度排列順序，就可以保證把重要的事情都完成，把自己的時間和生活安排得井井有條。

教育孩子掌握當下，馬上行動

家長對孩子的「身教」非常重要。在孩子面前，只要有了目標，家長就應該立即行動起來，即使尚未準備就緒也不要管它，重要的是行動本身。孩子耳濡目染，自會意識到：立即行動，才能真正掌握今天和現在。這樣可以讓孩子對時間產生一種緊迫感，做事不拖遝延宕，意識到時間是一逝而過的，抓不住，時間就溜走了。記得大畫家柯洛（Jean-Baptiste Camille Coro）曾對一位向自己請教，並表示「明天全部修改」的年輕人激動地說：「為什麼要明天？你想明天才改嗎？要是你今天晚上就死了呢？」

所以家長應該告訴孩子：「如果你決心珍惜時間並想有所作為，那麼現在就行動吧！」

每天尋找一個贏得時間的新技巧

培養孩子節約時間的意識能夠輕易地讓孩子對時間產生一種珍惜之情。如告誡孩子不要把時間浪費在對沒有做的事情的內疚上，也不要因後悔失敗而浪費時間。同時教孩子逐步養成一種習慣，那就是努力讓自己不要去浪費別人的時間，從而也為自己節約了時間。另外，還可將手錶一直撥快幾分鐘，以使孩子每天都能趕在時間的前面。還可讓孩子閒暇時有意識地問自己：「此時此刻，如何才能最好地利用時間？」

利用榜樣的力量

周曉波剛上小學的時候，沒有時間觀念，在時間的分配上，沒有輕重緩急之分，經常是玩累了，才想起還有遺留的作業。爸爸媽媽經常督促他，但效果不大。

後來，爸爸媽媽發現孩子喜歡找一個比他大幾歲的哥哥一起玩。這個小哥哥很自律，如果他沒有做完作業，哪怕周曉波打電話約他出來玩，他也斷然拒絕。曉波的媽媽趁機因勢利導，用讚賞的話語誇獎那個小朋友懂事，有時間觀念，能分辨輕重緩急。

從那以後，曉波慢慢地有了時間觀念，不再像以前那樣玩起來什麼都不顧了。

可見，要想孩子學會珍惜時間，做事有效率，家長應該懂得孩子的喜好，了解孩子，只有了解孩子，才能更好地教育孩子。比如，周曉波的爸爸媽媽就知道利用孩子的榜樣達到教育目的。

採用獎勵制度，促進有序安排

田田上三年級以前，經常放學回家後，先看課外書或玩，到喜歡的電視節目播放了，就看電視。電視看完後吃晚飯，晚飯後再做作業。這樣有兩大弊端，一是當作業較多，同時身體疲勞的時候，寫作業無法集中精力；二是學習效率低，使得他做事拖沓、品質不高。

從三年級開始，媽媽要求他放學後，抓緊時間獨立完成作業。晚飯後再完成需家長配合的作業，比如聽寫、背誦等。晚上 9 點睡覺前，多餘的時間可自己安排，比如看電視，上網等。而且，每星期都根據他的表現給予獎勵，比如，一週內，每天表現都很棒，假日帶他去吃一次肯德基。這樣一來，他的積極性瞬間提高了很多。漸漸地，他做事情、寫作業的效率變好了，基本上每天都能有一小時左右的時間可自由支配。

田田媽媽的做法是值得大家效仿的，但有一點需要注意，那就是，給孩子的獎勵不要過於頻繁，俗話說，物以稀為貴，分寸掌握的好，教育效果才會好。

要求孩子按時完成作業

三年級的毛毛是個非常懶惰，他不愛學習，經常不完成作業。

這天早上老師檢查作業，發現毛毛又沒帶作業。老師問毛毛作業在哪裡？毛毛告訴老師，作業忘在家裡了。老師要求毛毛第二天把作業帶來，毛毛答應了。然而，第二天，毛毛非但沒有把前一天忘記的作業帶來，還把老師安排的新作業也忘在家裡了。

年輕的馬老師再也忍不住了，當著全班同學的面狠狠地責備了毛毛的不負責任。毛毛嗚咽了半天，終於承認自己沒有完成作業，怕老師責備自己，所以就謊稱作業沒有帶……

生活中，像毛毛這樣的孩子並非個案，這些孩子之所以沒能及時完成作業，原因是多方面的。在此，編者將孩子不按時完成作業的原因歸納如下：

- ✧ 一些孩子生性貪玩，他們一心想著玩的事情，作業一旦沒有大人監督，就索性置之不理。在「高壓」之下，這些孩子才能認真完成作業。對這些貪玩的孩子來說，學習是一件苦差事，能不做作業他們便想方設法不做。
- ✧ 還有一部分孩子學習的依賴性強，他們的作業總要大人在旁邊幫忙才有信心做下去。在寫作業的過程中，一遇到問題他們就會請求大人的幫助或輔導，不愛獨立思考，作業完成了，也要大人幫忙檢查才行。這樣的孩子，一旦離開了大人，就沒有辦法自己完成作業了。
- ✧ 還有一些孩子學習基礎比較差，寫作業的過程中總是遇到困難，這使得他們不願意做作業。而因為不寫作業，當天所學知識沒有鞏固，導致成績更差，和其他同學的差距越拉越大。因此對學習失去信心，從而更不願做作業，如此便陷入惡性循環。
- ✧ 更有一些家長因為擔心孩子跟不上、在學校「吃不飽」，因而總喜歡給孩子「加餐」，經常額外增加孩子的課外作業。家長的這種做法讓孩子產生了厭學的心理，以至於養成了寫作業磨蹭、拖拉的壞習慣。

對於孩子來說，按時完成作業是他們學習過程中不可缺少的重要環節之一，這不但能夠幫助孩子落實、鞏固當天所學的新內容，而且可以使老師、家長根據作業情況了解孩子學習中的問題，從而進一步加以輔導。因此，家長應從小讓孩子養成按時完成作業的好習慣。家長可以從以下幾個方面著手：

- ✧ **讓孩子明白學習、完成作業是自己的責任**：從一開始就要讓孩子知道學習、完成作業是他必須做的事。也許孩子並不是那麼容易改正缺點，父母不妨結合一些實例及名人刻苦學習、成材的故事去激勵孩子，使讀書、完成作業逐漸成為孩子的自律行動。
- ✧ **做好孩子的思想教育工作**：不能獨立、自覺完成作業的孩子，往往遇到問題後，不能獨立思考，總想問家長、問同學，甚至抄同學的作業。針對這種情況，家長首先應對孩子進行思想教育，告訴孩子學習的目的是什麼，作業的意義又是什麼。另外，家長要幫助孩子克服學習上的困難，鼓勵孩子堅持獨立完成作業，有意識地培養孩子刻苦學習的自覺性。
- ✧ **創造良好的寫作業環境**：有的孩子做作業時間長、品質低，家長應首先分析清楚其原因。多數孩子精神不集中，邊寫作業邊玩、邊吃、邊看電視。因此，家長應從客觀上創造孩子寫作業的良好環境，避免上述情況的出現。

  為了孩子在做作業時能夠集中注意力，能夠有更好的效果，父母應該在家裡為孩子創造良好的學習環境，比如給孩子準備一個書房；在孩子做作業時，拿走玩具、食物；客廳裡最好不要放音樂或者看電視，實在要看，就把音量調到最小；準備文具盒，裝上橡皮擦、小刀、紙張等，以免孩子因為找這些工具而影響寫作業。
- ✧ **多給孩子鼓勵與表揚**：處在成長期的孩子大都比較敏感，取得一點點成績和進步都可以讓他們受到很大的激勵和鼓舞，但一個小小的錯誤也能讓他們受到很大的打擊和挫傷，破罐子破摔，從此更加不思進取。在關鍵時刻，孩子是受到父母的激勵鼓舞，還是受到打擊挫傷，是往上走，還是向下滑，這至關重要，往往對其一生產生影響。

✧ **定時檢查孩子的作業本**：不能按時完成作業的孩子，多數自制能力差。為此，家長定時檢查孩子的作業本，就可以督促孩子按時完成作業。特別是對習慣不好的孩子，家長應每天定時檢查作業本，主要檢查上次作業老師的批語，看看是否有少寫的，並督促他改錯。有條件的家長還可以進行作業計時測驗，這樣不但可以了解孩子做作業的效率，而且可以督促孩子按時獨立完成作業。

此外，家長應注意，不要給孩子增加學習負擔，孩子完成學習任務以後，應給他自由安排的空間與時間。讓孩子體驗到按時完成作業帶來的好處。

讓孩子養成獨立完成作業的習慣

小元做作業時，媽媽總是守在他身邊，一下子幫他查字典，一下子幫他找橡皮擦……在做數學時，小元有時答案剛寫出來，媽媽就拿出橡皮擦將他寫的答案擦去了：「錯了，不是這個答案。」而做國文作業時，媽媽喜歡在一邊指手劃腳，特別是造句和寫作文，媽媽總是喜歡「幫助」小元。小元在媽媽的「悉心」幫助下，成績越來越差，於是，媽媽更「悉心」地幫助孩子……

以上場景在我們的生活中並不少見，有很多家長，尤其是小學生家長，總是有意或者無意地扮演起了「保姆」與「員警」的角色。殊不知，家長的這種做法不但會助長孩子的依賴心理，造成孩子責任意識、責任能力的缺失，喪失了自主完成作業的信心和能力。還會挫傷孩子學習的積極性與主動性，引起孩子的叛逆心理。從孩子角度來說，家長的這種做法明顯是「吃力不討好」的行為。

因此，家長應該信任孩子，讓孩子從小學會對自己負責，養成獨立完成作業的習慣。事實上，充分信任孩子，讓孩子獨立學習，不但能培養孩子獨立分析和解決問題的能力，還能培養孩子的專注力，使其形成穩定的特質。因此，家長應該培養孩子獨立學習的習慣，讓孩子認真地對待作業，鼓勵他們遇到問題時獨立思考，幫助他們透過自己動手查資料來解決問題，而不是直接干涉孩子的學習過程。建議做到：

✧ **讓孩子獨立完成作業**：不管孩子提出什麼理由和藉口，當天的作業必須讓孩子當天完成。孩子做作業遇到困難，家長只能給以講解和啟發誘導，鼓勵他自己去克服困難，找到答案，絕不能包辦代替。

✧ 2· **不要打擾孩子的專心**：孩子專心在做某一件事時，不要去打擾他。第一件事還沒完成之前，不要叫他做第二件，也不要讓他做太多或做一些超乎他能力的事，否則，孩子在匆忙、心急的情況下，很容易就會養成放棄的習慣，這樣怎麼會有始有終呢？

✧ **用正面的語言和親自示範的方式來教導他**：如果你希望孩子學習一種好的行為，那麼你最好使用正面的語言，明確地告訴他所要做的行為，例如告訴他「我們應該……做」，而不只是責備他、責備他做得不對。然後再親自示範正確的動作來教導他。如果孩子說會，那麼就讓他做給你看，再指導他正確的方式。

✧ **教孩子有計畫地安排作業，養成良好的寫作業習慣**：如告訴孩子要把作業記全，或者集中記在一張紙上，回家後合理安排先做什麼作業，再做什麼作業；寫作業要專心，不能邊玩邊做，做完作業要自查等。

✧ **提高孩子的學習能力**：家長應指導孩子把學習作為一項獨立的活動。家長可根據學校要求，教會孩子完成學習任務的方法，包括聽講、觀察、抄寫和完成作業的方法與技巧。

✧ **制定「合約」**：為了更好地做到獨立完成作業，家長可以以討論的方式，制定一個共同遵守的約定。比如，家長可以說：「以後我每天陪你讀書 30 分鐘，別的時間你就要自己做功課，如果你能做到的話，星期天我就帶你去看電影。」陪讀的時間可以慢慢縮短，直到孩子最後不再需要陪伴也可以做功課為止。交換的條件可以和孩子討論。同樣的，這種有條件式的要求要逐漸減少，直到不需任何附帶條件，孩子就願意自己做功課。

✧ **多表揚孩子的進步**：強化良好行為——當孩子出現一些良好的或比以前有進步的行為時，如做作業比以前精神集中，小動作比以前減少時，給予表揚、獎勵（可以以喜歡他、關懷他作為表揚，可用孩子非常喜歡的活動作為表揚，也可用他喜歡的東西作為表揚）。多注意孩子的長處，多表揚他的優點。

讓孩子養成書寫工整的好習慣

楊峰今年讀國中二年級了，但他寫的字不如小學生，歪七扭八，潦草凌亂，還經常出現錯別字。媽媽責備他，他卻不以為然，還振振有詞地說：「現在都什麼年代了，都用電腦打字了，誰還在乎手寫字呀！以後我需要寫字，打出來不就好了。」

為此，楊峰的媽媽非常苦惱，因為現在的考試還是以手寫為主，她擔心孩子因為書寫不工整影響了考試成績。事實也是如此。一位評閱作文的國文老師就曾發表過一篇題目為《批閱作文就看字》的文章。在文章中，這位老師提到「你的文章寫得再好，如果字跡令人不敢恭維，就絕對無法獲得高分。」「那些你認為寫文章不如你的同學之所以作文得分較高，他們的字跡絕對比你好看。」

其實，升學考試作文需要書寫工整，而其他時候的考試同樣需要書寫工整，可以說，書寫工整是保證不無辜失分的一個必要條件。因此，家長應從小讓孩子養成書寫工整的好習慣。具體建議如下：

✧ **家長要幫助孩子建立榜樣**：要想讓孩子寫好字，家長自己首先要有書寫工整的好習慣。如果家長自己的字都不敢恭維，如何教育孩子把字寫工整，寫好呢？

此外，家長還可以經常給孩子看一些優秀的作業，讓他們以之為榜樣。孩子有了一個模仿的範本，慢慢就會產生強烈的進取心，從而使自己寫字漸漸變得有條不紊。

✧ **教給孩子正確的書寫方法**：

· 坐勢要端正：寫字時做到頭正、肩平、身直，大腿放平，小腿併攏，頭稍稍前傾，兩臂自然放在桌面上，書寫用的紙、本應放正。

· 執筆方法要正確：用鉛筆寫字時手指應距筆尖一寸，筆桿稍稍向右後方傾斜。大拇指與食指自然握筆，中指在筆的下面抵住，手腕應自然，彆扭著腕子。如果執筆姿勢不正確，會影響指力、腕力的靈活，影響肌肉的正常發育和視力。

· 書寫要規則、整潔：對於一年級小學生而言，寫字時要注意國字的筆劃、筆順、偏旁部首、間架結構。寫字時則須注意怎樣執筆、起筆、運筆、收筆……掌握寫字的方法，養成良好的書寫習慣。另外，書寫必須做到整潔，想好後才動筆，避免寫錯。家長應鼓勵孩子正確對待練習書寫過程中的困難，對孩子取得的進步應給予表揚和鼓勵，使孩子對書寫感興趣，對寫好字充滿信心。

· 塗改要求符合規矩，不要弄得卷面汙濁。

✧ **讓孩子愛上寫字**：孩子不喜歡寫字，另一個原因是生理發育沒有成熟，導致眼手協調能力差。因此，家長可以給孩子買些字帖，教他學會觀察字形及間架結構，注意占格、避讓、突出主要部分等。讓孩子一步步模範字帖去寫，這樣孩子寫字就會漸漸變得有條不紊。好的字體是練出來的，因此，要想孩子寫好字，應指導孩子多練習，只有在不斷的練習中，孩子的字才會不斷地提高。

✧ **一次不要讓孩子寫太多字**：孩子之所以寫字潦草，與一下子寫太多的作業有一定關係。一次性安排太多作業讓孩子做，會讓孩子產生應付的心理，因此，要想避免孩子字跡潦草的缺點，在孩子練字的初期，家長盡量不要給孩子增加負擔，一下子就給孩子很多工，這樣孩子因為著急，必然要潦草應付作業，以至於寫出來的字越來越差。

✧ **端正孩子的認知**：雖然說現在電腦已經很普及了，但畢竟現在各種考試還是以書寫為主，字寫得不好，不但在考試上吃虧，將來在工作上肯定也有影響。因此，端正孩子的認知很重要。而要端正孩子的認知，除了讓孩子意識到寫字工整的重要性以外，必要的時候還應該讓孩子接受一點教訓，如給寫字潦草、馬虎的孩子一點懲罰，讓孩子承擔寫字潦草的嚴重後果。如讓其重新完成作業，直到認真把字寫工整為止。

工整、端正、整潔地書寫國字，是孩子終身學習能力的基礎。養成良好的寫字習慣，具備熟練的寫字技能，具有初步的書法欣賞能力，是現代公民應有的基本素養。堅持正確的寫字姿勢，書寫認真仔細，工序整潔，能夠促進孩子良好品格和意志力的發展。因此，家長應從小重視孩子良好書寫習慣的培養。

培養孩子自學的習慣

自學是孩子自主學習有關知識和自主解決學習中所遇到的問題的一種學習方式。自學能力的高低對孩子的課業成績起到了至關重要的作用。正如有人說的：「未來的文盲不再是不識字的人，而是沒有學會怎樣學習的人。」從小培養孩子的自學能力很重要，孩子有了自學的能力，才能獲得更廣泛的知識，才能學得更靈活、更扎實。孩子透過自學，才能將學校所學到的知識綜合運用，才能獨立地分析問題、解決問題，也才能在已有知識的基礎上不斷地提高和學習掌握新的知識。正因為如此，有遠見的家長應從小培養孩子的自學習慣。

從小養成自學的習慣有三大好處：

- ✧ **讓孩子積極主動地去學習**：孩子在自學時，他所要獲得的知識就是擺在孩子眼前的一個個具體的學習目標，這樣在孩子的心中就會產生要實現目標的願望 —— 求知欲，這樣孩子學習的主動性就比較強。只是一味地在課堂上聽老師講課，孩子的求知欲難以被激發，這也就是亦步亦趨聽老師講課的孩子大都是被動學習的原因。
- ✧ **提高孩子的學習效率**：自學之路是一條快速、便捷、高效的學習之路，比一味跟著老師學效率要高得多。這不僅是由於孩子在自學中有了明確的學習目標，使孩子在學習中很容易就踏在點子上，同時老師在課堂講課時節奏慢、用時長，受老師講課水準的影響大，這都會造成投入時間多、學習效果差等問題。

  要是孩子有了自學能力，他就會走上一條便捷的學習之路，在學習中不僅用時減少，而且能學習到更多的知識，學習效果也會增加。
- ✧ **讓孩子及早擺脫對老師的依賴**：聽課是一種透過在課堂上聽老師講課

來獲取知識的管道，自學是一條透過自己閱讀來學習和掌握有關知識的途徑，在孩子有了自學能力後，可以在很大程度上擺脫對老師的依賴。

那麼，家長應如何培養孩子自學的習慣呢？建議如下：

✧ **為孩子營造自學的環境**：有時孩子的成長過程，就如花草一樣，除了園丁的精心護理外，生長環境也是很重要的。父母在培養孩子自學習慣的同時，不要忘記為孩子營造一個良好的自學環境。

好學的王琳是這樣為孩子營造自學環境的：在女兒 5 歲時，王琳自己正在進修英語（大學時學的是俄語）。為了便於記憶，她把能見到的家裡的東西，例如門、洗衣機、冰箱等貼上了用紙條寫好的相應的英語單字。到處跑的女兒對此很感興趣，她因此便教女兒讀，女兒讀得很認真。很快，她就能指物讀出一些英文名稱來，父母很高興。於是就因勢利導，循序漸進，開始培養女兒對學英語的興趣。不久，在女兒單字本上累積了幾百個熟記的單字。有了一定的基礎後，她又與女兒一起參加當時流行的《英語九百句》學習，練習了一些常用口語。這樣一個偶然的學習環境，使女兒對英語產生了興趣，也使王琳對教育有了新的理解。在往後的日子裡，王琳盡力為女兒營造好的學習環境，促使女兒學習起來沒有壓力，越學越有熱忱，在求知欲達到高峰時，她走上了自學的道路。在後來的託福、GRE 考試中也取得了優異的成績。

✧ **讓孩子享受自學的快樂**：父母在培養孩子的過程中，有許多習慣是孩子不情願的。這時父母要巧妙地讓他感到這種習慣給他帶來的樂趣，引導他逐漸上路。比如，孩子總是抱怨：「老師總是在不厭其煩、重複講某個重點的學習段落，其實我早就會了。」這時，正是父母獻計獻策、旁敲側擊的時候。父母可以以建議的方式，讓孩子試著自學下一個段落。當老師講到這裡時，再加以鞏固，這樣既不感到學習起來煩躁，也可以提高自己的課業成績。時間一長，自學習慣就形成了。父母可以再鼓勵孩子自學很多有益的科目，讓孩子始終都有輕鬆感，處於優先狀態，盡情享受自學的快樂。

✧ **從課前預習入手**：絕大多數孩子是在上小學後才開始系統地學習識字和閱讀的，這時孩子主要靠聽老師講課去學習有關知識，養成聽課學習的讀書習慣。家長要逐步改變孩子聽課才學習的習慣，最好讓孩子養成課前預習的習慣，逐步培養孩子自學，這是培養孩子自學能力的一個非常有效的過渡手段。

✧ **充分利用寒暑假**：寒暑假是系統培養孩子自學能力和習慣的最佳時機。在寒暑假到來時，家長們最好能安排孩子去自學一些主課。在具體操作中應注意幾個要點：

- 要有明確的目標任務。通常情況下，讓孩子把下學期所要學的國文、數學等主課的內容和相關練習提前預習。
- 幫助孩子制定一個假期學習計畫。因為此時的目標任務較大，必須對目標任務進行層層分解和時間分配，這樣才能一步步地實現目標，這就有一個制定學習計畫的問題。當然，家長也可以借機教會孩子該如何有計畫地學習。
- 注意協調自學與家庭作業的關係。學生放假期間，老師都要安排許多假期作業，自學與寫假期作業的時間往往會存在一些矛盾，家長此時要注意協調好這一關係，在時間分配上做好安排。
- 家長每天定時檢查完成的情況，這一步工作也是不容忽視的。

- ✧ **指導孩子使用工具書**：字典或詞典等工具書，能幫助孩子掃除閱讀障礙，提高閱讀能力。因此，必須教給孩子查字典和詞典的方法，並能獨立運用，這是培養孩子自學能力的重要對策。當孩子在自學中遇到不懂的問題，鼓勵孩子積極向工具書——「不會說話的老師」請教，掃除學習中的「攔路虎」。
- ✧ **教給孩子做自學筆記的方法**：「不動筆墨不讀書」，這是學習國文的傳統經驗，父母培養孩子自學能力，還要教給孩子邊讀邊思考邊做筆記的方法。教孩子讀一本好的課外書，把體會感受最深的地方寫出來。教孩子自學一篇課文，理解一些詞語，發現一些問題，結合書後的思考題進行分析、理解等。

鼓勵孩子養成觀察的習慣

一位教育名家曾充滿深情地說：「我最愛孩子熠熠發光的眼睛，因為那是求索的眼睛·，是追問的眼睛，是善於思考與觀察的眼睛。」觀察力就是觀察、理解周遭事物的能力，它是思維的起點，是人類累積知識、發展智力的重要途徑，是聰明大腦的「眼睛」。觀察能力的強弱影響著一個人對外界環境的感知程度。觀察能力較強的人，能夠捕捉到瞬息萬變的事物，發現那些看上去細微卻十分重要的細節，從而讓事物在自己的頭腦中留下準確、完整、豐富、深刻的印象。而觀察能力弱的人，經常忽視許多重要的細節，在自己的腦海裡留下的只有支離破碎甚至錯誤的印象。

小強已經讀初二了，可他的字總會寫錯，補衣服的「補」他寫成「朴」，祖先的「祖」他寫成「組」。老師經常提醒他，他卻總是在每次訂正時「視而不見」……

有一天，小強與妹妹南南跟媽媽從阿姨家回來，爸爸問：「你們今

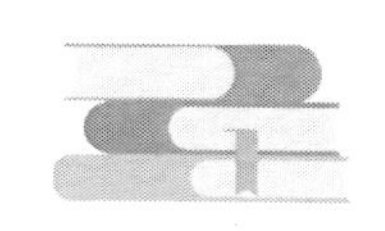

天看到什麼人啦？」小強漫不經心地說：「不就是阿姨家的那些人。」而南南則開心地說：「有表妹、阿姨和姨丈，還有姨丈的親戚——葉子阿姨！」接著，南南開始比劃了起來：「姨丈家的小白兔可漂亮了，眼睛紅紅的，尾巴長長的……」問小強，小強又「哦」了一聲：「好像是有一隻小白兔。」

案例中的小強之所以對錯別字、生活中出現的人以及許多事物「視而不見」，與他的觀察力遲鈍及注意力渙散有很大的關係。一個缺乏敏銳觀察力的孩子，是很難將學習活動進行得有聲有色的，更不可能取得令人滿意的成績。只有觀察力敏銳，才有可能「心明眼睛亮」，才能讓學習活動變得高效起來。因此，家長應從小培養孩子的觀察力，讓孩子養成良好的觀察習慣。

那麼，家長應如何培養孩子的觀察能力呢？我們的建議是：

培養孩子觀察的興趣

觀察力就是指一個人對事物的觀察能力。思維在觀察中有著重要的作用，所以有人將觀察稱為「思維著的知覺」。

觀察興趣必須在觀察的實踐中培養。家長可以有計畫、有選擇地引導孩子去觀察他所熟悉、所喜愛的事物，如經常帶領孩子觀察大自然，參加旅行、參觀等實踐活動，不斷豐富孩子的觀察內容。在孩子進行觀察時，要圍繞所觀察的事物或現象，講一些有關方面的科學道理或傳說故事，以激發他的興趣。例如，孩子發現樹葉有稠密的一面，也有稀疏的一面，原因為何呢？家長可引導孩子進行有關的思維活動。在引導孩子觀察時，還要注意啟發孩子對觀察到的現象多問幾個「為什麼」，使孩子養成有目的、有計畫、有選擇的觀察習慣。

明確觀察目的

家長應幫助孩子擬訂觀察計畫，讓孩子明確觀察的對象、任務、步驟和方法，有計畫、系統地進行觀察。觀察目的越明確，孩子的注意力就越集中，觀察也就越細緻、深入，觀察的效果也就越好。孩子在觀察中，有無明確的觀察目的，得到的觀察結果是不相同的。比如，父母帶孩子去公園，漫無目的地東張西望，轉了半天，回到家裡，也說不清楚看到的動物。如果要求孩子去觀察公園裡的小鳥，那麼孩子一定會仔細地說出小鳥的形狀，羽毛的顏色，眼睛的大小，聲音的高低等。這樣孩子就能有的放矢地去觀察，從中獲得更多的觀察收穫。

拓寬孩子的視野，讓孩子見多識廣

觀察力的高低與孩子視野是否開闊有關。孤陋寡聞的孩子缺少實踐的機會，觀察力必然受到影響。因此，從孩子小時候起，家長就應該盡可能地多讓他感知客觀事物，並引導他全面、仔細而且深刻地觀察，以便孩子頭腦中累積大量真實的事物形象。

公園、遊樂場、鄉間田園等都是擴大孩子觀察範圍的地方，父母要多擴展孩子的活動空間，讓孩子在優美的自然環境中遊戲、玩耍，帶他們走訪名山大川，看看長河落日、秀山麗水的自然風景，領他們到名勝古跡、主題公園中參觀、訪問、遊戲等，讓美麗的自然景色和人文景觀陶冶孩子的性情和情操，提高他們的審美能力，啟動孩子靜態的想像思維。

讓孩子利用多種器官進行觀察

在培養孩子的觀察能力時，家長最好讓孩子透過多種感覺器官參加活動，如用眼睛看，用耳朵聽，用手摸，用鼻子聞等，親自進行實際操作，以增強觀察效果。比如，聽一聽水流聲和鳥叫聲有什麼不同，摸一摸真花和塑膠花的表面有什麼不同，聞一聞水和酒的味道有什麼不同，還可以和孩子一起種些花草樹木，養些小動物，指導他們對其留心觀察，比如看看花草的幼芽如何破土而出，花謝後會出現什麼結果，蟲是怎樣吃食物的，鳥是怎樣飛的……

教育孩子觀察與思考相結合

在培養孩子觀察的同時，還應引導孩子在觀察中積極思考，把觀察過程和思考結合起來。科學家看到某種奇特現象，也是要經過一番思考才能有所收穫的。接收資訊而不處理資訊就沒有創造。父母應該教育孩子養成觀察與思考的習慣，只有這樣才能讓孩子的觀察能力一天天敏銳起來。

教給孩子觀察方法

觀察方法是取得觀察效果的必要條件，孩子年齡小，知識經驗少，思維具體化，自己不善於觀察，所以需要家長教給他必要的觀察方法，才能提高觀察力。

✧ **制定觀察的任務和計畫**：每次觀察活動，定好明確的目標和指向，預先規定好觀察任務，以保證觀察的全面、細緻、清晰、深刻。

✧ **從不同角度進行觀察**：只從一個角度、一個方面去看事物，無異於盲人摸象。應多啟發、鼓勵孩子嘗試從另一個角度、另一種觀念去看同一問題，改變了定式的思維，使孩子能發現更多的問題，也就產生了更強的觀察興趣和能力。

✧ **注意細節**：讓孩子注意細節，觀察到別人沒發現的問題，久而久之，也就形成了勤觀察、認真觀察、會觀察的良好習慣。

✧ **養成寫觀察記錄的習慣**：讓孩子多動筆頭，隨時記錄觀察情況，有利於整理和保存觀察結果，以便利用。

✧ **多開動腦筋思考**：在觀察時，要邊看邊想，學會分清主次，本質與現象，觀察力也就從中得到了提高。

別讓孩子沉溺於電視

電視是孩子認識世界的一個視窗，透過電視既可以獲取豐富的學習資料，也可以獲取了解未知世界的間接經驗。因此，電視的好處的確是顯而易見的。但是，這種情況僅僅局限於家長有意以教育為目的讓孩子看電視的時候。如果脫離家長的監督，看電視不但起不到教育功能，反而會有礙於學習，甚至會毀滅孩子的人生。

這是因為：

✧ **電視剝奪了孩子思考的能力**：電視給孩子帶來的諸多不良影響，最大的問題是剝奪了人的思考力。

我們知道，一個人剛看電視的時候，可以放鬆一段時間，可看電視 30 分鐘、一小時之後，人的腦子裡便什麼思想都沒有了。也就是說，至少在看電視的過程中，人變成了「無腦人」。因此，我們說，多看電視對孩子是非常不利的。因為，孩子應該多進行思考活動，藉以開發大腦。看電視的時間無異於「大腦活動停止的時間」，也就是變成「傻瓜」的時間。長時間沉溺於電視節目之中，會大大降低孩子的思考力，久而久之，將孩子思考的能力剝奪了。

正因為如此，美國少兒科學會對家長提出警告：「兒童每天看電視或光碟的時間不能超過兩小時，尤其是兩歲以下的兒童，應該遠離電視。」科學會最近發表的調查結果顯示：小時候看電視過多的兒童注意力集中的能力較弱，生活散漫。關於經常看電視的孩子思考力、想像力和創意力大大降低的研究結果也比比皆是。尤其是兩歲以下的兒童，坐在電視機前會阻礙大腦發育，從而延遲開口說話的時間，導致智慧發育遲緩，影響社交能力的發展。

首爾大學醫學院精神系教授劉仁均也向父母提出警告：「看電視和吸毒很相似。小時候迷戀電視的孩子，長大以後迷戀藥物、香菸、酒精的可能性更大。」「過多看電視會影響孩子想像力的發展。」

✧ **電視是視覺毒品**：電視被稱為視覺毒品。它具有某種魔力，容易讓人上癮。電視之所以有這樣的魔力，是因為電視可以設計不斷變化的聲響效果、畫面以及場景，把孩子吸引住，這樣，他們就很難對那些相對靜止的活動保持專注了。也就是說，長時間給孩子看電視，對發展孩子的專注力有害無益。

✧ **影響孩子身心健康**：當孩子把大量的時間用於看電視時，他（她）與外界交往的機會就大大減少。長時間獨處，會使孩子的心理發育和腦部發育出現障礙，導致開口說話較晚、智力發育遲緩、不善與人交往等不良後果。

電視的危害如此之大，因此，家長應避免讓孩子沉溺於電視之中。可是，讓孩子不看電視在現代社會幾乎是不可能的事。如何才能做到讓孩子少看電視呢？這就需要家長的引導了，因為解決電視問題的鑰匙掌握在家長的手中。具體地說，在日常生活中家長應做到：

✧ **讓不看電視日常化**：大人首先作出榜樣，讓孩子看到，原來沒有電視也可以照樣生活。怎樣才能讓孩子減少看電視的次數呢？怎樣才能讓孩子只看兒童節目呢？如果你總是考慮這些問題，就等於把解決電視問題的主導權交給了電視，最後只能回到原點。「這個我要看」、「不行，趕快把電視關了」、「看完這個就關」這樣的對話每天都在繼續。因此父母首先要作出榜樣。原則就是不看電視。父母要先想辦法和孩子共同度過美好的時光，比如回到家裡就看書，或者做家事，或者關注孩子的學習情況，和孩子一起做運動等。孩子沒有時間看電視，和電視之間的關係自然就疏遠了。

✧ **改變電視的位置**：可以試著把電視從客廳搬到其他房間。如果電視放在客廳中間，孩子很容易分散精力。客廳裡沒有了電視，可以嘗試為了孩子的學習而改變室內布置，讓孩子把在家裡讀書看做是非常自然的事情。室內布置沒有必要規模太大，只要放置一個書架，上面擺上孩子喜歡的書籍，再放置一個小書桌即可。客廳牆壁上沒有必要掛世界名畫，可以裝裱比名畫更美的孩子的繪畫作品或者詩作，掛在牆上。這樣，放學回到家，孩子就可以馬上投入到學習中去了。

✧ **規定看電視的時間和節目**：一定跟孩子商定看電視的時間，並嚴格遵守。確定一個原則，家長和孩子都只看固定的節目。要讓孩子看到家長也嚴格遵守規則，而且讓孩子知道，這些原則同樣適用於他們。或者把看電視當成特別的活動，只有全家人聚在一起喝茶吃水果點心的時候才可以打開。這也不失為一個好辦法。規定的電視節目結束，或者規定時間到了，就要讓孩子果斷地關掉電視。

最後，家長應該將孩子的活動盡量安排好，使孩子不必用電視來填補時間的空白。如起床、三餐、點心、就寢、午休、戶外活動、室內活動、講故事、搭積木時間以及和小朋友玩耍的時間等，要有規律，要讓孩子的生活充實起來。

引導孩子「玩」出好習慣

郭亮天資聰穎，文思敏捷，遊戲、折紙、踢球樣樣在行。但郭亮有個讓爸爸媽媽非常頭痛的缺點——貪玩，不愛學習。

一提起上課，郭亮就打不起精神。上課的時候，他總是懶洋洋地趴在課桌上，心不在焉，左顧右盼。可是，下課鈴一響，他一溜煙就跑得無影無蹤了。做作業的時候拖拖拉拉，總要大人督促才能完成。如果因為作業耽誤了玩的時間，他就會著急地把作業亂寫一通，丟下筆，就又不知道竄到哪裡去了……郭亮的爸爸媽媽為此非常煩惱。

貪玩愛鬧是孩子的天性，事實上，在大多數時間裡，孩子是在玩耍的過程中學到東西的。

玩是一種主動學習的態度，可以培養孩子的動手能力，啟發孩子的興趣愛好，從中發現問題，培養主動性，學齡孩子還可以緩解在集中精力學習時帶來的疲勞。許多有特長的孩子，就是在課餘時間玩自己想玩的東西，從而有了小發明、小創造。

因此，對於家長來說，為了孩子更有效地學習，為了孩子健康地成長，為了孩子的全面發展，必須給他們以玩的時間。具體做到：

✧ **給孩子一個輕鬆的環境**：只要沒有危險，就不應剝奪孩子玩的權利。著名演員在談到教子時就說過，在孩子學習之後，放假時，他就鼓勵孩子去玩，有時間也陪孩子一起玩；如果孩子「忘」了去玩，他還要督促。他認為這樣才不失孩子的天性。孩子畢竟是孩子，不應該用嚴格的條條框框去限制他們，而應順其自然，為他們營造一個屬於自己的小天地。

✧ **身教重於言教**：父母言行是孩子最好的榜樣，他們的一舉一動都能對孩子產生潛移默化的深遠影響。父母要使孩子熱愛學習不貪玩，自己必須勤於讀書，努力在家庭中營造良好的學習氛圍。如果父母整天沉迷於麻將、電視、跳舞、應酬中無法自拔，那麼要想孩子「出汙泥而不染」是不可能的。

✧ **給孩子玩的空間**：不要以為孩子小，就不需要自己的空間。實際上，孩子很需要自己的遊戲空間，一個好的遊戲空間，能成為孩子想玩的動力。為此，家長不要吝嗇，要按孩子的年齡特點為孩子準備玩的工具和器材，孩子會透過玩遊戲的過程產生想像力。除此之外，還可以在講述故事的過程中發展記憶力，在大自然中鍛鍊孩子的觀察力，這遠比知識的灌輸要重要得多。

✧ **給孩子自由支配的時間**：每天，家長都要給孩子一些自由時間由他自己支配，玩什麼由他自己決定。如一個人的時候，可以看書、看英語光碟、畫畫、做手工、搭積木、玩玩具、騎車、捉昆蟲、玩水……這些都玩膩了，也可以自己出去找朋友，當然，還可以邀請小朋友到家裡玩。在此期間，如果孩子邀請你加入，家長有時間也可以加入到孩子之間，和他一起玩。要注意，在這個時候，家長不要干涉孩子玩什麼，也不要表現出不耐煩的情緒。因為，孩子玩得開心最重要。

✧ **學習強度不可超過孩子的承受能力**：許多家長望子成龍心切，在孩子課後又安排家教和補習，想藉此提高孩子的成績，其實這樣很容易產生事倍功半的惡果。孩子在學校學習的內容已經夠多了，再加上幾個小時的額外學習，會超過其承受能力。這種課堂一家庭式的接力學習往往會使孩子失去對學習的新奇感，開始厭倦學習。

✧ **陪孩子一起玩，滿足孩子愛玩的天性**：孩子愛玩，節假日，家長可以陪孩子去玩個夠，遊戲、爬山、打球等。在玩的過程中，找機會跟孩子講些古今中外名人用功讀書的故事。鼓勵孩子向名人學習，學好本領才能做好自己喜歡的事。

✧ **為孩子找一個愛學習的好朋友**：同儕之間的影響也是極為重要的。大部分的孩子仿效性極強，只要有一個好的榜樣在身邊，孩子就會產生希望變好的內在動力，逐漸喜歡學習。這種同伴的力量有時甚至比家長的說教、打罵更有功效。

✧ **讓孩子養成做完作業再去玩的好習慣**：家長應該理解孩子玩的需求，對於孩子的貪玩不要過多地去壓制，反而應該鼓勵孩子玩，教孩子怎麼去玩才最有意義。比如，做完作業再去玩，如果不這樣做，一方面玩得不開心，因為玩的過程中總擔心自己沒有做完作業受到責備，總想著作業的事；另一方面，做作業的品質也不好。因此，要從小養成良好的玩的習慣，做到做完作業再痛痛快快、沒有負擔地去玩。當孩子將這一規則視為一種理所當然的行為的時候，又何需家長去監督他呢？

✧ **要引導孩子，學習也是另外一種意義的玩**：家長要想讓孩子像愛玩一樣愛學習，就應該引導孩子，讓孩子理解到，學習其實也是另外一種意義的玩。要想在學習上玩得好，玩得開心，就應該專心致志，就應該講究策略。如果孩子享受學習的樂趣，在學習的過程中又怎麼可能分心呢？

第六章
幫孩子找到適合自己的學習方法

在生活中，課業成績最好的學生往往不是那些學習最用功的學生，而是那些摸索出了一套科學、正確的學習方法，學習效率高的學生。正如法國著名生理學家貝爾納所說的：「良好的方法能使我們發揮天賦和才能，而拙劣的方法則可能阻礙才能的發揮。」因此，家長應在具體的方法上有效地指導孩子，幫助孩子建立一套科學、正確的學習方法。它是孩子輕鬆學習、獲得好成績的保證，更是孩子成長、成功的有力杠杆。

課前預習為課堂學習打好預備戰

預習是一種按照學習計畫預先自學教材的學習活動，它是決定聽課效率高低與否的一個主要因素，也是培養孩子自主學習能力的一個重要途徑。對於孩子的學習來說，預習的好處表現在以下幾個方面：

- ✧ **可以提高聽課效率**：沒有預習就去聽課，孩子只能被動接受老師的講解；預習之後去聽課，就聽得主動，思路能很快做到與老師同步，預習中遇到的不懂或不理解的問題，就能特別注意聽老師講解或向老師請教，提高聽課效率。
- ✧ **可以彌補知識缺漏**：預習過程中常會遇到對某個知識點理解不了或似懂非懂的情況。這裡有不少問題是出自對舊知識的遺忘，或對新知識不能理解。這樣，就需要在預習時認真彌補知識缺漏，對新知識的疑難之處，可提前進行認真分析與思考，從而提前掃除聽課中的「攔路虎」，改變被動的學習局面。
- ✧ **可以培養孩子的自學能力**：自學能力產生於獨立的學習活動中。預習一般是指孩子自己獨立看書、做筆記的學習方式。長期堅持預習的孩子，閱讀的速度快，思維敏捷，獨立分析問題和解決問題的能力較強。

值得一提的是，預習對於一些學習後進生來說，作用更加明顯。透過預習，他們能做到心中有數，提高了課堂參與的積極性，能讓他們在課堂上不掉隊，建立學習的信心。

那麼，家長應如何讓孩子養成預習的習慣呢？

- ✧ **對孩子進行預習方法的指導**：例如，對孩子的預習指導採用先扶後放，循序漸進的培養方式，逐步提高孩子預習的能力，引發孩子預習的興趣。

家長需要與學校的老師做好溝通交流工作，明確預習的常規要求。然後根據學科的特點，指導孩子制定明確的、難易適度的、具有科學指導性的、可操作性強的預習提綱，讓孩子明確預習的方法和步驟，使孩子做到有章可循，有的放矢，避免預習的盲目性。家長可以在一邊督促孩子，耐心地陪著孩子一起預習，直到孩子漸漸喜歡上這門課，養成預習的好習慣為止。

✧ **讓孩子嘗到預習的好處**：家長在檢查孩子的預習情況時，應善於發現孩子的進步，及時表揚和鼓勵，讓孩子感受到預習成功的喜悅，引發孩子的預習興趣。

  剛開始對孩子進行預習訓練時，家長可以適當降低要求，目標不要定得太高。這樣孩子才不會產生畏難的心理。

✧ **讓孩子在預習的過程中提出問題**：家長應該讓孩子明白，深入思考，提出問題是預習的關鍵。透過預習，可以初步了解新課的基本內容，可以分析這些內容哪些是自己學過的，哪些是新東西，還可以了解舊知識自己是否已經掌握，新內容究竟有哪些不清楚的地方。

✧ **在預習中要讓孩子盡力嘗試解答課本例題**：在預習中讓孩子嘗試解答課本例題對孩子的新課學習很有幫助，因此，家長應讓孩子養成在預習過程中嘗試解題的習慣。不要讀完題後看答案，這樣只是在似懂非懂的情況下不勞而獲，不利於學習能力和習慣的培養。家長可以指導孩子先將課本上的解答方法用紙蓋住，自己嘗試審題、解答。這樣孩子透過自己獨立思考和自主探索的過程，會加深對所學知識的理解。如果依然不懂，就應該帶著這一問題上課，帶有目的性地進行學習。

那麼，如何讓預習工作做得省時又高效呢？

要想課前預習省時又高效，家長應讓孩子掌握預習的步驟和方法。具體步驟如下：

1. 課前運用工具書看注釋，掃清閱讀或理解的字、詞等一般障礙。
2. 找出本堂課所學知識的重點和困難，並根據已掌握的知識展開聯想。動筆用不同符號畫出重點和困難。重點對知識的銜接記憶和複習有益；困難清楚，就可以有針對性，集中精力予以突破；把自己對知識的理解和產生的聯想，用簡單的詞語或圖示，寫或畫在書的頁邊上，透過教師的講授或同學的回答印證自己的理解和想法。
3. 看相關課外書籍，查閱有關資料，以達到對知識深入理解，融會貫通，提高文化素養的目的。

此外，還應注意以下幾個方面：

1. 預習時間不宜過長，一般不超過 20 分鐘。
2. 預習一定要在當天作業做完以後再進行。切不可當天的學習任務沒完成就忙著預習，這樣會打亂正常的學習秩序。
3. 對於困難，不要費很多時間去突破，課堂上老師一點撥，可能很快就解決了。否則會增加孩子的學業負擔，對學習不利。
4. 當然，預習也不能走馬觀花，不動腦、不分析、不動筆，這種預習雖耗了時間，卻達不到學習的效果，等於浪費時間。

總之，孩子預習習慣的養成，需要家長與老師長期的指導與培養。在孩子剛開始學習預習的時候，家長應督促孩子按照預習要求和步驟進行預習，發現錯誤應及時糾正，幫助孩子儘快掌握預習的方法。在孩子基本掌握預習方法後，應讓孩子獨立預習，家長要做的就是嚴格進行預習作業的檢查，使預習活動切實落實，養成習慣。這樣才能為孩子的課堂學習做好鋪墊。

向課堂學習要效率

凡是當過學生的人都會知道：課堂上接受能力強的孩子，通常課業成績都比較好。

由此可見課堂上聽課的重要性。而要提高課堂聽講的效率，必須做到以下幾個方面：

一、做好課前準備

很多孩子課堂學習效率低的原因並不是在課堂上的學習情況，而是在課前沒有做好充分準備，因此，讓孩子做好課前準備能幫助孩子提高上課效率。一般來說，課前孩子應做好以下準備：

- ✧ **生理上的準備**：學習是一項艱苦而又複雜的腦力勞動。要使孩子的大腦保持清醒，並在整個課堂學習中都能保持興奮狀態，就必須讓孩子確保每天有充足的睡眠和充分的休息。因為睡眠可以使腦的功能得到最大限度的恢復，同時，還必須為當天腦力活動提供足夠的能量供應。
- ✧ **心理上的準備**：有的孩子一進課堂，就感到膩煩；一見老師走進教室，就感到不自在。他們總覺得上課沒意思，完全沒有求知的需求和欲望，總盼著快點下課。在這種心理狀態下，課堂學習往往收效甚微。有的孩子上課隨心所欲，一切從個人興趣出發，自己認為有意思、愛聽的地方就聽，認為沒有意思、不愛聽的地方就不聽；想聽的時候就聽一下，不想聽的時候就開始走神，想一些與課堂無關的事情，甚至於乾脆去做其他的事情。這樣聽課顯然不會獲得好的效果。還有的孩子下課爭分奪秒，打鬧，看故事書；講足球，講前一天晚上看過的電視；或是為了某一問題和其他同學辯論得面紅耳赤。上課鈴響，人雖坐進了教室，而課間活動的興奮餘波仍未消失，待心理平靜下來時，老師的新課已講了一半。如此一來，上課效果往往不佳。

由此可見，讓孩子做好課前的心理準備也是十分重要的。讓孩子學會以平靜、輕鬆和愉悅的心情迎接上課和老師的到來，只有在這種心理準備狀態下進入課堂，才能確保獲得聽課的高效率。

✧ **物質上的準備**：上課的物質準備主要是指在課前準備好上課的各種學習用具，如課本、筆記本、筆及其他學習文具。要做到預備鈴一響，就要坐到座位上等老師上課。如果等老師走進教室了，再去找課本、學習用具，必定會耽誤寶貴的時間。而如果在上課的中途因為找東西中斷了自己的聽課思路，就可能會漏掉新課學習的某一重要環節，影響聽課的品質，這顯然就有些得不償失了。

二、認眞聽講，養成良好的聽課習慣

孩子課堂 40 分鐘聽講的效果遠比其他時間去惡補一天的效果更好。因此，要想孩子上課效果好，家長應讓孩子養成認真聽課的習慣。做到：

✧ **集中注意力，嚴格自制**：課堂聽講，大部分時間要靠集中注意力，也就是說要進行自我約束。不要分心想著跟課堂無關的事情。這樣才能做到自己的思維與老師的思維合拍，才能取得良好的聽課效果。

✧ **要求孩子跟上老師的思路**：從一般規律上講，老師授課都是第一遍全面講解或推演，第二遍突出重點，最後是思考或者是完成練習。因此，家長可以引導孩子把主要精力放在老師第一遍講解的幾分鐘乃至十幾分鐘的時間裡，而後兩遍只是用來理解和消化。孩子只有聚精會神地聽講，才能跟上老師的思路，領悟老師講授的知識，這是課業成績好必不可少的素養。

✧ **教孩子積極思考**：事實上，有許多孩子智商夠用，可課業成績卻一直上不去，一個很重要的原因就是聽課時似懂非懂，不求甚解，不愛思考。因此，在課堂上跟上老師的思路，積極思考，弄懂知識，是孩子提高課業成績的關鍵。

✧ **教孩子踴躍發言**：踴躍發言是促使學生注意聽講的一種主要手段。要想發言，必須注意聽講。另一方面，如果認真聽了，沒有理解或理解偏了，透過發言，老師和同學們會及時糾正和進一步給予講解，那麼就可以得到一個完整、正確的答案。

✧ **做好課堂筆記**：學會做課堂筆記是孩子課堂學習的基本功之一。筆記是課堂學習的一份重要資料，某堂課學了什麼、學的程度、學的情況等，這些資料都很寶貴。記筆記不僅有利於掌握知識，有利於整體、系統地掌握知識，還有利於推敲重點、困難，更有利於課後複習。因此，要讓孩子在聽課的過程中養成記筆記的習慣。如何才能做好課堂筆記呢？

· **記重點**：要記老師板書上所寫的綱目和重要內容，重要的圖解和表解，典型事例以及老師補充的書上沒有的內容。需要告訴孩子的是，一定要以聽為主、以記為輔。在聽、記有矛盾的情況下，要先集中注意力去聽，聽思路，聽重點。尤其是在講解重點和問題時，老師往往會放慢語速，加重語氣，這時教孩子一定要緊跟老師的思路思考，努力聽完整，然後再概括地、有重點地做一下筆記，記思路、記重點。課堂上長期這樣努力，能養成良好的概括能力。

· **記收穫**：記自己的看法、體會、聯想等，可以將「符號法」、「關鍵字法」等方法結合起來進行。如老師強調某內容重要，可以在筆記本上，在這個內容旁邊劃上分隔號，越重要劃的分隔號越多，一般筆記左邊都留有一定的空白篇幅，留有批注和課後補充內容的地方。

· **記問題**：記筆記既要記沒有聽懂的問題，也要記自己發現的問題。
· **記困難**：記需要運用過去學過的知識的地方。有困難的地方，需要運用過去學過的知識的地方，要記下來。課後，要及時找同學和老師請教，把問題和困難解決，需要的舊知識儘快自己查找出來，把筆記補上。

總之，家長應讓孩子在課堂上做到，用自己的腦子主動來學習、來思考、來接受知識。在課堂學習的過程中將自己頭腦中已有的知識啟動，並使它始終保持一種活躍的狀態，這才能讓課堂學習保持高效率。

課後複習有利於鞏固知識

一個人要做到把課堂上所學的知識全部掌握下來是很困難的，因此，必須透過課後複習進一步鞏固所學的知識，才能使其牢牢地印在心中。對於孩子來說，課後複習能加深他們對所學知識的印象，幫助他們克服遺忘。此外，課後複習還能夠幫助孩子儘快彌補不足，激發靈感，梳理知識的鏈條，形成系統，為學習新知識奠定基礎。因此，家長應讓孩子養成複習的習慣。

一般來說，課後複習應遵循這樣的步驟：

✧ **嘗試回憶**：嘗試回憶，就是讓孩子做到獨立地把老師上課的內容像在頭腦中放電影一樣再回顧一遍。也就是說，課後自己考一考自己：今天老師主要講了幾個問題？哪些已經搞懂了，哪些不懂。這樣做可以及時檢查當天聽講的效果，提高記憶力，增強看書和整理筆記的針對性，養成善於動腦思考的習慣。

✧ **回歸課本**：看教科書時，要根據前面回憶的內容，重點注意當時想不起來、記不清楚或印象模糊的部分。同時，可用記號筆把書上的重點部分、新概念或容易忽略的部分勾畫出來，並在書的四周空白處記下簡要的體會，高度概括課本的內容以及有利於記憶、帶提示性的語句，以便以後複習時，能快速抓住要點，回憶起關鍵內容。

✧ **精讀教材**：反覆閱讀的目的就是透過熟讀而達到對內容的理解，所謂熟能生巧。對學習內容理解得越深越透，作業就會做得越好，越節省時間。精讀教材，既要全面，又要突出重點。對課堂上沒有完全理解的問題更要作為重點來看，直到弄懂為止。如果孩子掌握學校的功課比較吃力，父母也可以在家裡幫助他。

✧ **整理筆記**：筆記不僅包括課堂筆記，還包括預習時發現自己掌握不太好或已經忘記的舊概念、定理、公式、生字、句子、知識點，以及聽講或看書時發現的問題，對某個知識點的聯想、感悟等。這些都要進行整理，理清思路。整理筆記的過程既是重溫課堂內容，也是整理思路，提出看法的思考過程。

✧ **看參考書**：在把課本知識弄懂弄通，理清思路後，為了加深對課本知識的理解和延伸，選擇一些好的參考書看看。

✧ **做練習，做作業**：當孩子完成了以上五步的複習步驟後，家長可以引導孩子在已經把所學知識內化的基礎上，動筆做練習。做練習是為了鞏固所學的內容。為了能夠活學活用，舉一反三，做練習時既要強調掌握基礎知識，也要注意訓練孩子的各種能力。

以上的幾個步驟是課後複習的一般過程。只要孩子能夠堅持這些複習步驟，持之以恆地進行複習訓練，對促進課業成績會有很大的幫助。

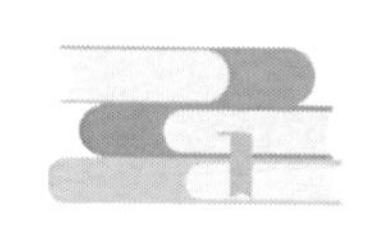

值得注意的是，複習不僅要遵循一定的步驟，還應及時。因為人的遺忘規律是先快後慢的，如果不抓緊時間及時複習，時間久了再複習，就需要花費幾倍的時間重新記憶學習。如果能採用及時回想課堂重點內容的複習方法，就能收到事半功倍的效果。

心理學家經過實驗證明：分散複習要比長時間的集中複習效果好。孩子年齡還小，愛動，很難在長時間內集中注意力做某一件事情，因此採用分散複習的方式更為恰當。父母不妨讓孩子每次複習 30 分鐘，中間休息之後再複習。這樣孩子就不會感到疲勞，複習的效果也會更好。

如果孩子的複習任務比較重，要同時複習幾門課程，最好採用交叉複習的方式，也就是說如果前 30 分鐘複習國文，中間休息後就換成另一門課程，這樣複習，孩子不易感到厭倦。

讓孩子在實踐中學習

有這樣一個經典的故事，講的是：

西班牙有位叫彼得一世的國王，他對於很多人來說，是正義的象徵。這天彼得一世宣布他將公開選拔大法官。有三個人毛遂自薦，一個是宮廷的貴族，一個是曾經陪伴國王南征北戰的勇敢武士，還有一個是普通的教師。於是，國王離開王官，率領眾人來到池塘邊。

池塘裡漂浮著幾個柳丁，「池塘上一共漂浮著幾個柳丁啊？」國王問貴族，貴族走到池塘邊，開始點數：「一共是 6 個，陛下。」

國王沒有表態，繼續問武士同樣的問題：「池塘裡一共漂浮著幾個柳丁啊？」「我也看到六個，陛下。」武士甚至沒有走近池塘就直接回答了國王的問題。

國王沒有說話，「池塘裡有多少個柳丁啊？」最後他問教師。

教師什麼也沒說，徑直走近池塘，脫掉鞋子，進到水裡，把柳丁拿出來：「陛下，一共是三個柳丁！因為它們都被從中間切開了。」

「你知道如何執法，」國王說，「在得出最後結論之前應該先證明，並不是所有我們看到的都是事物的真相。」

這個故事揭示了一個道理：實踐是檢驗真理的唯一手段，真正的標準答案是從實踐中獲得的。學習同樣需要有積極的實踐態度。布魯納認為：孩子的學習過程包括實物操作、表像操作和符號操作三個階段。而動手實踐在於促成孩子進行實物操作，讓孩子在實物操作的過程中獲得最直接的體驗，這種體驗是最為寶貴的，它將為後兩個階段即表像操作和符號操作作充分的準備。因此，家長應引導孩子從實踐中學習，從生活中培養孩子的實踐能力。

要培養孩子從實踐中學習的能力，家長應注意以下幾點：

讓孩子多動手實踐

有的家長眼光遠大，很善於教育孩子。他給孩子準備了一隻工具箱，裡面放入尺、小螺絲刀、小剪刀、針線等工具，讓孩子做一些力所能及的修補工作，如修補舊玩具，與家長一起修理自行車、煤氣灶、鐘錶之類的傢俱。這樣，一方面可以培養孩子的動手能力，使其掌握一定的技能，同時，也可以培養孩子勤儉節約的意識，使孩子體會到家長工作的艱苦，從而增進了孩子與家長之間的感情。

讓孩子自己承受後果

很多情況下，你孜孜不倦地教誨頂不了一次現實的教訓，如果孩子並不喜歡你告訴他道理，那家長應該讓他自己去體驗。

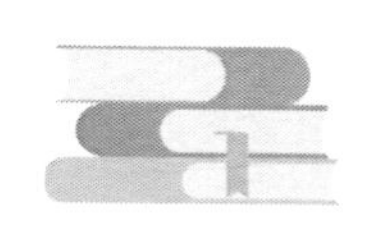

某大學心理系的張教授和他的妻子帶著孩子前往演講，一下飛機，住進飯店，張夫人告訴孩子，換好衣服，等一下要出去吃飯。不久，7 歲的兒子換好了短袖短褲，3 歲的女兒穿著一條紅裙子就走了出來。當地氣溫比較低，媽媽應該提醒孩子多穿一點才對，但媽媽什麼也沒說，和大家一起出了門。

不久，孩子就感覺有點冷了。媽媽看著他們發抖的樣子，一句話也沒說，從背包裡拿出外套遞給兄妹兩人，孩子們二話不說就穿上了。

張夫人這樣做的好處是鼓勵孩子自己做決定，同時又讓孩子自己去承受行為帶來的後果，穿得少就要受寒，下次孩子就會注意天氣的變化。

不要過多批評指責孩子

如果希望你的孩子富有實踐的精神，以下這樣的話要少說：

- ✧ 打擊孩子積極性的話，如「我就不相信你能把這件事情做好。」
  這無非是在打擊孩子，告訴孩子，你的能力不行，我不相信你，這對孩子的成長是不利的，容易讓孩子產生自卑的心理。試想，如果總有人告訴你這樣做不行，你還有做事情的興趣嗎？大人如此，孩子亦然。
- ✧ 急於求成的話，如「我不是告訴你答案了嗎？你寫上就可以了，還用尺量做什麼？」 孩子完成自己的作業，他做的是自己應該做的事情，家長著急是沒有用的。如果孩子有自己動手的興趣，家長不妨讓他自己動手，這樣孩子對知識的理解力、記憶力可能會更深一些。
- ✧ 責怪孩子的話，如「都告訴你別做了，你還做，現在好了，把事情搞得一團糟了。」

孩子第一次把事情弄得一團糟，第二次把事情弄得一團糟，你怎麼知道他第三次就不能做好呢？如果你一味地壓制孩子，不讓孩子自己做，這很可能就打擊了孩子做事情的積極性。

總之，實踐是孩子探求真理、獲得真知的一種重要手段，因此，我們應提倡孩子從小學會在實踐中學習。

引導孩子學會突破定式思維

思考是人類有別於其他動物的最本質的特徵，是人一切活動的基礎，也是創新的源頭。有了創新思維才能開始創新活動，有了創新活動才能產生創新成果。思維在總體上處於變化之中，而某一部分又處於穩定的狀態。這種穩定在以下這個故事中得以表現：

有位員警到森林打獵，他在野獸經常出沒的地方隱蔽起來。一隻鹿跑了出來，員警立即跳出灌木叢，朝天開了一槍，大喊：「別動，我是員警！」

可見，這種穩定性就是思維定式，或者叫做慣性思維。學習過程中最大的敵人就是思維定式，它主要來自於過去的知識和經歷。如果孩子總是按照一貫的思維方式思考學習中的問題，不懂變通，就會變成「讀死書，死讀書」的書呆子。這樣的書呆子要想取得好成績是很困難的。因此，家長要引導孩子突破習慣性思維，跳出思維陷阱，這樣，孩子才能學活知識，活用知識，才能真正提高課業成績。

要想讓孩子打破固定的思維方式，家長就應該引導孩子採取逆向思維、橫向思維、發散思維等多種方式思考問題。有些時候，孩子換個角度思考問題，往往會有意想不到的收穫。

要啟動孩子的思維，讓孩子突破自己的思想牢籠，學會變通，家長可以從以下幾個方面入手：

創設豐富多彩的生活環境

創造性思維能力並非無源之水、無本之木，它需要知識和經驗的累積。孩子的知識越豐富，思維就會越活躍，因為豐富的知識和經驗可以產生廣泛的聯想，使思維靈活而敏捷。而且，一旦孩子將自己所掌握的知識運用於實踐活動中去，就容易產生新思想，並在實踐中提升智力，開發創造力。知識和經驗來源於豐富多彩的生活，而豐富多彩的生活又能為孩子提供運用知識和經驗去解決實際問題的機會。因此，父母應努力為孩子創設一個空間廣闊、內容豐富的生活環境，使孩子擁有較多動手實踐、動腦思考的機會。

讓孩子有自由活動的機會

父母要和孩子一起玩，在玩的過程中讓孩子多動腦筋，多想辦法。孩子天性活潑好動，愛模仿，見到新奇的東西，就要去摸一摸、動一動、拆一拆、裝一裝，這些都是兒童喜歡探求和旺盛求知欲的表現，父母切不可禁止他們或隨便責備他們，以免挫傷他們思考的積極性。應該因勢利導，鼓勵他們的探索精神，主動培養他們愛學習、愛科學、樂於動腦筋想辦法、勤於動手解決問題的習慣，從而培養孩子學習的興趣和思維能力。

培養孩子提出問題和發現問題的能力

要使孩子養成愛提問的習慣。善於提出問題，往往比解決問題更難。孩子做作業或課外閱讀時，家長都要鼓勵孩子提出各種各樣的問題。即使有的問題提得幼稚可笑，明顯錯誤，家長也不要簡單地否定，或加以責備，而是要鼓勵這種勇於提問的積極性，並給以耐心地講解。

發展思維的各種形式

我們知道，概念、判斷、推理，是思維的幾種基本形式。兒童的這些思維形式仍處於初步發展階段。例如，低齡兒童的推理較多採用直接推理，間接推理還比較困難。雖然「A 大於 B，B 大於 C，所以 A 大於 C」這類的推理他們基本上能夠掌握，但是，掌握「所有的隊員都是學生，他是隊員，所以他是學生」這類推理卻很難。

家長要注意到孩子的這些特點，積極有效地進行判斷、推理的訓練。孩子形成概念、組成判斷、進行推理的能力強了，他們的思維水準也將大大地往前推進一步。

教給孩子正確的思維方法

思維方法有多種多樣。例如，歸類、排序和對比的方法，從不同的事物中找出相似之處，從同樣的事物中找出不同之處。再如，舉一反三的方法，由一種事物說出與之相關的多種事物，由一類知識想到與之相關的多類知識。像由「打擊」聯想到「襲擊、突擊、追擊」，以及「擊敗、擊中、擊落、擊潰」等等，便是舉一反三積極思維的例證。

掌握這些思維方法，能夠使思維活躍，思路開闊。這些思維方法不是孩子頭腦裡固有的，它需要從教師、家長及其他成人的點撥中獲取，需要從與其他同學、小朋友的交往中獲取，也需要從自己的反覆實踐、反覆思考中獲取。因此，在教給孩子知識的同時，要發展孩子的思維，教給孩子思維的方法，這樣，才能讓孩子的創新思維能力，得到更進一步的發展。

學習不要鑽牛角尖

魯迅先生提倡一種「跳讀法」的讀書方法。他認為，讀書遇到困難，應該經過各方面的努力弄懂它，但遇到暫時無法弄懂的問題，就要「跳過去，再向前進」，這樣，到後來隨著閱讀的深入，前面的問題就會得到自然的解決。他說，讀書要先易後難，不鑽牛角尖，書讀多了，理解力就提高了，知識面也擴大了，先前不懂的疑問自然就會迎刃而解了。

應多嘗試不同的解法

在孩子遇到學習上、生活上的難題時，可以讓孩子嘗試著換個角度來思考解決。條條大路通羅馬，這種方法不能解決的問題，換另一種方法說不定就能很容易地把問題解決了。孩子只有品嘗到不同角度解決問題的好處，才能養成多角度思考問題的好習慣。

教孩子分析自己的知識結構

歡歡學習非常用心，但她的成績總在中等徘徊。歡歡的爸爸媽媽心裡很著急，以為是孩子的智力有限，所以課業成績不好。但歡歡的舅舅——小唐老師卻發現了一個問題：那就是歡歡頭腦中的知識呈現出雜亂無章的狀態，很多時候，她要回憶一件事情都顯得很吃力。比如問她：熱脹冷縮現象在哪門科目學習過？她想了半天還是想不起來。一下子說是在國文課上老師提到了，一下子又說是自然課上學習到了……

小唐老師認為是知識體系的混亂導致歡歡成績不佳。要提高歡歡的課業成績，首先必須讓歡歡理清自己的知識結構。

在孩子解題的過程中，資訊或知識在孩子頭腦中呈現的方式是各種各樣的。而這些呈現方式中的絕大多數都不是經過訓練的，而是自發的、偶然的。一個孩子一旦養成不當的知識呈現方式，很可能長期在這一學科的學習上顯得很吃力、表現得很笨拙。一旦孩子本人在學習中思維頓悟次數減少，失敗感增加，便會產生情緒上的消極效應，從此不愛上學或不喜歡某一學科等。接下來便是一種惡性循環的知識發展狀態，即越是不能頓悟的學科領域，就越不喜歡或厭煩、恐懼、焦慮等，越是伴隨消極情緒的學科或問題領域，個體檢索知識、吸收知識的過程也就越容易受阻，因而導致其在某個領域越表現出所謂「缺乏智力細胞」的現象。這是家長們所不願意看到的狀況。

那麼，如何才能把孩子從亂麻似的不良狀態中解救出來呢？做法其實很簡單。就是要求孩子花時間分析自己學習內容的條理和意義，形成穩定的知識結構。孩子只有形成了穩定的知識結構，才能讓頭腦中的知識變得有序起來。這樣，孩子需要從大腦中提取相關的知識點時，就不會不知所措，不知該如何著手了。具體地說，家長應引導孩子做好以下幾點：

✧ **分析頭腦中已有的知識點**：家長可以讓孩子把自己學過的知識用知識結構圖的方式畫出來，形成大體的知識框架。然後，讓孩子對每個知識點進行歸納，標明它的適用範圍和限制條件。這實際上就是在總結非常實用的規律，幫助自己輕鬆地應對考試，準確地識別出試題中的各種陷阱。

✧ **讓孩子自己總結各知識點之間的異同**：家長可以讓孩子比較各知識點之間的異同，並用自己的話總結概括出來。這可以幫助孩子清晰地區分那些容易混淆的概念，而這些自己總結出來的規則，總會記得格外清楚。

✧ **把不同的知識點連起來**：當孩子學了一個新的知識以後，家長應教孩子把它和其他知識連起來，檢查相互間的連繫是否清晰、穩定。也就是把新知識和舊知識進行比較，先確定它屬於哪一個類別，再從同一類知識裡尋找因果關係和先後順序。這樣，孩子在學到一個知識點的同時，就能了解它是按照什麼樣的邏輯順序，從哪裡發展演變而來，它的前提條件是什麼，它的制約因素是什麼，它的適用範圍是什麼。這樣一來，孩子所掌握的知識就連成了片，形成了一個知識網路結構。

- ✧ **陪孩子自學新知識**：如果孩子缺乏自信，家長可以陪他自學新的知識，抓住概念、相互關係和適用範圍這幾個點，讓孩子自己歸納總結。把它歸類，填充到自己的知識結構圖中，這樣，用的時候，就能夠在知識結構網路中，準確找到它的位置。
- ✧ **處理好頭腦中知識的呈現方式**：要想孩子課業成績好，關鍵是引導孩子把知識在頭腦中的呈現方式處理好，即在大腦中把新學習的知識組合好、搭配好……然後把它存放到長時記憶當中去。這樣，這些知識就容易記憶、理解，用的時候，也就容易被提取。

總之，讓孩子學會分析自身的知識結構，學會從散亂的表面現象中看到相似事物或知識間的共同本質屬性並掌握概念、科學分類、總結共同規律，是孩子在學習過程中必須掌握的。孩子若能理清自身的知識結構，用的時候自然就能做到得心應手。

讓工具書發揮應有的作用

李航最喜歡向到家裡來的同學展示那滿滿一書架的工具書。因為他認為這些工具書對自己的幫助非常大。他已經學會了用工具書來解決學習中遇到的大部分問題，自學能力有了很大提升。他的數學、英語、國文、物理等各門課業都超前學了很多，而且都得過獎，發展狀況也很平均。

李航使用工具書的習慣是從小養成的。當他問爸爸媽媽問題的時候，爸爸媽媽通常不直接回答，而是先讓他自己查。學習國文文時先教他查《標準字典》，然後是《現代漢語詞典》、《古代漢語詞典》等；英漢詞典也是由淺入深，《牛津英漢雙解詞典》先使用「初階」，然後是「中階」、「高階」……

在使用工具書的過程中，李航逐漸學會借助工具書來幫助自己學習。學習效率和成績的進步使他嘗到了甜頭，體會到了使用工具書的樂趣，所以，不僅提高了使用工具書的自覺性，也提高了學習的自覺性和自學能力。

李航學習成功的案例給了家長很大的啟發，從小讓孩子養成使用工具書的好習慣，能提高孩子的自學能力，讓孩子獲得學習成功的體驗，這對提高孩子的課業成績意義很大。

那麼，家長應如何讓孩子養成使用工具書的好習慣呢？專家建議：

不能讓孩子滿足於似懂非懂的學習狀態

要想讓孩子提高課業成績，最忌諱的就是對孩子學習中的問題似是而非，一時不懂，又不懂得憑藉工具書仔細弄懂，結果不是一時不懂，而是一世不懂，以至於在學習與生活中話說錯了，字讀錯了，意會錯了還全然不知。

比如，有的學生，對於「惡」、「好」、「為」這些一字兩音或兩意甚至多音多意字，總是分不清楚，老是「凶惡」與「可惡」不分，「很好」與「喜好」不分，「為了」與「作為」不分等。要做到正確區分這些字的意義與讀音，就應該學會利用工具書，養成查閱工具書的習慣。

讓孩子習慣向工具書請教

有學者認為：從某種意義上說，知識就是知道怎樣去學習，怎樣去找，怎樣去運用工具書。也可以這麼說：能正確、熟練地使用工具書，知道自己所需要學的東西在哪裡，這就是知識。

在日常生活中，很多孩子讀書看報時，總習慣向家長問這問那，而家長們如果總是對於孩子的問題有問必答，勢必沒有辦法讓孩子養成自己使用工具書的習慣。因此，專家建議家長應把解決問題的途徑告訴孩子，讓孩子自己透過查閱工具書獲得答案。比如，家長可以問孩子：「你查過了嗎？」或者回答他說：「我記得在某某字典上說得很清楚，你自己去查一查。」等孩子發現依靠自己查問工具書可以解決學習上的疑難問題後，慢慢地，就會養成積極查閱工具書的習慣。

要求孩子不能照抄工具書

常常看到一些小朋友造句造不出，就到詞典上去抄一句例句。這種辦法只會養成孩子不動腦筋的壞習慣。但是事情的另一面父母也應該看到，那就是工具書中的字詞解釋，一般都極為簡練，內容高度概況，這確實也給小孩子的理解帶來了一定的困難。如果家長不給予一定的指導，孩子沒有辦法消化，就只好來個囫圇吞棗了。

因此，家長要教育孩子懂得工具書只是提供思考的工具，而不能提供現成的答案。要幫助孩子根據工具書上的有關解釋做些舉一反三的練習。

值得家長們注意的是，工具書一定要選久經考驗的精品，千萬不能只根據有好聽的書名，好看的外表，便宜的價錢，以及有什麼人掛名就買！尤其是不能相信那些過於動聽的宣傳，因為這種書品質不好的可能性反而更大些。劣質辭書會對孩子的學習產生長期的不良影響。因此，對於工具書，一定要慎買，要買經得住考驗的精品。

適當休息提高學習效率

王穎今年上初三，她的目標是上北一女，因此學習非常刻苦。在學校裡，她上課注意聽講，下課除了上廁所外，從來不出去，有一點時間就擠出來看書。晚上也會學習到深夜才休息。爸爸媽媽看著孩子如此刻苦，心裡非常欣慰，以為孩子如此努力，考重點高中肯定沒有問題。

然而，令人失望的是，升學考試成績出來後，一向名列前茅的王穎不但沒有考上北一女，名次還跌到全年級 20 名之外，與她嚮往的北一女擦肩而過。王穎的父母實在想不通，女兒幾乎把所有的時間都用在了學習上，為什麼成績卻變差了呢？

事實上，王穎之所以勞而無功，是因為沒有注意適當休息導致的。

從生理學上來說，大腦活動的基本規律是興奮與抑制的轉換。因此，要注意學習與休息的交替。合理地安排學習、工作、課外活動和休息的時間，能調節大腦各個區域和諧的活動，使工作、學習效率提高。所以家長在家輔導孩子學習時，要注意適當休息。對於孩子來說，適當休息有其重要的功能。

✧ **適當休息有利於孩子提高學習效率**：腦是全身新陳代謝最活躍的器官，對氧的需求量很大，約占全身氧消耗量的 1/4。當人們從事艱苦、緊張而又繁重的腦力勞動時，大腦皮層處於高度興奮狀態，對氧的需求量劇增。長時間的用腦，會使全身血液循環減慢，流經大腦的血量減少，引起暫時的「腦貧血」，致使大腦疲勞。這時，生理上表現為感覺遲鈍，動作不協調、不準確，肌肉痙攣麻木等；心理上表現為注意力不集中、思維遲鈍、反應速度降低、記憶力下降等症狀。長期這樣下去，就有可能患神經衰弱症。可見，只有按照大腦活動規律，合理科學地使用大腦，才能提高學習效率，而科學使用大腦的最佳方法是適當休息。

✧ **適當休息有利於孩子穩定情緒**：孩子大腦疲勞過度的突出表現是情緒躁動、憂慮、厭煩、倦怠，甚至感到無聊；產生不良心境、厭學等。情緒是客觀事物是否符合人的需要與願望而產生的體驗。情緒具有兩極性，表現在積極的增力作用和消極的減力作用上。積極的增力性情緒能提高人們的活動能力。愉快的學習情緒能鼓舞孩子堅持進行學習活動，甚至過度努力。然而，這種努力一旦過度，引起大腦疲勞，就會出現消極的作用。而消極的減力性情緒則會降低學習活動能力，降低學習效果，並且有害健康。當孩子在學習過程中出現過度緊張狀態時，家長應引導孩子進行一些其他的活動來轉移情緒指向，使緊張的情緒鬆弛穩定，逐漸恢復良好愉悅的心境，然後再開始學習。

✧ **適當休息有利於孩子增強記憶力**：學習作為智力活動，必須以良好的記憶力為基礎。有的孩子由於用腦過度，違背記憶規律，結果事與願違。學習持續時間太長，就會抑制記憶，造成遺忘，反而得不償失。所以家長在輔導孩子學習時，要注意利用記憶規律，保證孩子有清醒的頭腦進行記憶活動。還要注意記憶方法上的多樣化，記憶方法得當，不但可以提高記憶效率，而且可以節省腦力，延緩腦力疲勞的發生。

適當休息如此重要，因此，家長要教孩子學會適當休息、科學用腦，合理安排學習時間，有計畫地進行學習。這樣不但能夠提高孩子的學習效率，增強孩子學習的積極性，還能增強孩子的記憶力，穩定孩子的不良情緒等，為孩子的學習進步打下牢固的基礎。

要想讓孩子做到適當休息，高效率地學習，家長需要從以下幾方面做起：

學習要聚精會神

曉棟平時學習總是心猿意馬，看樣子是在學習，其實他的心裡想的卻是出去找小朋友們玩，旁人有什麼舉動或者說了什麼話，他都會受到影響。因為曉棟心思沒放在學習上，他的作業也常常錯誤百出，一些很簡單的題目也會做錯。

曉棟的爸爸看著孩子心不在焉的樣子，再看看孩子的課業成績，知道這樣下去孩子不會有任何進步。於是，他要求孩子學習時要聚精會神地學，否則就不放他出去玩，並且有意識地訓練孩子的注意力。經過一段時間，曉棟在學習時用心多了，學習效率也提高了很多。

曉棟的事例告訴我們，家長應該讓孩子學會專心地學習· 使其學習時盡量不被外界的事情干擾。只有學會科學地用腦，孩子的學習效果才會有顯著的提高。

玩就踏踏實實地去玩

小亮愛玩，喜歡與小朋友一起打鬧，也喜歡獨自打遊戲、看卡通等。但是，小亮玩的時候不能盡情地玩。因為小亮的父母對他寄予的期望很大，希望他好好學習，將來能考上理想的大學。小亮是一個懂事的孩子，他知道父母對自己的期望，想好好學習，但又禁不住玩的誘惑，玩時又擔心被父母看見，怕他們傷心。

這樣，小亮雖然在玩，卻沒能玩好。後來，小亮的父母知道了孩子的心理狀態，就告訴他玩時可以盡情去玩，但必須以學習為主，把成績提高。小亮愉快地答應了。以後，小亮學習時特別用心，玩時也能放開去

玩，很快，他的成績就有了明顯的進步。

愛玩是孩子的天性，大多數孩子都和小亮一樣禁不住玩的誘惑，因此，家長不能禁止孩子去玩，並且要像小亮的父母那樣，在孩子應該玩的時候，讓孩子踏踏實實地去玩，這樣孩子學習時才會有比較高的效率。

避免孩子晚上熬夜

強強的課業成績不好，他想儘快提高成績，於是就開始晚上熬夜學習。強強晚上開夜車，雖然當時能夠記住一些東西，但第二天上課的時候就開始打瞌睡。一段時間後，強強的成績反而下滑了兩個名次。

父母看到強強的這種狀況，知道孩子需要足夠的休息，第二天才能精力充沛地去聽課、學習，於是讓強強放棄晚上學習的做法，同時教給孩子一些有效的學習方法，讓孩子在上課時集中注意力聽講。如此，強強的成績逐漸提高了。

勤奮學習也要做到適當休息，這樣才能提高學習效率，有更大的收穫。如果勤奮得不當，像強強那樣本末顛倒，主次不分，課業成績不僅上不去，還會急劇下降。因此，父母要盡量避免孩子晚上熬夜學習。

合理安排孩子學與玩的時間

每一個人集中注意力都有一個固定的時間，它與大腦的興奮期是一致的。孩子在學習的時候應遵循這個規律，用休息或玩耍進行調節，以利於孩子再次集中注意力投入到學習中去。

一般來說，孩子集中注意力的時間在 30 ～ 40 分鐘左右，這與學校上課的時間基本吻合。因此，孩子在家裡學習時，父母也要以這個時間為基準，在孩子學習了 40 分鐘左右時，讓他玩 10 ～ 15 分鐘，這樣孩子的大腦就能得到充分的休息，也才會高效率地學習。

引導孩子學會交替學習

小葉馬上就要畢業了，爸爸媽媽一直希望她能考上建國中學。然而，小葉的成績一直處在班級中等水準，離建中學的要求還差一大截呢！爸爸媽媽很著急，與小葉的老師溝通，小葉的老師說：「小葉這孩子學習挺認真的，但我發現她的注意力不太集中，有些時候反應還顯得有些遲鈍。」

這是怎麼回事呢？經過一段時間的觀察，小葉的爸爸發現，小葉學習的方法不太好，她要麼捧著數學課本不放，要麼就死背國文課本。雖然學得挺認真的，但學習效果並不好。

小葉的爸爸忽然明白了。於是，他坐了下來：「小葉，你一直都是這樣看書學習的嗎？半天數學半天國文？」

小葉好奇地看著爸爸，問：「是啊！怎麼了？」

爸爸耐心地說：「小葉，要學會交替學習，一直盯著同一門課程學習，效果遠遠沒有交替著學習來得好！」

「可是，你不是說過，學習要專心致志嗎？」小葉反駁道。

「學習專心和交替學習是兩碼事，交替學習是有效調節大腦的好方法，不信我們試試看？」爸爸用鼓勵的目光望著小葉。

在爸爸的指導下，複習期間，小葉試著交替學習，感覺學習效率明顯高了，期末考試時，成績也進步很大。

學習時，大腦所主管的視、聽、讀、寫以及記憶、分析等功能區都處於高度興奮狀態。可是這種興奮狀態有一定的限度，超過限度就會使原來興奮區域的興奮狀態減弱，抑制會越來越強，興奮就會逐步變為抑制，使大腦疲勞、困倦，導致注意力不集中，影響學習效果。所以，家長應讓孩子學會合理用腦，善於用腦，懂得如何適當調節。交替學習就是一種很好的大腦調節法，它能幫助孩子提高大腦的興奮程度，使孩子集中注意力。

那麼，家長應如何指導孩子學會交替學習呢？專家建議：

- ✧ **讓孩子在學習計畫中表現出交替學習**：當孩子制定學習計畫時，家長可以建議孩子在計畫中標明交替學習的時段。這樣，就能形成一種有形的約束，避免孩子可能出現的學習疲勞，延長孩子大腦的興奮時間，讓孩子少承擔不必要的壓力和痛苦。
- ✧ **注意文理科交替學習**：在學習時間的安排上，要特別注意把文理科錯開。這是因為交替學習內容差別較大的不同書種，比長時間讀一種書籍的效率高。生理學家研究顯示，人的大腦左右各有分工，不同學科在大腦中使用的腦區是不同的，左半球側重於邏輯與抽象思維，右半球側重於形象思維。因此，學生在做數理化習題時，大腦左半球容易疲勞，這時應該調換學習內容，可以複習文科，記英語單字，做國文作業，使緊張工作的大腦左右半球輪流休息，有利於提高學習效率。看書時，可以把文理科的課程交替學習，這樣的做法能使大腦皮層中的興奮，從一個區域轉到另一個區域，結果大腦皮層的神經系統不僅不會疲勞，還能讓兩科的學習互相促進。這實際上就是轉移興奮點，既可以避免前後的學習內容相互干擾，也可以避免出現越學越無趣的情況出現。
- ✧ **重點科目分成幾段時間來學習**：對孩子的弱項和需要重點學習的科目，可以把每天的學習任務分成幾段時間，分別進行學習，這比連續學習效果更好。
- ✧ **複習階段注意學科知識的前後交替複習**：在複習階段，家長可以找一些涉及不同部分知識的綜合應用題，引導孩子交替學習同一科目內的不同部分，透過比較分析，加深自己對知識的理解和應用能力。它主要的作用是幫助孩子對知識融會貫通，形成橫向的知識網路，並透過比較來促進理解、強化記憶。

✧ **音樂調節**：當感到學習累了時，可以試著讓孩子聽一下音樂，不僅有助於鬆弛神經，更能夠促進大腦疲勞的緩解。人學習時使用的大腦區域，和聽音樂時使用的區域是不同的，當音樂響起，你的聽覺中樞興奮起來，其他中樞就能夠得到徹底的放鬆。這種交替使用大腦不同部分的辦法，具有非常好的調節作用，能讓學生的情緒逐漸恢復到較亢奮的狀態，以更好的精神面貌迎接下面的學習。

✧ **安排好學習與作息**：如複習功課時，可以幾門課程交替學習，每門 45 ～ 60 分鐘比較合適，中途休息 10 分鐘，再複習另一門功課。連續學習兩個小時後，最好能有 20 分鐘左右的戶外活動，可以呼吸新鮮空氣、散步、練操等，讓部分腦細胞得到休息，還可以調節神經機能，提高大腦反應。全天複習階段，上午可以學習 4 個小時，下午安排 2 個小時的學習，1 ～ 2 個小時的戶外鍛鍊，晚飯後的學習時間，則最好不要超過 3 個小時，每天保證 8 小時睡眠。這樣，能保證學習時的注意力相對集中，學習效率也可以大大提高。

偏科的缺點應該糾正

✧ **案例一**：黃曉麗是國中三年級的學生。她的文科成績好，尤其是作文寫得很好，常被老師當範文發表，還參加了作文競賽。但理科成績卻一直不盡如人意，拖了文科的後腿，馬上就要升學考試了，曉麗的媽媽非常著急，不知道該怎麼辦。

✧ **案例二**：劉強強今年念國中一年級，與黃曉麗完全相反，他是個數理天才，他的理科成績全年級無人能敵，但文科成績，特別是英語成績，那真是一團糟。為此，爸爸媽媽和一直對他信任有加的班導吳老師經常督促他在文科上多下一點工夫。但劉強強就是提不起興趣。他對自己感興趣的數理，可以達到廢寢忘食的程度，但一面對英語，就想打瞌睡。

孩子偏科是許多家長普遍擔憂的問題。小學和國中階段是打基礎的階段，在這兩個階段出現偏科現象，對孩子今後的學習是非常不利的。首先，它可能影響到孩子升學考試這一現實問題；其次，它阻礙了孩子的全面發展。因此，如果孩子出現了偏科現象，家長應該及時了解並加以糾正。

要糾正孩子偏科的情況，家長首先要弄清導致孩子偏科的原因，然後對症下藥，才能取得良好的教育效果。一般來說，孩子偏科是由以下幾個原因造成的：

✧ **孩子自身的原因**：孩子自身的智力和非智力因素（如興趣、愛好等），是造成孩子偏科的首要原因。

興趣是孩子學習的動力，孩子重視感興趣的學科，輕視不感興趣的學科。孩子對某門學科興趣較強，就會產生學習動力，便能積極主動地去學這門課；反之，對某門學科興趣弱或沒有興趣，孩子自然不願把工夫下在這門課上﹒這樣就使得強的更強，弱的更弱。

✧ **家庭對孩子學科的影響**：每個家庭都有自己特殊的地方，不同家庭的特殊文化氛圍、家長的愛好以及家長的職業等因素也會誘發孩子偏科。比如，家長愛好文娛，家庭藝術氛圍就比較濃厚，孩子受家庭影響也往往偏愛文娛；家長愛好體育、喜歡活動的，孩子也偏愛體育……

此外，孩子偏科還跟家長是否進行及時的課外輔導和遺傳基因有關係。

- ✧ **對教師的喜好導致偏科**：研究顯示，孩子的偏科問題，受教師影響較大。孩子偏愛的科目，往往是由於喜愛該任課教師所致。孩子偏愛某一個教師，該科的課業成績就能提高，而好的課業成績，又強化了對該科的喜愛，形成良性循環；反之孩子不喜歡某個老師，也往往不喜歡這個老師所教的學科，久而久之，該科的課業成績下降，成績下降又導致孩子喪失了對這一科目的信心，形成惡性循環。

  比如，某個孩子不喜歡國文，喜歡數學，原因是國文老師總是責備他、苛求他，於是他對學習國文越來越沒興趣了。但數學老師則不然，他有一點進步，老師就給他鼓勵和表揚，於是他越學越投入。這樣一來，國文就成了孩子的弱科，數學則成了孩子的強科。

  再比如，孩子喜歡學物理不喜歡學化學，是因為物理老師知識面廣，講課條理清楚、風趣幽默，對學生又好，孩子學習起來比較輕鬆；而化學老師常常照本宣科，不生動，沒有吸引力，對學生不夠親近。因此，造成了孩子喜歡學物理不喜歡學化學的偏科現象。

找出了孩子偏科的原因後，家長糾正偏科就該從根源上著手解決。大致方法如下：

- ✧ 對於因興趣、愛好造成的偏科，家長一方面要鼓勵孩子學好優勢科目，透過優勢科目，建立信心，讓孩子認知到自己有學好其他科目的能力，進而逐漸提高對其他科目的興趣，並逐漸加大對其他科目的學習投入；也可以從相關學科中找出突破點，進而帶動弱勢學科成績的提高，糾正偏科。

  另一方面，家長要正視與肯定孩子在弱勢科目上的點滴進步（如課堂發言，讀書筆記等），引導孩子主動去接觸弱勢學科，加強對弱勢學

科的學習。要讓孩子知道，自己的偏科是暫時性的，偏科不可怕，怕的是失去了學習的興趣和信心。必要時，家長要對孩子進行該科目的輔導。如果家長不能輔導，則有必要請任課老師進行輔導。如果老師沒有空閒，就要請家教。但在請家教時應該注意，最多請一到兩科，如果門門都請，則沒有意義。而且以每週兩到三次為限。因為孩子的時間是有限的。

值得注意的是，家長在糾正孩子偏科傾向時，落腳點一定要放在促使孩子素養全面發展上，在抓弱科的同時，還應幫助孩子充分發揮自己的強科優勢。既要補弱科之短，又要揚強科之長，這樣才有利於孩子全面提高。千萬不能矯枉過正，出現「弱科變強科，強科變弱科」的現象，孩子還是不能全面發展。

✧ 對於孩子因家庭環境影響造成的偏科現象，家長應注意給孩子講清道理，告訴孩子大人這樣是為了工作需要，自己當年在中小學學習時，各科還是均衡發展的，並不存在某科強某科弱的現象。家長要打消孩子因為懷疑遺傳影響而偏科的疑慮，這樣孩子學習起來才更有信心。

值得注意的是，家長千萬不能讓孩子產生對偏科的認同心理。千萬不要講「數學這門課就是不好學，當年我就是學不好」，或者說「國文學起來太無趣，作文就是不好寫」之類的話。如果你在孩子面前說這樣的話，就是給孩子進行偏科的心理認同教育，就等於說偏科沒法糾正，孩子的偏科就真的糾正不了了。

家長還要注意觀察孩子，如果出現某科作業較慢，錯誤較多，馬馬虎虎，可能就是偏科的初始表現。這時家長要注意和老師溝通，了解孩子該科學習的課堂情況，防止出現實質性偏科。

✧ 由於老師引起的偏科，家長一方面要對孩子進行正面教育，給孩子講清偏科的危害；要讓孩子理解老師、接納老師，消除對老師的隔閡和抗拒心理；要讓孩子明白，學習是為自己而不是為老師，因為不喜歡老師而放鬆或放棄某一科的學習，是極端愚蠢的行為，最終受害、後悔的永遠是自己。

另一方面，家長要積極和老師溝通，誠懇地說出孩子偏科的原因，懇請老師對孩子進行鼓勵和幫助。

如果這兩方面工作都做到了，孩子因為不喜歡老師而引起的偏科一般都會得到糾正。但多數情況是：家長只對孩子進行教育，而和老師溝通覺得不好開口。這樣得不到老師的配合，效果自然不大。所以，為了你的孩子，不管覺得多麼困難，你都要去做。更何況大多數老師是通情達理的，對家長的意見和建議，他們都會採納，積極配合。

當然也不排除有極少數素養不高的老師，他們只要一聽到家長的建議，就覺得是孩子和家長不好，不但不改進自己，反而會作出一些傷害孩子情感的事情。如果真的不幸遇到這種情況，你就得站出來保護孩子，要求轉班或轉學。這樣你的孩子才不會因為老師的問題而被耽誤。

以上三點，是防止、糾正孩子偏科的最常用方法。而當你將這些方法都試過卻還不能糾正孩子偏科的話，就不要過於強求，苛求孩子門門功課都要好、都要優，只要能在基礎上得以保證，不偏倚得過於離譜，家長就不必太過干涉，按孩子自身的特長去發展，有時候還可能培養出個專家來呢。

考試也要講究策略和方法

13 歲的曉菲平常課業成績很不錯，可是一到「大考」，如期末考試，她總是發揮失常。為此，曉菲的媽媽甚是不理解。曉菲的解釋是，每次期末考試，她就特別緊張，總擔心自己考不好，心裡老想著考試的結果，所以壓力特別大。

很顯然，曉菲之所以總在大考中發揮失常，與其考試時的心態有著很大的關係。患得患失的考試心態使其不能靜下心來認真思考問題，從而導致考試失利。

如何才能讓孩子發揮正常水準，考出好成績呢？教育專家認為，要想讓孩子在考場上考出佳績，家長應幫助孩子調整好考試心態，教給孩子考試的策略與方法，這樣，孩子才能考出智慧、考出水準。具體地說，家長可以從以下幾個方面著手：

一、家長應幫助孩子調整考試前的心態

考試前的心態影響著孩子考試時的發揮。因此，幫助孩子形成良好的心態很重要。只有在考前的一段時間把孩子的狀態調整到最好，才有可能在考試時發揮出最高的水準。家長可這樣去做：

淡化考試氣氛，幫孩子放鬆心情

考試的前一天，可以適當讓孩子參加一些低強度的體育運動，或者聽一些輕鬆、愉悅的音樂，充分確保睡眠的品質。這些考前準備對於孩子考場的發揮有一定的促進作用。

此外，家長還可以讓孩子做一些放鬆練習，如：

✧ **冥想**：考前過度緊張、顧慮重重是孩子考前心理狀態的大忌。此時不妨靜下心來冥想。不妨找個舒服的姿勢坐下來，專注於自己的一呼一

吸，剛開始孩子也許無法把注意力集中於呼吸上，但反覆練習，堅持每天 3 ～ 5 次，每次大約 5 分鐘，就會形成一種條件反射，只要冥想立刻就能心靜如水，感覺到放鬆、舒暢、平和，這是冥想放鬆的一種高境界。

- ✧ **幻想暗示**：在考試的前幾天，每天臨睡前，躺在床上，想像面臨考試的情景：在喧鬧的人群中，我沉著冷靜地等候入場。進入了大樓，並找到了教室，我已經找到了貼著自己考號的座位。坐下來，在心不沉靜時就閉目養神，老師開始發試題了，我從容地接過試題，先檢查試題的頁碼是否連序，然後寫好了要求填寫的個人資料，接下來我開始審題、答題。遇到難題，我從容應對……想得很逼真、很細緻，如同身臨其境。如果經常做這樣的訓練，到真的進入考場時，心理準備充分，適應了考場的一切，就一點也不感覺緊張了。

不給孩子施加壓力

不管孩子學習能力如何，家長都要鼓勵孩子，千萬不要抱怨孩子。如果父母對孩子的能力表現出信心不足，就會增加孩子的心理壓力。做父母的應該對孩子說：「正常發揮，你一定能行」，而不是整天在孩子面前說：「你如果考得不好……」。

教孩子相信自己是最棒的

在進考場之前，要告訴孩子，如果有同學想和他談論什麼，最好禮貌地表示拒絕。而且，千萬不要和同學探討複雜的問題，以免破壞臨考狀態。另外，考前一定不要隨便問別人自己不懂的問題。一方面別人此時也有自己的時間安排，另一方面別人給你的資訊未必準確。在這種時候，一定要相信自己是最棒的。

二、家長應教給孩子考試的技巧

對於孩子來說，考試的技巧很重要，它是決定考試成績高低的一個重要因素。一般來說，考試技巧表現為以下幾點：

✧ **通讀試卷，做到心中有數**：大型考試發下考卷後，應先檢查試題的科目名稱、頁碼順序有無錯誤，每一頁的版面是否清晰、完整，同時一定要聽清楚監考老師提出的要求或改正試題中的印刷錯誤。接著先將試題瀏覽一遍，了解試題結構、題型、多寡。看到熟悉的題時，應暗示自己這裡可以得分，那裡又可以得分，切忌把注意力集中在生疏、吃力的題目上，瀏覽試卷時要弄清題目的總數，各道題目的重點，還要注意它們的配分情況。

✧ **合理安排時間**：合理分配考試時間是影響臨場發揮的重要因素。

- **分配充足的時間，先攻克高分題**：心中應該有「分數時間比」的概念，花 10 分鐘去做一道 10 分的大題，無疑比用 10 分鐘去攻克一道 2 分的選擇題有價值得多。
- **合理安排時間**：答題前先瀏覽一遍考卷，大致了解試題的類型、數量、配分和難度，進而確定各題目應該分配的解答時間。在答題過程中，要注意時間的安排，比如一道題目你計畫用 5 分鐘來解決，但 5 分鐘過去後一點眉目也沒有，你可以暫時跳過這道題。當然，如果馬上就可以解出來的話，延長一點時間也是可以的。
- **時間安排勿墨守成規**：分配時間要符合考試的目的 —— 也就是能成功得到理想的分數。所以不要過於墨守成規，要能靈活掌握時間。時間安排只是大致、整體上的調度，沒有必要精確到每一小題或是去計較幾秒鐘。此外要留 5 ～ 10 分鐘的檢查時間，但若題目太多，而且對自己所寫的答案較有把握時，檢查的時間可以縮短或省略。

· **約 5 ～ 10 秒後再繼續答下一道題**：一般人為了趕快寫完答案，總是分秒必爭，寫完一題之後馬上就做下一題。雖然考試時間會決定勝負，但是這種方法並不適當。因為回答這個問題的思考模式並不一定適合另一個問題，必須讓頭腦冷靜下來進行一下轉換。為了改變之前的想法，能夠以新的思考模式回答下一題，就必須暫停 5 ～ 10 秒鐘，使頭腦改變一下思路。這表面上看來似乎是浪費時間的做法，但事實上卻是在節省時間。

✧ **做不出來時先做記號，繼續進行下一個題目**：雖然每個問題都編上了題號，但是並沒有規定我們一定要按照這個順序答題。有些人遇到難題時就會拘泥在這道題上，無法繼續往下答，其實這時候應暫時放棄該題，先做其他題目比較好。但是在做下一題之前，應先替前面的問題做一些備忘或記號，等到檢查時，可節省重新閱讀該題內容的時間，也不必再從頭進行相同的思考。

✧ **順著解決問題的氣勢，可以乘勝解決剩下的難題**：各位應該已經知道，考題要由簡單的開始做起，才能有效地利用有限的時間，假如一開始就想去解決困難的問題，也許尚未寫出答案就已經響鈴了。這個要領是考試技巧的最基本常識，而且一開始回答簡單的問題可使身心舒暢，出題者通常也會考慮到這一點，所以大都把簡單的題目放在最前面。

選擇從簡單的問題開始回答的方法，所得到的效果不僅於此。這一方法可以幫助考生解決原本以為無法解決的難題，也就是說會產生出解決難題的鬥志。可能你曾有過這樣的經驗：在某個階段，常有比較順利的感覺，也就是在某個時期做事情會比較順暢，一般稱之為運氣好。若由心理學來解釋則為：事情進展順利，會帶來更好的運勢，如此一直順利進行，就能超水準發揮自己的實力。

不是回答一個問題就會產生這種狀態，但如能順利解答出兩三題，就能夠產生向難題挑戰的勇氣。

✧ **絕對答不出的問題，就乾脆放棄**：有一些學生不會做某方面的試題，但是在其他的問題上卻能拿到高分，所以總分還是挺理想的。學生的解釋是：「我對這類題目沒有自信，因此考試時如果太難就放棄，去做其他題目。」

想要得高分是每位考生的共同心願，因此，盡量做會做的部分以爭取高分，才是考試得勝不可缺少的戰術。

✧ **考試時間快結束時，不要再嘗試新的題目**：當考試時間剩下幾分鐘的時候，一般人會想繼續去做尚未解出的題目，但是如果你想要得到高分，這其實並不是一個好方法，尤其是在數學、物理、化學等計算問題上。因此在時間快到時，除了確實有把握能答對，不要輕易嘗試新的題目，集中精力去檢查已經做好的答案，才能確實掌握分數。

✧ **如果完全沒有辦法解決，就用猜測法**：在答題時，如果空白是零分，寫錯也是零分，那麼，對於自己完全沒有辦法解決的題就應該隨便猜一個答案，亦即利用猜題的方法。因為即使完全猜錯了也無所謂，而如果猜中的話，就能拿到一部分分數。尤其是是非題猜中的機率原本就有 50%，而四選一的選擇題也有 25%的機率，所以，真的完全沒有辦法解決的話，就放手一猜吧！

三、考試時書寫應做到快、齊、準

✧ **快**：重大考試，其目的就是要區分出學生掌握知識程度的高低。區分的方法，一是靠題目的量多，二是靠題目的質高。一般來說考試時間總是較緊湊的，容不得半點慢條斯理，所以寫字速度一定要快。有的考生不能按時交卷的原因不是不會，而是寫字的速度太慢，結果耽誤時間而影響了成績。

✧ **齊**：卷面要整齊清潔，書寫格式要按照規定，而且四周要留下適當的空間，避免在試卷的空白處東一段、西一段隨意書寫。審題後，根據題型和答案大約的字數多寡，先大略估計和安排，然後再書寫，不夠寫可以在反面書寫，但一定要標注清楚，使閱卷老師能找得到。此外，字跡要端正、整齊，大小要一致，字跡潦草是答題的大忌。

✧ **準**：書寫的內容要準確，有的學生認為出點錯沒關係，反正全部答完以後還可以檢查、修改。其實對大部分考生來說，檢查的時間很有限，有的根本來不及檢查，即使檢查時發現書寫錯誤或不合規定，要想改正或者重新寫也是比較浪費時間的。因此，要一次性把字寫好，寫準確，避免重做。

第七章
好成績需要「好特質」

學習特質是學生行為習慣中的一部分，是學習主體對學習行為自然駕馭能力的表現，是學生個體相對穩定的心理特徵和個性傾向性在學習活動中的反映。

學習特質是影響一個孩子提高課業成績的最主要因素，擁有良好學習特質的孩子其課業成績往往要比那些學習特質有缺陷的孩子好很多。這是因為，認真、謙虛、積極進取等良好的學習特質會使孩子永遠保持一種努力進取的狀態，他們的智力也因此處於最佳的水準，而他們的潛能也在不斷被自己開發出來，使學習過程變成心理成熟和人生優化發展的過程。

因此，要提高孩子的課業成績，一定要端正孩子的學習態度，規範孩子的學習行為，培養孩子積極進取、努力向上的好特質。

認真是取得佳績的保證

✧ **場景一**：筱筱今年上二年級，她平時的課業成績還可以，可是考試時老是粗心大意，經常把簡單的題目看錯，把＋看成－，字漏看，少標點符號，忘記寫標題等，被老師扣了許多「冤枉分」。為此，媽媽經常責備她，但她屢教不改。媽媽說她，她總是嘻皮笑臉，輕輕拍一下自己的腦袋道：「又粗心了。」說完就好像什麼事情都沒有發生過一般。最令人無奈的是，她經常為自己找藉口，總是洋洋自得地說：「我其實都會，不就是粗心嘛！」

✧ **場景二**：小旭今年上二年級，他頭腦靈活，反應很快。可就是做作業時總是粗心大意，做了這裡就忘了那裡，否則就是計算結果出錯，或是對問題只是一知半解，為了這些事，媽媽經常發脾氣。

生活中，像筱筱和小旭這樣的孩子很多，粗心大意是他們的通病，做事馬虎是他們的共性，因為總是丟三落四，因此，他們的課業成績通常不太好。

其實，孩子學習、做作業粗心大意，家長數落和發脾氣並不能真正起到作用，要想孩子改掉粗心的缺點，家長要做的是引導孩子認知到認真的重要性，並且要教導孩子做事認真的技巧。

具體地說，家長應該做到以下幾個方面：

讓孩子理解認眞的重要性

家長應告訴孩子認真的重要性。比如，假設把生日宴會邀請信的日期寫錯了會有什麼樣的結果？寫錯了地址又會怎麼樣？如果做蛋糕應該加兩杯水，可你卻放了 4 杯，結果會怎樣呢？當孩子明白了認真的重要性後，家長則應定出對不認真行為的處罰方案。比如，讓孩子重新檢查一遍。家長可以說：「筱筱，媽媽已經發現了 4 處錯誤，看來你只好把所有的題目都認真檢查一遍了。」當然，當家長看到孩子的作業很認真，幾乎沒有出什麼錯誤的時候，也應該不失時機地表揚孩子。讓孩子品嘗到認真帶來的好處。

讓孩子體驗不小心所造成的後果

父母的單純說教，對於生活知識不完備，尚未建立完善邏輯思維的孩子來說，所起的作用不大。因此，父母可有意識地讓孩子體驗他不小心所造成的惡果。例如，不小心弄髒了牆壁，就讓他自己去清洗。可能他洗不乾淨，卻在這件事中汲取了教訓。這種切身體驗，比說教更令孩子記憶深刻。

和孩子比一比、賽一賽

要讓孩子完全信服父母的說教，父母也要以身作則，平時做事小心認真。不妨以自身為例，向孩子講解由於不小心、不認真所造成的失誤。父母和孩子一起，建立一個失誤記錄，比一比、賽一賽，在一定時限內，看誰由於不小心所造成的失誤最少。

芬妮要搬新家了，她存了一大罐硬幣，爸爸媽媽和芬妮商量，讓她將這些硬幣拿到銀行兌換成紙鈔。芬妮想到能換成大面額的鈔票，欣然應允了。

現在的問題是，要將硬幣數出來。這麼多硬幣一個人數，時間要很久。爸爸媽媽建議將硬幣分成三份，爸爸媽媽和芬妮每人各負責數一份。

芬妮負責的那堆最小，一下子她就數累了。她開始東張西望，把剛剛數多少忘記了。結果，芬妮又重來一遍。芬妮偷偷地看看爸爸媽媽，發現他們兩個人很認真，一枚硬幣、一枚硬幣地數，一邊還在紙上記著數字。芬妮不想記，她嫌這樣太麻煩。

最後，當爸爸媽媽都數完時，芬妮才數了一點點。爸爸媽媽指出芬妮慢的原因，做事時總是容易分心，不認真。芬妮意識到自己的問題，最後，她終於將她的那一堆硬幣數出來了。三個人的硬幣加在一起，總共是362 美元 5 美分。

爸爸媽媽讓芬妮明白了一個道理，做事要堅持與認真，這對她的成長極有益處。

用興趣激發孩子

要讓孩子養成認真的讀書習慣，還應該培養孩子的興趣和專注力，時間久了孩子就能養成認真的態度，提高認真學習的能力。

著名畫家朱軍先生從小受母親的影響，對藝術抱有濃厚的興趣。那個時候，母親經常在家中刺繡，朱軍就一直在旁邊看著，漸漸地，他對圖案、繪畫萌發了興趣。

朱軍雖然很想學畫畫，但家裡根本負擔不起他的學費。當時，畫畫幾乎是有錢人的專利。朱軍想了一個一舉兩得的辦法，他找來一根樹枝，把大地當畫紙，再把眼前的風光當作臨摹的風景。他畫得非常認真，雖然在地上畫與在紙上畫有很大的差異，但朱軍認為先在地上練好，以後學別的畫也就容易了。就這樣，他每天將這種繪畫方式當成自己學習繪畫的途徑，認真地畫好每一幅「畫」。他堅信，只要自己認真畫，總有練好的那一天。

後來，朱軍終於有機會圓了自己的畫畫夢，他比其他任何同學都更珍惜學習機會，他認真地聽每一堂課，畫每一幅畫，精心雕琢自己的每一幅作品。終於成為享譽海內外的著名畫家。

朱軍說：「其實我也就是有點認真的本事而已。」

正是因為對繪畫有興趣，朱軍才能做到認真與堅持，並將之付諸於其他行動上。如果你覺得自己的孩子做事情老是隨便，不認真，不如先從了解孩子的興趣人手，可能會收到意想不到的成效。

教給孩子做事情「認眞、細緻、有頭有尾」的方法

有些時候，你的目的就在於告訴孩子做事情應該認真、細緻、有頭有尾，與其給他講很多道理，費時費力，而且可能還吃力不討好，孩子未必能聽得進去，還不如教給孩子把事情做好的方法，孩子方能受益終身。

做事情馬虎、毛躁、不踏實是成功的最大敵人。如果孩子受到這個習慣左右，將很難做好一件事情，今後更不可能有所建樹。

因此，家長應讓孩子將認真作為一種本能的習慣，這能讓孩子摒棄浮躁，認認真真、踏踏實實地做好自己的事情，一步一個腳印。只要擁有這種做事認真的習慣，孩子才能在學習和事業上取得成功。「簡單的事做好了就不簡單，平凡的事做好了就不平凡。」這是成功與幸福人生的法則！

培養孩子勤奮努力的特質

勤奮努力是孩子從小就必須培養的一種特質，它能讓天資聰慧的孩子早日成才，也能讓天資稍遜的孩子同樣取得成功。所以，擁有勤奮特質的孩子，就擁有了取得成功的源泉！猶太人教育孩子：勤勞的人，造物主總會給他最高的榮譽和獎賞；而那些懶惰的人，造物主不會給他們任何禮物。

美國《行列》週刊有一則報導：

第七章　好成績需要「好特質」

美國新罕布什爾州的查維斯夫婦的五個孩子先後考入了著名的哈佛大學，其中大兒子馬蒂在哈佛大學讀完了生物化學學士和電腦學碩士後，又在史丹佛大學讀完了醫療資訊學博士；大女兒安德列婭從哈佛大學畢業後，又在史丹佛大學獲得了電腦碩士和法律方面的學位。只有高中教育程度的查維斯夫婦認為，孩子掌握知識的多與少，取得成就的高和低，完全取決於他的勤奮程度。

無數成功人士的例子告訴我們：在天賦、能力、機遇、勤奮、鬥志等成功要素中，排在第一位的一定是勤奮。一個人的成就與他所投入的時間、精力、勤奮程度是成正比的。即便一個人資質平庸，只要勤奮，就一定能彌補這點不足。而一個人即便聰明，如果不勤奮，也同樣一事無成。

我們的孩子今後無論走哪一條道路，只要有勤奮相伴，成功也將如影隨形。正如狄更斯所言：「我所收穫的，是我種下的。」如果你希望自己的孩子有所作為，就從現在開始在他的思想上播下勤奮的信念和種子吧！

那麼，家長應如何培養孩子勤奮努力的特質呢？專家建議：

- ✧ **要嚴格要求孩子**：做事情，無論大小，都應該要求孩子認真對待，培養孩子做事情踏實、勤奮的習慣。如果孩子並沒有勤奮的意識，就需要家長幫助孩子建立起這種意識，並在孩子表現出勤奮的時候給予孩子積極的肯定，讓孩子嘗到勤奮的甜頭。
- ✧ **對孩子循循善誘**：基於年齡的特徵，通常孩子的意志力都不太強，為了讓孩子養成勤奮的習慣，家長不妨採用循循善誘的辦法，有步驟地引導孩子去學習。
- ✧ **對孩子的要求要根據孩子的表現而提升**：孩子總是比較容易滿足於當前的成績，在取得成績後容易不思進取。這時候，家長應該及時根據孩子的表現，提出高一點的要求，讓孩子永遠有前進的方向和目標。

✧ **透過工作培養孩子勤奮的特質**：勤奮不僅表現在學習上，更表現在工作上。當孩子進入社會後，他的勤奮就直接表現在工作中。因此，家長從小就要透過工作培養孩子勤奮工作的好習慣。平常多讓孩子做點自己力所能及的事情，如洗一洗自己的襪子等。

✧ **用立志激勵孩子勤奮**：俗話說：「有志者事竟成。」如果孩子確定了一個明確的目標，建立了一個遠大的志向，他就能夠用這個志向去激勵自己勤奮，從而實現自己的理想。所以，父母要多鼓勵孩子，與孩子一起立志！

✧ **重視孩子的勤奮教育**：從某種意義上說孩子勤奮與否，與家長的教育與引導是分不開的，如果孩子一直都對成功缺乏欲望，對許多事情缺乏熱情，家長就應該檢討一下，自己的教育是否有以下問題：

· 對孩子的事情漠不關心，缺乏引導與教誨，認為勤奮與否只是孩子自己的事情。事實上，孩子的勤奮努力需要得到家長的肯定，如果家長能多站在孩子的立場上，肯定孩子的用心，孩子將因為家長的關愛，變得更加勤奮起來。

· 要求孩子勤奮時態度過激、浮躁、急於求成。事實上，引導孩子勤奮，家長的態度要平和，要有一個階段性的進階過程。

· 經常向孩子潑冷水，認為孩子再怎麼勤奮都沒有用，天才是先天的，自己的孩子這麼笨，勤奮是解決不了問題的！其實，這樣的想法是錯誤的，任何一個人，即便天資不怎麼樣，只要努力，一樣可以取得成績。

· 自己就貪玩，經常出去打麻將，看電視看到半夜，每天上班沒有精神……實踐證明，身教的力量勝於言傳，如果作為家長，自己的人生態度都是鬆懈的，怎麼能教出勤奮的孩子呢？

總之，每個孩子的身上都深深地印刻著家庭教育的痕跡，因此，要想孩子養成勤奮、努力的習慣，家長應給孩子勤奮、努力的教育。

好成績是建立在自制基礎上的

什麼是自制能力呢？自制能力是指在改造客觀世界中控制主體自身的一種特殊的能動性，是非智力因素或非智力心理特質的重要方面，是人的自覺能動力量。它不是消極的自我約束，而是內在的心理功能，使人自覺地進行自我調控，積極地支配自身，排除干擾，以合理的行為方式去追求良好的行為效果。

自制能力總是表現在自制行為中，自制行為是有意識的意志行為，它具有以下特點：

- ✧ 這一行為是指向個體自身的，而不是環境的。
- ✧ 這一行為要求為長遠考慮，而不是只考慮眼前利益。比如，是先去看電視或去玩還是先做作業？自制能力強的孩子會先完成作業然後再去看電視或玩。
- ✧ 這一行為是為了相對長久的行為後果，而控制目前的行為。很典型的自制行為是學習。
- ✧ 在自我控制的行為中，相對於近期的後果，個體一定更偏重遠期的後果。
- ✧ 自我控制行為是現在與未來之間連繫的橋梁與仲介。

由此可見，自我控制總是產生於終止當前對我們最有吸引力、誘惑力的，最直接的活動，它總是為了一個更長遠的目標或更大的滿足而終止眼前的小的滿足。只有抑制這些當下的活動才有可能使我們進行比較、記憶與決策。通俗地說，做任何一件有意義的事情，都需要具備堅強的意志、能夠抵禦一切誘惑的心理特質和精神。所以，自制能力不僅包括對行為的自制，也包括對情緒的自制。

孩子因為年紀小，自制能力差，當有新鮮刺激出現時，成人可以約束自己不去關注它，但孩子卻很難做到。可以說，自制能力差是導致孩子注意力分散的一個重要原因。

劉明今年上國中一年級，最近也不知怎的，他上課總是一副精神恍惚的模樣，課業成績也下降了不少。從劉明的媽媽那裡，老師了解到，原來劉明最近迷上了網路遊戲，回到家裡，他作業不做，書也不看，連晚飯都不吃就開始昏天黑地地打遊戲。有幾次，劉明的媽媽一大早就發現劉明待在電腦前玩遊戲，還差點因為打遊戲上學遲到。為此，劉明的媽媽沒少責備他。但劉明表面上答應媽媽不再玩遊戲了，可一轉身就把對媽媽的承諾忘得一乾二淨。最近劉明的媽媽工作比較忙，也沒時間管劉明，所以，這種情況越發嚴重了。

為此，老師找來劉明談話，劉明也向老師承認自己迷上網路遊戲不好，但總是無法控制自己。

孩子能不能控制自己的行為是非常重要的。一個孩子如果沒有自我控制能力，就會盲目從事，很難做好與自己的發展密切相關的事情。比如，臺大一名大二的學生以優異的成績考進臺大以後，迷上了網路遊戲，從此一發不可收，整天耽誤功課，課業成績也是每況愈下，最後各門功課都不及格，導致被學校開除。

在生活中，這樣的例子並不少見，孩子因為不能自我控制做出傻事的也不在少數。而因為缺乏自制能力導致注意力分散的例子更是屢見不鮮。一般來說，孩子因為自制能力差導致注意力分散具體表現為：思想不集中；做事虎頭蛇尾，不能始終如一；或想到了，但做不到；或所謂「三分鐘熱度」。凡此種種，嚴重影響到孩子的做事效率和課業成績。因此，要培養孩子的注意力，家長應有意識地提高孩子的自我約束能力。

眾所周知，人的情感、欲望、興趣這些非智力因素是人的行為動機和毅力的重要影響因素，但這些因素又帶有自發性。情感如不經過自制機制的加工處理，任性而動，任情而為，就會導致一種非理性的行為，必將偏離正確的軌道，很難收到預期的效果。這說明自制能力具有一種特殊的功能，它能調動其他非智力因素的積極方面，消解它們的消極方面，使一個人按照理性的要求去行動，從而克服放任、散漫、無恆心、無決心等情況。因此，我們也可以說自制能力在這個非智力因素的動力系統中，有著樞紐的作用，從一定意義上，可以說它是這個動力系統的調節器和保險閥。自制能力能夠保證人的活動經常處於良性運行的軌道上，從而可以積極、持久、穩定、有序地實現一個又一個目標。

對此，每位家長都要有足夠的認知，但是也不必為此過分著急。因為這是一般兒童的通病，只要從他們的實際出發，不放過每一個時機，嚴加訓練，持之以恆，自制能力就一定能逐步增強起來。例如早起、鍛鍊、按時做作業、有節制地花錢等等，都要曉之以理，使孩子們能立下志願，加強自制，注意訓練，養成習慣，從而在習慣中形成優良的特質。具體地說，家長可以從以下幾個方面人手增強孩子的自制能力：

家長要做自制的榜樣

有個心理學實驗，給幼兒看有關自制力的錄影，比如等媽媽來了再吃餅乾、公共場所不亂跑、參觀畫展時不亂摸等，結果這部分幼兒比沒看錄影的幼兒自制力強。可見，自制需要榜樣。

生活中孩子最容易模仿的對象是父母，父母自制力的表現會影響孩子自制力的發展。比如有位媽媽跟朋友打牌，孩子就坐在電視機旁寫作業；週末你沒按時起床，孩子也趁機躺在床上看小說，放棄英語早讀；父母忙起來沒時間整理房間，孩子書桌上講義、考卷、本子也越堆越亂……所以，衝動的、情緒不穩定的、行為缺少自制的父母，必須先教育自己增強自制力，才能幫助孩子建立自制力。

給孩子定下要求，而且以後要堅持實踐這些要求

許多孩子知道迷戀遊戲不好，但屢戒屢犯。可見自制力必須是一種毫不含糊的堅定和頑強的毅力。有的女孩子一度痴迷言情小說，不僅成績滑坡，還精神不振。但有的孩子意識到問題的嚴重性後，說不看就不看，克制力非常強。孩子強大的自制力並非天生，而是得益於我們從小對他進行的意志力培養。一般來說，家長會在孩子成功之後給予讚美和鼓勵，對孩子活動過程中的自制和努力也不會視而不見。

有位父親是這樣教育孩子的：

孩子自制力很差，做事丟三落四，學習用品亂扔亂放，看電視沒完沒了，作業馬馬虎虎，弄得學習和生活都一團糟。父親決定透過規則和紀律，來幫助兒子擁有自制力。他先找兒子談心：「有人作息沒規律，損害身體，進而影響學習，甚至弄得心情很差。可見，不按時睡覺、起床的小缺點也會造成嚴重的後果。」

孩子說：「我也想改正缺點，但就是控制不住自己。」

父親說：「那就讓規則來牽制你。」

經過討論，父親和孩子簽下暑期規則：每天只喝一次冷飲；每天看半小時卡通；做完一門功課，收拾好課本再做另一門功課；晚上 9 點 30 分上床，背兩個單字後熄燈；平時打籃球 1 小時，自己洗運動服。

規則不多，只有 5 條，但訂了就堅決執行，不隨便不遷就，更不允許恣意妄為。兩個月時間，孩子進步神速。

因此，給孩子訂立規則，要求他持之以恆地執行規則，對於自制力的培養十分有益。

透過特殊訓練來培養孩子的自制能力

為了更好地培養孩子的自我控制能力，家長可以對孩子進行某項特殊訓練，如透過練琴、書法、繪畫等活動來培養孩子的自制力。訓練時，最好固定時間、固定地點進行，因為這樣可以形成心理活動定向，即每當孩子在習慣了的時間和地點坐下時，精神便條件反射地集中起來。

透過獎勵的辦法鼓勵孩子提高自制力

例如，一個平時寫字總拖拖拉拉、漫不經心的孩子，如果你承諾他認真寫字，按時完成任務之後，會給他一些他喜歡的禮物，他一定會沉澱下來，集中注意力認真地學習。值得注意的是．家長盡量不要對孩子的努力給予可觀的報酬。

幫助孩子建立一種內在的獎勵制度，這樣他就能對自己做好的工作感到滿意。比如，帶孩子到商店去以前，要預測到孩子要求買玩具而哭鬧，父母事先要和孩子講好條件，只准看，不准買，不聽話就不帶你去。如果孩子表現好，答應他回家後給予糖果以示獎勵。

透過遊戲或者活動強化孩子的自制力

家是孩子透過不斷摸索學會控制衝動最好的場所。要在遊戲與活動中，不斷強化孩子的自制力，使他最終能應付自如。

有這樣一個例子：孩子剛上學，還不適應小學生活，加上性格外向、急躁，更加難以控制自己。有的時候上課插嘴、坐不住，甚至搶同學的文具。對 7 歲左右的孩子，說教很難起作用。後來，孩子的媽媽發現在家庭的遊戲和活動中培養孩子的自制力效果極佳。比如讓他當老師，他就很有耐心和禮貌；學校組織安全教育活動，讓孩子當交通警，他竟能站 15 分鐘「指揮交通」而不亂動。活動和遊戲能讓孩子的自制行為日益累積，內化成為習慣。因此，家長應鼓勵孩子參與活動和遊戲，孩子便能在自然生動的條件下提高自制力。

透過道德操練增強孩子的自我控制能力

孩子需要操練作出道德上的決定，因此要幫助孩子思考可能產生的結果，然後引導他去作出安全正確的決定；這樣，他最終將學會在沒有幫助的情況下正確行事。

家長也要讓孩子知道「為什麼要這樣做，不要那樣做」，讓孩子逐漸具有評價自己行為和情緒的能力，掌握相應的規則。有的家長總覺得和孩子講道理是白費力氣，不如直接命令，其實真正的自制恰恰來自於孩子的理解。家長既不能無原則地遷就孩子，也不能放棄說服教育。堅持說服教育，孩子就會掌握一套評價自己行為的規則，達到真正的自制。

當孩子為自己的需要得不到滿足而煩惱時，家長可以有意識地引導孩子形成積極的思維：這一切都是暫時的，自己的需要過不久也會獲得滿足。例如，孩子和別的小朋友爭搶玩具，在沒有得到玩具時，你可以教他這樣安慰自己：「現在讓給他玩，過一下就可以輪到自己了。」

總之，在管教孩子的過程中，家長要注重把對孩子外在的約束力轉化為他自己內心的自我控制能力。這樣，孩子才能逐漸提高自我控制能力，使注意力變得集中起來。

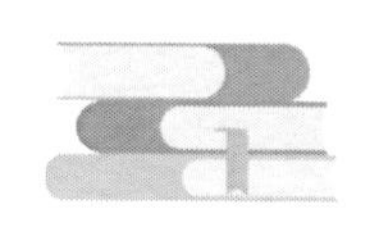

學習需要有「十年如一日」的恆心

忍耐力、恆心被認為是一個人心理素養優劣、心理健康與否的衡量標準之一。一個孩子是否有耐力、有恆心直接影響著孩子的課業成績。因此，從小培養孩子的忍耐力很重要。

在現實生活中，很多孩子都有做事情缺乏忍耐力的缺點。剛開始時，他們總喜歡大張旗鼓，可是很快就會失去耐心，不再堅持了。以至於很多事情總是做到一半就不了了之。峰峰就是這樣一個男孩：

峰峰是個興趣廣泛的小男孩，他什麼都想嘗試，但經常三分鐘熱度，結果一件事情也沒有做好。

媽媽發現峰峰做事缺乏目的性和針對性，總是想做什麼就做什麼，累了就放棄，從不堅持做到底。於是每次睡覺前，媽媽都讓峰峰將自己的玩具收拾好，再到廁所洗臉、洗腳，峰峰有時能做到，有時實在太累了，就賴在床上什麼都不做。讓媽媽感到非常傷腦筋。

一個週末，小表弟來峰峰家玩，和峰峰比賽堆積木，看誰堆得又快又高。小表弟有條不紊地將積木一塊一塊地往上堆，倒了就重來，積木堆得越來越高。但峰峰哪有這個耐心，一下子就不耐煩了，他隨便找出一塊積木往上堆，結果積木全倒了。峰峰羨慕地看著小表弟搭的「高樓」，面對自己的積木發呆。

與峰峰一樣讓家長們倍感頭痛的，還有小海式的孩子：

小海參加了學校的繪畫社團。沒學幾天，覺得足球運動更流行，於是改學足球。又過了不久，感覺踢足球太累，想學一點輕鬆的，就加入了美術社。但美術又太煩瑣，於是轉學鋼琴……這樣，不斷地換社團，始終沒有靜靜地坐下來，專心學好一門技能。學期結束，小海發現自己什麼都沒有學會。

浮躁、做事心神不定、缺乏恆心和毅力、見異思遷、急於求成是當前一些孩子的通病。因為浮躁，他們無法靜下心來專心致志地學習，對於所學的知識有了一點膚淺的理解，就不肯再深入思考了，以至於對於很多知識的印象都停留在表面，只有粗淺的理解，這樣的孩子一般課業成績都不好。因為學習是一個不斷探求、不斷進步的過程。沒有嚴密的思維、踏實的行動、持之以恆的信念，是很難獲得成功的。因此，家長應讓孩子從小養成踏踏實實、做事有恆心的習慣，這是孩子成功的祕訣。

以下是專家的一些建議：

✧ **要求孩子做事情要先思考，後行動**：要引導孩子在做事之前，經常問自己這樣一些問題：「為什麼做？做這個嗎？希望得到什麼結果？最好怎樣做？」並要具體回答，寫在紙上，使目的明確，言行、手段具體化。

✧ **家長的身教重於言教**：要想孩子做事有恆心，家長首先要調適自己的心理，改掉浮躁的缺點，給孩子建立勤奮努力，腳踏實地工作的良好形象，以自己的言行去影響孩子。其次，鼓勵孩子向榜樣學習，如古聖先賢、科學家、發明家、職場模範、文藝作品中的優秀人物以及周遭的一些同學，以他們的優良特質來對照檢查自己，督促其改掉浮躁、做事不能堅持到底的缺點。

✧ **讓孩子懂得堅持不懈的重要性**：家長應經常告訴孩子，堅持就是勝利，堅持就能成功。對孩子堅持做事的習慣，家長應給予鼓勵，要求並督促孩子將每一件事情做完。鍛鍊孩子的意志，家長要有決心和恆心，要捨得讓孩子吃苦。

✧ **透過身邊小事讓孩子養成做事堅持的習慣**：在平時的生活中，家長可以多利用身邊的小事加強對孩子堅持力的培養。比如，讓孩子學會自己疊被子，自己收拾自己的房間。剛開始，孩子也許會因為感覺新鮮而去做，但是一段時間之後，孩子就會覺得膩了，不想做了。這時候，父母就要督促孩子，讓孩子用心去做，直到把一件事做完為止。要讓孩子明白，堅持就是勝利。

為了讓孩子的堅持力進一步提高，僅僅讓孩子做一些生活中的小事是遠遠不夠的，還要有意識地給孩子設置一些障礙，讓孩子在克服困難中學會堅持，在克服困難中養成堅持的習慣。每一個人的堅持力都是在困難中磨練出來的，越是在困難的條件下長大的孩子，堅持力就越強。

✧ **可以採取一些對策，有針對性地磨練孩子的浮躁心理**：如家長指導孩子練習書法，學習繪畫，彈琴，解繩結，下棋等，都有助於培養孩子的耐心和韌性。此外，還要指導孩子學會調控自己的浮躁情緒。例如，做事時，孩子可用語言進行自我暗示：「不要急，急躁會把事情辦壞」，「不要這山看著那山高，這樣會一事無成」，「堅持就是勝利」。只要孩子堅持不懈地進行心理上的練習，浮躁的缺點就會慢慢改掉。

✧ **延遲滿足**：家長要讓孩子知道，生活中許多事是需要耐心和等待的。有時孩子餓了馬上要吃，渴了馬上要喝，想要什麼玩具當時就要買，家長可以有刻意延緩一段時間，不要立刻滿足孩子的要求，以培養孩子的耐心。如孩子做作業的過程中想要吃零食，家長可以告訴孩子，等這一題做完了再吃，不要中途讓孩子轉移注意力。

✧ **讓孩子訂計畫**：培養孩子堅持不懈的精神，是一個循序漸進的過程。開始，家長可以幫助孩子計畫任務，但事先應徵求孩子的意見。待孩子有了初步的計畫意識，就可以逐漸讓孩子自己學著安排自己的事情。在此活動中，關鍵是讓孩子堅持，及時發現孩子的興趣，培養孩子的毅力。如家長可以這樣給孩子訂計畫：每天背 5 個單字，每天讀一篇短文，每天做 5 道題等，並讓孩子將這些成果記錄在一張紙上，貼在牆上（這很關鍵，一定要讓孩子看到自己的成績，他會大為驚訝。哇！這麼多呀！），或是將每天的工作，用夾子整理起來，一段時間後，他會看到自己的成績。潛移默化地告訴孩子一個道理，日積月累，積少成多。不怕少，就怕堅持，堅持了就會有收穫。當孩子有了收穫，取得了成績，他會認同這種做法，以後，自覺的讀書習慣就養成了，不用再讓家長催了。

✧ **和孩子一起制定目標**：家長應該指導和幫助孩子制定短期和長遠的目標，使孩子有努力的方向。孩子心中有了目標，有了盼頭，他就會為實現目標而努力，表現出堅毅、頑強和勇氣。但定目標時必須注意：

- 目標一定要具體、切實、可行，只要孩子努力就可以達到。如每天跑 200 公尺，300 公尺，500 公尺，可依孩子的年齡與體力而定。定下的目標，必須是只要堅持就一定能做得到的。不要定那些諸如考試、比賽拿第幾名之類的目標，因為名次不只取決於你自己，還有許多外在的不確定因素，別人的成績不可能由你來掌握。
- 訂目標前要與孩子商量，說明任務的艱難，讓孩子真心接受，並對克服困難有足夠的思想準備。商量時允許孩子提出自己的意見，並盡可能尊重孩子的意見。不可勉強，更不能強加給孩子。
- 目標如果是合理的，那就應該要求孩子堅決執行，直到實現為止，不可遷就，更不能半途而廢。

畏難者遠離好成績

未來的社會是一個競爭激烈的社會，它要求每個想在社會中立足的人都應該具有專注、堅忍不拔的特質。然而，現在的孩子大多浮躁、不能靜心做一件事，或完成一樣東西；遇到困難就退縮，不能堅持。小豆丁就是這樣一個孩子：

5 歲的小豆丁是個乖巧、懂事的孩子，但做事情沒有耐性，缺乏定性，最重要的是，他很怕麻煩，更不敢面對困難。比如，他學會剪直線了，媽媽為了鍛鍊他的手眼協調能力，就畫了條曲線讓他剪，剛開始剪了一點，有點難度，小豆丁立刻對媽媽說：「媽媽，我們剪點別的吧！」然後，就隨意地剪成小紙片。

再比如：他很迷戀寫字，自己喜歡很隨意地寫，媽媽想規範他一下，給他買了練字本，要教他怎麼寫。可是，剛寫了兩個字，小豆丁就受不了了，皺著眉頭對媽媽說：「媽媽，寫字太難了，明天再寫吧！」總之，稍稍有一點困難，他就放棄，包括運動，如跳床，有一點點累，他就不做了。

為此，小豆丁的媽媽非常苦惱。

與小豆丁一樣，小玲也害怕困難：

小玲每次做事都怕遇到挫折，比如積木碰倒了就不肯再玩了；看故事書碰到不認識的字，就不願意再往下看；練習騎腳踏車摔倒了，就不想再繼續練習了；玩棋發現快要輸了就說不玩了，不然就是生氣地把棋子全部弄亂，根本就玩不下去了……

漫漫人生路上，每個孩子都會遇到很多困難，只有做到在困難面前不輕言放棄，努力奮鬥，才能讓自己的潛能得到最大的發掘。因此，讓孩子克服畏難情緒很重要。因為，畏難情緒與自信心是對立的。對於學習，有了畏難情緒，就可能考不出好成績；對於畫畫，有了畏難情緒，孩子沒有了這方面的心理需求，便會感到畫畫是沒有意思的事情；要是對生活有了畏難情緒，孩子會對生活失去信心。畏難情緒是孩子學習和生活的最大敵人。

因此，家長如果發現孩子有了畏難情緒，要採取積極有效的對策，消除孩子心理上的障礙，幫助孩子度過這一「危險期」。

那麼，家長應如何幫助孩子消除畏難情緒呢？

家長應學會觀察，孩子會對哪些事情產生畏難情緒

一般說來，解難題要涉及多方面、多層次的知識和技能。最關鍵的是要針對解決難題的突破口。孩子面對不同難題會表現出不同的反應，這時家長就需要觀察，孩子解哪些難題較容易，解哪些難題較困難。觀察的目的是摸清楚孩子出現以上狀況的原因。

家長要等待適當的機會

透過觀察找出原因需要一段過程，家長要在觀察中等待。如果省略了這個環節，有可能導致兩種情況。其一，任何難題家長都幫助孩子去解析，孩子將產生依賴心理，遇到難題思維會產生惰性。其二，任何難題都一股腦地逼迫孩子去想，孩子百思不得其解，產生無助心理，見難題就害怕。因此等待是為了尋找幫助孩子的好方法。

家長應多鼓勵孩子，增強孩子的自信心

找到原因，想出辦法，再去幫助孩子會更奏效。比較容易攻破的難題，要放手讓孩子自己去想，在信任中鼓勵，讓孩子在自主探索中體驗成功的快樂。較難攻破的難題，則適時適度地給予指導，牽手過難關，關注

中鼓勵，孩子會有信心、有勇氣，逐步領悟難題的規律。在放手與牽手之間，孩子的信心增強了，更重要的是孩子掌握了「捕魚」的方法，這就是學習能力的飛躍。

家長要改變自己的看法

克服孩子難教的畏難情緒，這是幫助孩子克服畏難情緒的前提。家長要有耐心，要善於做細緻的教育工作。在方法上要變強制孩子學習為啟發孩子學習，促使孩子接受家長的教育，最終把家長的積極性轉化為孩子主動學習和做事情的積極性。

值得強調的是，要改變孩子的畏難情緒，家長不要急於求成，開始時的目標可以定得低一點，然後逐步地提高要求，讓孩子逐漸適應。這就像跳高，孩子最高能跳 160 公分，一下子升到這個高度，孩子可能跳不過去，如果分為 120 公分、140 公分、160 公分，安排 3 個臺階，跳過 160 公分就容易了。讓孩子實現目標也是這個道理。要幫助孩子實現學習目標，還要幫助孩子解決學習的目的問題。孩子有了明確的學習目的，就會積極主動地學習，把畏難情緒變為必勝的信心。家長在幫助孩子克服畏難情緒時，要注重教育的過程，不要過分強調結果，所以家庭教育更應該注重過程教育。過程教育與結果教育是密切連繫在一起的，沒有好的過程就不可能有好的結果。

讓孩子從克服小困難開始

家長應該有意識地給孩子設置點障礙，為孩子提供一些克服困難的機會。如父母可以帶著孩子堅持早上跑步，不管颳風下雨都要持之以恆。孩子的堅強意志是磨練出來的。一個經常克服小困難的孩子，慢慢地就能承受住大的困難。

引導孩子獨立活動

家長應盡可能讓孩子獨立活動，如讓孩子自己穿衣，自己收拾玩具，自己完成作業等。孩子在進行這些活動時，要克服外部困難和內部障礙，正是在克服這些困難的過程中，其意志得到了鍛鍊。倘若孩子不能完成這些活動，也不必忙著去幫忙，而應該先等一下，讓他自己克服困難去解決。當他戰勝了困難，達到了目的，會體驗到一種經過努力取得勝利的滿足感。在這個過程中，孩子克服困難的勇氣和信心也會隨之增強。

讓孩子端正學習態度

在學習方面，感到害怕、擔心學不會的人，遇到的最大敵人不是學習任務重、難度大，而是在遇到困難和挫折時所產生的心理情緒問題和動機障礙。

例如，有的孩子遇到課業成績不理想的問題時，不能正確地面對，會產生焦慮情緒和自卑感，認為自己不是讀書的料，這種想法是萬萬要不得的。父母要讓孩子端正學習態度，對學習有一個明確的理解 —— 學習是在學習知識，而不是在受罪。

培養孩子學習的責任感

黃甯已經是小學三年級的學生了，個子長得很高，儼然是個「小大人」，但是他做作業卻從不認真、不細心。黃寧完成作業的最後情景經常是這樣的：匆匆忙忙、飛快地將作業寫完，不管對錯，將鉛筆往桌上一扔，就急急忙忙跑到電視機前或者是奔向門外。

書桌上滿攤著他的作業本、練習冊、課本以及鉛筆、橡皮擦。通常是黃甯的媽媽，先將書桌整理整齊，把他的課本、鉛筆盒等一一放入書包，然後再將他的作業從頭到尾檢查一遍，用鉛筆將錯誤的地方勾畫出來（通常會有錯誤，而且不會太少），再將孩子叫回來改正。

對於媽媽指出的錯誤，黃甯連想都不想，也不問為什麼錯了，拿過來就改。時常，改過的作業還是錯的。當他再被叫來改錯時，就會不耐煩，大聲吼道：「到底應該怎麼做才對？」

故事中的黃寧明顯存在缺乏學習責任感這一嚴重的缺點。因為學習缺乏責任感，認為學習是別人的事情，因此，他的學習態度極不認真，馬虎、得過且過。這對孩子的成長乃至今後在社會中的立足是不利的。

責任是人對自身和社會的一種義務與職責的清醒認知，責任感是一種重要的道德特質。廣義的責任感，不僅指人們面臨責任時產生的特殊道德情感，還包括對責任的理解與認知和相應的行為。責任感是認知、體驗與行為三種心理成分的統一體。

學習是孩子社會化的重要實踐過程，是孩子的主要任務。一個有學習責任感的孩子能以積極的行為履行學習責任，能保持飽滿的學習熱情和堅強的學習毅力，並在學習中獲得成功。而一個缺乏學習責任感的孩子生活沒有規律，缺乏時間觀念，寫作業拖拉，對知識不求甚解，缺乏自制、自律，一旦失去大人的陪讀、管束，便無所適從……這樣的孩子是不可能獲得學業上的成功的。

作為家長，要想真正提高孩子的課業成績，最重要的是讓孩子自己有學習的責任感。它是孩子自主學習、終身學習的關鍵，更是孩子社會責任感發展的起點。要培養孩子學習的責任感，家長可以採取以下對策：

✧ **家長要建立榜樣**：孩子有對自己喜歡和崇拜的人進行模仿的心理傾向，而父母在小孩子心目中一般都具有絕對的權威。父母的言行舉止對孩子的影響是深遠的、巨大的。家長的所作所為，孩子看在眼裡、記在心上，長期的耳聞目染由不得孩子不受影響，父母只有在生活中嚴於律己，給孩子做好表率，才能更好地去影響和教育孩子。

世界著名化學家、炸藥的發明者諾貝爾（Alfred Nobel）強烈的社會責任感就是來自於父親的言傳身教。

一次，諾貝爾問父親：「炸藥是傷人的可怕東西，為什麼還要製造它？」老諾貝爾這樣回答孩子：「雖然炸藥會傷人，但是我們要用炸藥來開鑿礦山，採集石頭，修築公路、鐵路、水壩，為人民造福。」

聽了父親的話，諾貝爾接著說：「我長大了，也要製造炸藥，用它造福人類。」

可見，父親所具有的責任感極大地影響了諾貝爾的人生。

教育家陶行知說：「我希望我的兒子成為一個什麼樣的人，那我自己就該首先成為那樣的人。」同樣，要培養子女的責任感、事業心，家長首先就要有強烈的責任感、事業心。

✧ **激發孩子求知的責任心**：學習是一個吸取知識資訊，展示智慧能力的過程。知識的魅力能夠激發強烈的求知欲。因此，在日常生活中，家長應多引導孩子學習那些勤奮學習、勇於攀登科學高峰的科學家的動人事蹟，同時還要多帶孩子參觀科技展覽，鼓勵孩子參與科學實驗，讓孩子自覺、勤奮、認真地學習知識，使他們自覺地形成渴望學習的責任心。

✧ **讓孩子自己承擔學習的責任**：生活中，有一些家長求子成才心切，竟然替孩子整理書包，幫助他們檢查作業中的錯誤，更有甚者，考試之前請假為孩子複習迎考，這是一種責任心的錯位和越位。孩子做錯了習題，打了「大叉」，上課遲到受老師責備……這些其實並非壞事，透過讓孩子承擔失責的後果，孩子會更加懂得學習求知是自己的責任。而家長的做法無疑是使孩子放棄了自己的責任，這對孩子責任感的培養是非常不利的。要想改變這樣的現狀，家長應把學習的責任交還給孩子，不能讓他逃避和推卸責任，更不能包辦代替孩子的學習任務。

✧ **透過深入持久的學習目的性教育，增強責任意識**：明確學習的目的對於孩子學習責任感的培養是非常重要的。幫助孩子認清學習的意義和價值則是學習目的性教育的核心內容。家長應指出學習的多方面意義，使孩子認知到學習具有生存、繼承、交流、自我實現等多方面的作用。不僅要知道學習的社會意義和價值，而且要知道學習具有充實自我、完善自我等個體本身的價值，讓孩子認清學習不是為家長和老師學，而是自己應盡的義務和必須承擔的責任。

✧ **要求孩子認真聽課**：老師的講解能讓孩子更容易地接受和理解知識，也會使孩子對知識的印象更加深刻。所以上課認真聽講比起自學來可以達到事半功倍的效果。另外，老師在課堂上往往會補充一些書本上沒有的知識或技巧，這些都是老師多年經驗的精華，對孩子的學習有很大幫助。所以，上課認真聽講是學習中非常關鍵的一步。

✧ **讓孩子養成自己想辦法的習慣**：從小讓孩子自己去處理自己的事情，遇到問題要自己想辦法，不要總想依賴別人，讓別人替自己解決問題。孩子沒有辦法解決自己的困惑時，才給孩子一些建議，多溝通與指導，不要把自己的某種願望強加給孩子。

總之，孩子學習的責任心來自於家長有意識地培養。明智的家長應把培養孩子學習的責任感作為家庭教育的最大目標，以培養孩子強烈的責任心，這樣，孩子才能在學習的過程中集中精神，認真以赴。

培養孩子的進取心

紅松是個聰明伶俐的孩子，學什麼東西都特別快。可他有一個致命的弱點，那就是很容易自我滿足，因此，他的成績始終在班級第十五名前後徘徊。每次考完試，讓媽媽簽名的時候，紅松總會告訴媽媽：「媽，我這成績在班上算不錯了，你別不滿足哦，班上還有好多人比我考得差呢！」紅松的媽媽聽了哭笑不得。雖然，她並不要求孩子一定要考全班第一名，但孩子明明有學習的潛力，卻不思進取，這一點讓她非常頭痛。

紅松的這種狀態是不思進取，學習動機、成就動機或者說學習內驅力不強的表現。孩子之所以產生這種不思進取的心態，與他生活的環境是有很大關係的。如孩子生活條件優越，爸爸、媽媽安逸的生活，爺爺、奶奶的影響等因素都可能在不知不覺地形成孩子不思進取的個性，父母對孩子沒有要求或要求不強烈，抑或老師沒有恰當的要求，都可能是孩子形成不求上進的直接因素。

對於孩子來說，不思進取是最可怕的心態，它可能會讓孩子的一生都毫無作為。只有改變這種不思進取的心態，才能激發孩子的潛能，使蟄伏在孩子惰性思維之下的能量得以揮發。那麼，家長應怎樣幫助孩子養成積極進取的特質呢？

一、家長要建立進取的榜樣

積極進取的家風對孩子的影響很大。因為榜樣會默默地、無聲地影響著孩子。一般的家庭，家長不可能天天寫書，但是家長對工作的追求，家長對美好生活的追求，家長進取的、絕不懶散的面貌會給孩子建立無聲的進取榜樣。因此，要想孩子有進取心，家長自己首先要有進取心。

二、要正面引導，提出目標，強化孩子的進取心

孩子的進取心大多是由外在的要求進而轉化為自己的願望的。因此，目標教育是必須的。目標可以壯大孩子的雄心，雄心可以引導孩子追求。

制定長遠目標

如：未來先考上明星大學，再去某個大學念碩士、博士。可以用一些影視作品激起孩子建立長遠目標的願望，例如，先播放紀錄片，再播放一些大學的外景，喚起孩子對美好前景的嚮往，這樣可以自然地引出結論：必須好好學習，打好基礎，學好數、理、化、國文、外語各科。

這樣的例子很多，大好河山、古老的城市都是喚起孩子感情的良好素材。當然家長首先要感興趣，即使不感興趣，想培養孩子時也要這麼做。然後引導孩子：只有學好了本事才能到這些地方去。

其中要注意的問題是，父母講遠景時，有可能不如其他人講效果好。如果父母把長遠目標想像成明日的歡樂，那麼，這種歡樂對孩子是有誘惑力的。「明日歡樂論」的目標可以高於孩子的實際水準，動機水準越高，激發的動力可能就越大。

制定短期目標

短期目標是一個月、一個學期、一個學年的目標，如規定孩子第一學期考班級前 10 名、前 5 名，或得優秀，或兩天一篇作文，一天一篇日記等都是短期目標。應該注意的是，短期目標太高實現不了時，會挫傷孩子的積極性，從而影響上進心。

最恰當的短期目標是稍微高於孩子的能力，讓孩子經過努力能達到的目標。例如，學生過去一直考 15 ～ 20 名，那麼短期目標可以定為考到 10 ～ 15 名。

三、揚善抑惡，把閃光點發揚光大

即使是不求上進的孩子也有許多閃光點。找出閃光點發揚光大，就有可能使孩子從閃光點出發增強進取的動力。例如下象棋、下圍棋、打乒乓球、書法、舞蹈、彈琴、演說、作詩等，總能找到孩子閃光的地方，然後有側重地發展這方面的能力，並力爭參加有關組織的活動或比賽。由於是孩子自己的閃光點，極有可能獲得優異的成績，那麼這種成就經過引導就會輻射到其他領域中去，能有效地改進孩子不思進取的問題。

相信孩子總是有閃光點的，哪怕是練武術，只要他有興趣，就能培養出一個人才來。我們要承認，條條大路通羅馬，三百六十行，行行出狀元，結果是重要的，但對孩子來講，過程同樣重要。

四、相信孩子，給孩子積極的期待

成人有益的幫助會導致兒童積極的發展趨向；反之，消極的期待則會導致兒童發展趨向於消極。如果一個家長認為自己的孩子不可能做好某件事，得到的結果通常就是如此。

趙明想參加學校足球隊隊員的選拔，爸爸覺得他才三年級，各方面的條件還不夠，於是對趙明說：「明明呀！我覺得你今年是選不上的，為什麼不等明年再參加呢？等到明年的時候，你的年紀大一點，技術更成熟一點，選上的可能性就很大了。」

但是，固執的趙明不聽爸爸的話，他堅持今年一定要參加。

爸爸見趙明這麼堅決，只好無奈地說：「好吧！那你想參加就參加吧！不過你可別說我沒有事先提醒過你。」

到了選拔時，「果然」如爸爸預料的，趙明沒有選上，他因此非常沮喪，覺得自己不是踢足球的料，從此對足球失去了興趣！

其實，故事中的爸爸並不是要洩他的氣，他只是希望趙明準備好以後再參加。然而，趙明卻覺得爸爸是在暗示自己沒有能力！在這種消極情緒的影響下，趙明的失敗是意料之中的事情！因此，如果你希望孩子專注，請相信孩子，給孩子積極的期待吧！告訴孩子「我相信你能專心聽課」、「我認為你做作業精神特別集中」、「我很喜歡你做事專心、投入的樣子」。諸如此類的語言暗示，能讓孩子時刻保持警惕，避免分心。

五、教孩子積極的自我提醒

如當孩子參加一些競賽、考試等富有挑戰性的活動時，家長要教孩子在心裡暗暗提醒自己：「保持自信，沉住氣，我會取得成功的。」這樣，孩子自信心增強了，情緒就會恢復平靜，從而避免了不良情緒造成的消極後果。

六、幫助孩子提高自我期許

有句話不無道理：你認為自己什麼樣，你就會是什麼樣的人。人會在無意間調整自己的行為，以符合內心中自己的形象。如果孩子內心裡認為自己是一個積極向上、聰敏、優秀的孩子，那麼，他就會表現得和他想像中的自己一樣；相反，如果孩子內心裡認為自己是一個普普通通、沒有大出息的人，那麼，他的表現一定是消極、隨便的。也就是說，什麼樣的自我期許，產生什麼樣的行為和表現。

七、對孩子進行吃苦訓練

現在人們笑過去的憶苦思甜運動，實際上，從功能上來說，它有很大的心理意義，能增強人們了解過去進而改變現在的動機。為什麼日本的母親那麼樂意讓孩子進行吃苦訓練？克服困難的過程容易激發孩子的雄心、上進心。吃苦訓練多了，上進心就會增強。父母真想糾正孩子不求上進的現狀，吃苦訓練教育是一劑良藥。

當然，糾正不求上進的方法與做法不止這幾種，這裡只是舉例提示父母，方法就在你身邊，只要你掌握住了，孩子的精神面貌就會大有改觀。

驕傲自滿是進步的大敵

范文文今年讀小學五年級，各方面的表現都不錯，但有個很大的缺點就是有點成績就驕傲自滿、看不起別人。

比如，他的作文在競賽中獲得了第一名，因此，他根本不把其他同學放在眼裡。在體育課上，班上的同學一起玩丟沙包的遊戲，唐潘正要玩，范文文把唐潘推開，不耐煩地說：「去，去，死胖子，你這麼胖還想玩沙包，是在開玩笑嗎？」唐潘氣得差點跟他打起來。老師責備范文文，范文文居然振振有詞地說：「我說的難道沒有道理嗎？實力差就不應該出來表現。」

因為覺得自己成績了得，最近他連平時的早讀也不讀了，回到家裡也不預習了，怎麼勸他都不聽。為此，范文文的媽媽有些擔心了。

驕傲自滿是進步的天敵，一個孩子不管他的潛能有多大，一旦滿足於自己的狀態，就會目中無人，止步不前。因為驕傲自大，他們往往會在自己與外界之間豎起一道無形的牆，逐漸變得狹隘、自私、跋扈、驕橫，眼裡容不下別人，這樣的孩子無論如何是不可能得到他人的喜歡的。因為故步自封，他也不可能有真正的長進。因此，家長應引導孩子走出驕傲自滿的心理迷思。

那麼，家長應如何改變孩子驕傲自滿的情緒呢？

開闊孩子的視野

狹窄的眼界和胸懷往往容易滋長驕傲情緒。因此，家長要培養孩子廣闊的胸襟和視野。在班級中，若以己之長與人之短相比較，當然會沾沾自喜，自以為什麼地方都比別人強，因而看不起別人。因此，父母應該開闊孩子的視野，引導他們走出自我的狹小圈子，帶他們到更廣闊的地方走走，陶冶他們的情操。讓孩子了解歷史名人的成就和才能，以豐富的知識充實頭腦。

讓孩子認知到驕傲的危害

驕傲自大的人就像井底之蛙，視野狹窄，自以為是。俄國科學家巴夫洛夫對年輕人說：「切勿讓驕傲支配你們。由於驕傲，你們會在應該合作時固執起來；由於驕傲，你們會拒絕有益的勸告和友好的幫助；由於驕傲，你們會失掉客觀的標準。」人一旦驕傲起來，必然會脫離實際、脫離真理，那麼挫折和失敗的厄運就將接踵而至。

用名人謙虛的例子教育孩子

家長應教育孩子，任何一門學問都像無窮無盡的海洋、無邊無際的天空一樣寬闊無邊，所以，誰也不能夠認為自己已經達到了最高境界而停步不前、趾高氣揚。如果那樣，則必將很快被同行和後來人迎頭趕上。因此，謙虛很重要。家長可以用名人的故事為例，教育孩子謙虛做人：

達爾文就是一個十分謙虛的科學家。他為人處世的特點就是與別人談話時，總是耐心聽別人說話，無論對年長或年輕的科學家，都表現得很謙虛，就好像所有人都是老師，而他是個好學的學生。西元 1877 年，達爾文收到德國和荷蘭一些科學家送來的生日賀卡，他在感謝信中寫道：「我很清楚，要是沒有為數眾多的可敬的觀察者辛勤搜集到的豐富資料，我的著作根本不可能完成，即使寫成了也不會在人們心中留下任何印象。所以我認為榮譽主要應歸於他們。」

讓孩子學會正確評價自己

家長應告訴孩子人各有長短，即使是最卑微、最弱小的人，也有其他人所不及的地方；同樣，再強大的人也都有他自己的弱點。不可用自己的長處去與他人的短處進行比較。家長應該讓孩子認知到驕傲是自己健康成長的絆腳石，任何成績的取得只能是階段性的、局部的，只能作為一個起點。在學習上，知識是無邊的海洋，如果因一時一事領先就忘乎所以，恰恰是知識不夠、眼界不寬的表現。家長應有意識地給孩子介紹一些成功者的經驗，告訴他們古今中外凡是有所作為的人都是在取得成績後仍能保持謙虛奮進的人。

進行挫折訓練，讓他們品嘗失敗的滋味

對驕縱、自負的孩子進行挫折訓練，讓他們品嘗失敗的滋味，這是對他們最實際的磨練。驕縱、自負的孩子大多能力強，家長可以提出較難的問題，請他們回答或者讓他們做一些較難的事情，使他們感覺到自己也有辦不到的時候，也有需要別人幫助的時候，這對孩子的性格培養是有利的。

家長自己要謙虛

在家庭生活中，父母時刻影響著孩子，所以，父母應該成為孩子高尚人格的榜樣，要謙虛友善，不要在孩子面前表現出驕傲情緒，以免孩子受到不良影響。

布希的母親桃樂絲是一位偉大的母親。她的一生中，最忌諱的就是驕

傲自滿。這一點使孩子們對她很非常敬重。生活中她竭力傳遞給孩子們這樣的想法。

一次，布希說他輸了一場網球賽，原因是他狀態不佳，發揮失常，否則以他的技術絕不會敗北。對此，母親立刻糾正他：「如果你不改掉自傲的品性，你的狀態就永遠不會正常。」喬治面有愧色。母親時常留意布希的行為和表現。每當布希出現自傲的情緒和言語，母親就會旁敲側擊，要求他改過。

布希當了副總統以後，母親絲毫沒有懈怠，對他的要求依然很嚴格。有一次，雷根總統發表談話時，布希似乎在讀什麼。母親發現後責備他行為不妥，讓人覺得傲慢無理。布希解釋說他是邊聽邊讀講稿，並沒有做別的事，母親卻駁斥了他的解釋，直到布希認知到自己的錯誤。像這樣的事例還有很多，布希曾跟身邊的一些人談論，母親責備他有點「談自己談得過多」。

1992 年，喬治 · 布希當選總統後幾天，母親去世，享年 91 歲。她用自己的一生監督布希的言行，防止他產生自傲情緒。在病榻旁，布希找出一些自己曾經寫給母親的信，內容如下：她是全家的燈塔和中心，她是一支照亮周遭生靈的明燭。她堅強有力，從不自高自大，愛心正是她的力量所在，對他人的關懷是她最美好之處……這是母親一生的寫照，也是布希對母親精神的讚揚。母親的高尚品格和諄諄教誨，幫助喬治 · 布希在美國的歷史上寫下了自己的名字，她為世上所有的母親建立了成功的典範。

有的母親怕打擊孩子的自信，總是不敢糾正其自傲心理。自信心固然對於一個人的成功非常重要，但培養孩子自信，並不是鼓勵孩子驕傲自大、旁若無人、自以為是。當然，在孩子因為自己的不足洩氣的時候，家長還是需要給孩子打打氣的。

不要輕易地表揚孩子

由於孩子的心理特點，自制力較差，往往在表揚面前會翹尾巴，迷失了自我，最後變得平庸。古代有個《傷仲永》的故事，說的是有個孩子叫仲永，三四歲能背唐詩300首，七八歲能吟詩作文，被譽為神童。當地官府也奉為奇才，經常邀仲永進官府飲酒作詩，並讓他披紅戴綠騎馬遊行，以示獎賞。在這種眾星捧月式地推崇下，他的智力得不到進一步地開發，才能日益萎縮，終於一事無成。

因此，對於那些容易驕傲自滿的孩子，家長不要給予特殊的待遇，要減少他們表現自己的機會。不要過分誇獎孩子，這樣才能讓孩子戒除驕傲自滿的情緒。

培養孩子質疑的勇氣

這是一件真實而又引人深思的小事。

不久前，一位教育心理學專家，給西方的小學生和東方的小學生出了下面這道完全一樣的測試題：一艘船上有86頭牛，34隻羊，問：這艘船的船長年紀有多大？

西方小學生的回答情況是，超過90%的同學提出了異議，認為這道測試題根本沒辦法回答，甚至嘲笑老師的「糊塗」。顯而易見，這些學生的回答是對的。東方小學生的回答情況卻剛好相反：有80%的同學認真地做出了答案，86－34＝52。只有10%的同學認為此題非常荒謬，無法解答。

這位教育心理學專家很驚訝，小學生為什麼會出現這麼大的差別呢？事實上，造成這種現象的原因跟孩子長久以來接受的教育有很大的關係。

✧ 對他人（尤其是專家）已有知識的迷信，認為老師說的都是正確的，只有回答了問題，老師才會給分，老師怎麼會問錯誤的問題呢？所以，不敢提出自己的想法，或害怕自己的質疑會遭到老師同學的批評或恥笑。

- ✧ 有的學生在學習上存在依賴心理，依賴老師，依賴同學；有的滿足於一知半解不願生疑；有的學生不知道怎樣質疑，發現問題、提出問題有一定的困難。

這位法國教育心理學專家在總結這次實驗的時候，引用了下面的幾句話：

第一句話是笛卡兒說的：懷疑就是方法。

第二句話是麥可·法拉第（Michael Faraday）說的：在學術上不盲從大師，應該重事不重人，真理應該是首要目標。

第三句話是愛因斯坦說的：科學發現的過程是一個由好奇、疑慮開始的飛躍。

然後，他頗有感觸地講道：「應該教育孩子敬重老師，但更要教育孩子敬重真理。懷疑並不是缺點，只有勇於懷疑，才能減少盲從。有懷疑的地方才有真理，真理是懷疑的影子。」

事實也確實如此，讀書如果不疑，就像刀不磨會生銹不鋒利一樣，不可能有什麼成就，甚至不可能有什麼新鮮感。可以說，懷疑是學習的鑰匙，是讀書求知的起點，是提升智慧的階梯，是創新思維的啟蒙。如果我們的孩子能夠做到不唯書、不唯師，勇於對書本知識和老師的觀點進行質疑。那麼，他就一定能夠成為適應社會發展變革的時代新人。

這是一個發生在我們生活中的故事：

這一天，11 歲的聶利來到養蜂場玩，她發現許多蜜蜂聚集在蜂箱上，翅膀沒有扇動，卻仍然嗡嗡地叫個不停。聶利就想起教科書上和《十萬個為什麼》上關於蜜蜂等昆蟲發聲的原理，她不由得產生了懷疑：為什麼書上說蜜蜂的嗡嗡聲來自翅膀的震動，每秒達 200 次，如果翅膀停止振動，聲音也就停止了。但現在蜜蜂的翅膀已經停止振動卻仍然嗡嗡叫個不停，這聲音到底是哪裡來的呢？她問老師，老師說書上說的怎麼會錯呢？

為了探求蜜蜂發聲的祕密，聶利把蜜蜂黏在木板上，用放大鏡仔細觀察，觀察了一個月，終於在蜜蜂雙翅的根部發現了兩粒比油菜子還小的小黑點，蜜蜂鳴叫時，小黑點上下鼓動。聶利用大頭針捅破小黑點，蜜蜂就發不出聲了。

一年以後，這個 12 歲的小女孩撰寫了一篇科學論文《蜜蜂不是靠翅膀振動發聲》，並在青少年科技創新大賽上榮獲項獎。

可以想像，如果小聶利沒有自己的主見，沒有堅持自己的懷疑，不是從實踐中尋求答案，是絕對不可能獲得如此殊榮的。可見，一個勇於懷疑，而且能堅持自己信念的人，才能夠獲得真正的知識，贏得榮譽。因此，家長要培養孩子質疑的勇氣。以下的做法可供借鑑：

- ✧ **鼓勵孩子多思多問**：當孩子向家長提出問題時，家長應盡量給孩子以較圓滿、正確的答案，並不失時機地肯定、表揚孩子愛動腦筋。
  答案和表揚一方面滿足了孩子的求知欲，另一方面更激發了孩子的好奇心。如果孩子提出的問題較深奧，家長自己也弄不明白，或者有些問題的答案可能不健康，或不便於直接告訴孩子，遇到這種情況，也要正確處理，而不能打擊孩子質疑的積極性。正確的作法應該是，謙虛地告訴孩子：「你提的問題真好，但這個問題我也不懂，等我查完資料再回答你，或者你自己查書找答案，好嗎？」
- ✧ **激發孩子質疑的興趣和欲望**：在日常生活中，家長除了盡量滿足孩子的各種提問外，還應主動地、經常地向孩子提一些問題，引導孩子觀察事物，發現問題，激發孩子質疑的興趣和欲望。家長在向孩子提出問題時，要符合孩子的年齡和知識範圍，問題不能提得過難或過易，不然都會挫傷孩子思考的積極性。

✧ **區別對待孩子提出的問題**：對孩子提出的問題，家長應注意區別對待，不一定非要一一作答。有的問題只要孩子自己動腦或者查閱書籍就可以得到解答的，家長應鼓勵孩子自己解決，並教給孩子解疑的方法。如此養成習慣後，不僅教給了孩子解疑的方法，又提高了孩子質疑的能力。

✧ **不要嘲笑孩子提出的問題**：許多時候，孩子會提出一些似乎很荒誕、很幼稚的問題，這時候，家長不能嘲笑孩子，責罵孩子：「好好學習吧！別胡思亂想了，書上說的怎麼會是錯的呢？」「老師怎麼說你就怎麼做吧！你這孩子怎麼這麼煩呢？」「你要是比老師更厲害，還學習做什麼呢？」對於孩子來說，類似的言語不僅會刺傷孩子的自尊，更可能澆滅他們質疑的火花，變得缺乏求知的欲望和興趣了。

事實上，孩子的能力比成績更加重要，如果孩子只會考試不會思考，那只是學習的工具，他一定體驗不到學習帶來的樂趣。有懷疑才能有進步，如果孩子對某些問題產生了懷疑，別打擾他的興致，讓他自己用自己的方式去尋求答案吧！

考試失敗並不可怕

在我們的生活中，不乏這樣的孩子，他們聰明、上進、課業成績好，是老師眼中的好學生、父母心中的驕傲。由於成績好、表現好，這些孩子備受老師和家長的寵愛、同學和朋友的羨慕。這種特殊的待遇使得這些孩子在不知不覺中滋生了優越感，形成了只能成功，不准失敗的固執心理。

也正是這樣的孩子，一旦有一次考試成績不理想，就會消沉起來，變得一蹶不振、自暴自棄，徹底失去進取的信心。更有甚者，還有一些孩子，因為承受不了失敗的打擊，釀成了輕生的悲劇！這都是孩子虛榮心作祟，沒有辦法正視失敗造成的。

正因為如此，作為家長，我們應及時調整孩子的心態，鼓勵和支持孩子，讓他們以積極的心態正視失敗，培養他們接受挑戰的勇氣、信心和能力。

那麼，我們應如何教孩子正視失敗呢？

家長應該端正自己的態度

當孩子為失敗而難過時，家長不應以憐憫的態度對待孩子，或者在孩子面前唉聲嘆氣，甚至劈頭蓋臉地責罵孩子。正確的方法是讓孩子明白，失敗沒什麼大不了的，考試、競賽總有勝負、輸贏，人人都會碰到，因此，失敗了不要緊，重要的是自己對於失敗的態度如何。是後退還是前進？是怨天尤人、自暴自棄還是吸取經驗，繼續努力？只有懦弱的人才會唉聲嘆氣，怨天尤人，而勇敢、聰明的人一定會正視自己的失敗，從失敗中吸取教訓，繼續努力。

此外，家長還可以鼓勵孩子，告訴他們：「你現在雖然輸了，但是你很努力，只要找到失敗的原因並繼續努力，你一定會成功的，我們會為你的努力感到自豪！」

家長應正確開導孩子

家長應告訴孩子，考試不僅是考知識，也是考智慧、考個性。人一生要面臨許多的考試，不是每一次考試結果都理想，即使是最優秀的人一生中也會經歷不及格的考試，但這並沒有妨礙他們成為優秀的人，因為他們善於總結自己的失敗和錯誤，把失敗和錯誤當成寶貝，所以他們能盡量避免在自己犯過錯誤的地方再錯。要想不再重複犯錯，就應該善於總結自己的問題。總結自己的問題要從兩個方面著手，一是不當的學習因素是什麼？二是自己不會的地方有哪些？只有這樣，下次才有可能更好。

家長應該幫助孩子學會處理失敗後的情緒

許多孩子在經歷失敗以後，通常很容易就陷入膽怯和過多的自我批評的情緒之中。這個時候，他們可能一直在懊悔：「如果……可能不會失敗」。孩子會因此不斷地找理由責備自己，給自己造成很大的心理壓力。因此，經驗豐富的家長應該幫助孩子處理失敗後的情緒，讓孩子從失敗的消極情緒中走出來。

有個孩子非常熱愛足球，有一次在跟別的學校比賽時，裁判誤判了他，說他故意撞人，罰他一張黃牌。結果孩子很不服氣，和裁判吵了起來。儘管後來比賽得以繼續，但這個孩子在後面卻發揮得很不好，踢得一塌糊塗，結果這場比賽輸了。比賽結束後，其他人都走了，這個孩子還在球場裡不肯離開，他的爸爸媽媽一句話也不說，站在場外默默地等待，孩子在足球場上一次又一次狠狠地射門，一共射了 101 次，然後孩子什麼也沒說，和爸爸媽媽一起回家了。

上面故事中的父母很理性，除了等待，他們沒有採取任何行動安慰孩子，因為最終孩子要學會自己處理自己的情緒。當孩子面臨失敗時，給孩子一段心理緩衝期和獨立時間是必要的，家長不必急於介入，有些情緒過去了就過去了，不一定要很正式地處理。孩子會學會接受不願接受的東西。在這個過程中，孩子會變得堅強、寬容。如果遇到孩子無法自拔時，家長可以稍稍點撥一下。

家長應該幫孩子尋找失敗的原因

幫孩子找到失敗的原因也很重要，如果找不到原因就會始終有一種壓力。而且，只有找到了失敗的原因，孩子才有超越失敗的可能。

失敗的原因可能很多，或者是自己的能力不足，或者是經驗不夠，也可能是努力程度不夠，環境的條件不成熟等。家長可以幫助孩子分清哪些失敗是自己的原因，哪些是外在的原因；哪些失敗是可以避免的，哪些是不可避免的。這時候，家長不妨多聽聽孩子的想法，幫助孩子分析各方面存在的問題和可能。

鼓勵孩子進行改進

找到失敗的原因，如果是可以改變的，家長應該鼓勵孩子找到至少兩種相應的改變方式，然後試著去做，並檢驗效果。例如，孩子由於粗心大意把本來會做的題做錯了，感到很難過，同時感到不服氣，而且會因此難以原諒自己：我考得不好，不是因為學得不好，而是因為不夠細心。家長可不能與孩子同樣有這種想法，因為粗心大意也是一個很不好的缺點，它反映出孩子比較浮躁，缺乏耐心，學習不夠扎實。改掉粗心大意的方法很多，如臨摹、玩拼圖遊戲、玩數獨遊戲等。家長可以根據孩子的特點幫助他找到適合自己的改進方式。

讓孩子學會欣賞勝利者

有些家長為了安慰孩子，有時會不經意地貶低其他孩子或者流露出對結果的不屑、不滿。這些細小的行為都會被孩子觀察到，從而影響他們遭遇挫折後的心態。因此，家長應該在引導孩子承認對方的勝利之後，和孩子一起分析為什麼對方取得了勝利，最重要的是要讓孩子自己說出勝利者獲勝的原因。當孩子長大後，他們會遇到各種競爭，學會在各種競爭中從容面對，並且欣賞對手，是他們人格完善、個人魅力的具體展現。

教孩子提高自己的實力

家長在教會孩子如何欣賞對手的同時，應根據孩子的狀況分析他們的優點和弱點，讓孩子在競爭中知道如何提高自己的實力。這樣，在孩子的眼裡，家長不純粹只是高高在上的家長，而是可以並肩作戰，值得信賴的朋友。這樣的做法能增進親情。

跟孩子一起尋找面對失敗的力量

當孩子失敗後，最渴望得到的是安慰與鼓勵。因此，家就成了孩子的避風港灣。這個時候，家長為孩子營造一個溫馨、輕鬆，富有人情味的家庭氛圍是很有必要的。當然，除了讓孩子在情感上有歸屬感、安全感外，家長還應該用自己積極的人生態度去感染孩子，培養孩子積極樂觀的心態。這樣，孩子才能在失敗中成長。

此外，家長也可以與孩子分享自己的失敗經歷·對他們講述英雄人物失敗的故事，慢慢的，孩子便有了面對失敗的力量。

第八章
讓孩子愛上閱讀

培根說：「歷史使人明智，詩歌使人巧慧，數學使人精細，博物使人深沉；論理之學使人莊重，邏輯與修辭使人善辯。」總之，書籍是孩子獲取各種知識的「肥沃土壤」，是讓孩子終身受益的「知識銀行」。

因此，如果你希望自己的孩子愛上學習，愛上知識，享受到知識帶來的樂趣，品嘗到知識的芬芳與甜蜜，就讓他廣泛地去閱讀吧！因為閱讀是孩子淵博與睿智的砝碼，是孩子獲取佳績的有力保障。

閱讀讓孩子終身受益

很多學習優秀的孩子都有一個相同的習慣：愛閱讀。

一個人孩提時的閱讀習慣與長大後的成就有著必然的連繫。對於孩子而言，良好的閱讀習慣有以下的好處：

- ✧ **閱讀能彌補個人經驗的不足，增添生活感受**：透過閱讀，可以把孩子引入一個神奇、美妙的圖書世界，使他們的生活更加豐富多彩、樂趣無窮。同時，閱讀還能讓孩子學到課本上學不到的知識，取得長遠的知識效益。一本好書，就是一個好的老師，不僅能讓孩子學習到很多書本知識，更重要的是，可以讓孩子從書中獲得人生的經驗。對孩子來說，不可能事事都去親身體驗，書中的間接經驗，將有效地補充孩子經歷的不足，為孩子的學習和生活增添新的感受。
- ✧ **閱讀能豐富孩子的想像力**：孩子在上學的時候想像力是最豐富的，而想像的過程又是孩子對大腦中已經存在的表像進行加工改造形成新形象的過程。因此，想像的產生離不開表像的累積，表像的累積又多來源於文學作品。一般來說，孩子可以從文學作品中累積各種各樣的人物形象和景物形象，孩子的表像累積更快、更多，想像也就有了原料，聯想起來更加容易。因此，閱讀書籍可以大大提高孩子的表達能力，而文字沒有固定的形象，孩子在閱讀時，可以充分展開想像的翅膀，這也就是我們常說的「一千個讀者心中就有一千個哈姆雷特」。
- ✧ **提高孩子的語言表達能力**：孩子只有多讀書，才能讓自己的語言逐漸累積起來，才能擁有豐富的語言，才能提高口語表達能力和作文能力，才能出口成章。葉聖陶先生曾經說過：「小學生今天做某篇文章，其實就是綜合地表達他今天以前的知識、思想、語言等方面的累積。」葉老先生的話很明確地指出了寫作與累積的關係：閱讀多了，累積也就多了，作文的表達也就強了，語言自然也就豐富多了。這些都要歸功於閱讀，因為孩子書讀得多了，就會把讀過的知識內化為自己的語言，隨著閱讀量的增加，他的語言累積也就會越來越豐富，下筆自然也有「神」了。

總之，讀書是孩子成才的必經之路，每一個父母都希望孩子成為有用之才，將來能在競爭中占得一席之地，顯示出孩子的天賦和才能，造福於社會乃至全人類。從主觀上看，成才的要素可歸納為知識、能力和素養。因此，不論在什麼情況下，對孩子來說，讀書的目的就是累積知識、培養能力和增強素養。少兒時期是孩子讀書的重要時期，更是人一生潛能發展的最佳時期，所以，父母要抓住關鍵時期，從小就培養孩子閱讀的習慣。

猶太人教子啟示

說起猶太民族，世人無不驚嘆其智慧之高，能力之強。在猶太人中產生的諾貝爾獎獲得者、學科領域的代表人物以及各類專業人才，其人數之多，占人口比例之高，是其他民族望塵莫及的。為了解釋在智力取向的活動中猶太人的優勢之謎，人們提出了無數的理論。其中，美國一位作家在書中寫道：「猶太人家庭是學問受到高度評價的地方，在這個方面，非猶太人的家庭相形見絀。就是這個因素，構成了其他一切差異的基礎。」

猶太人非常愛書。據說，在每一個猶太人家裡，當小孩稍微懂事時，母親就會翻開《聖經》，滴一點蜂蜜在上面，然後叫小孩子去吻《聖經》上的蜂蜜。這種儀式的用意不言而喻：使孩子從小就覺得書是甜蜜的東西，從而產生深深的喜愛之情。

古時候，猶太人的墓地裡常常放有書本，因為「在夜深人靜時，死者會出來看書」。儘管這種傳說具有某些迷信意味，但其對我們卻是相當有教育意義的：即生命有結束的時刻，求知慾卻永無止境。

猶太人家庭還有一個世代相傳的傳統，那就是書櫥要放在床頭。因為，他們認為書櫥放在床尾，是對書的不敬。當書被讀得破爛不堪時，猶太人常常會挖個坑莊重地將其「埋葬」。每當此時，大人總讓孩子參與，以便讓孩子對書產生敬畏之情。

猶太人從不焚燒書籍，即使是那些攻擊猶太人的書。在平均擁有圖書館、出版社及每年人均讀書的比例上，猶太人（以色列人）超過了世界上任何一個國家，堪稱世界之最。

每一個猶太孩子，幾乎都會被問道：「假如有一天，你的房子被燒毀，你的財產被搶光，你將帶著什麼東西逃命呢？」如果孩子回答說是錢或者鑽石，母親將進一步問：「一種沒有形狀、沒有顏色、沒有氣味的寶貝，你知道是什麼嗎？」當孩子無法回答時，母親就會說：「孩子，你要帶走的不是錢，也不是鑽石，而是智慧。因為智慧是任何人都搶不走的，只要你活著，智慧就會伴隨你的一生。」

猶太民族這種愛書的傳統造就了一批又一批思維敏捷，才智過人的人才。其中，許多孩子在年幼的時候就嶄露出非凡的智慧。弗萊明就是這樣一位聰明的猶太孩子。

弗萊明一家是典型的猶太家庭。在他們家裡經常召開家庭會議。按照猶太教的規定，父親應該是家庭會議的主席。家庭會議要討論家中遇到的一切難題和重要事務。家中的每一位成員，包括年幼的、未成年的孩子都要參加，並可以發表意見或舉手表決。

弗萊明今年未滿10歲，但家人總喜歡讓他發表言論，談自己對一些事物的看法與觀點。別看弗萊明小小年紀，他說的話時常令父母刮目相看。

有一次，家庭會議討論替弗萊明的小弟弟取什麼名字。弗萊明表示給這位比他小 8 歲的弟弟取名亞歷山大。他解釋說，亞歷山大大帝是一位見義勇為的英雄。他還向大家滔滔不絕地引述了與此相關的一段故事。

家裡人聽了弗萊明的故事，都非常贊同他的意見，因此把弗萊明的小弟弟取名為亞歷山大。

弗萊明展現的口才、淵博的知識與智慧令人嚮往不已。事實上，他能有這樣淵博的知識與善辯的口才，與其豐富的閱讀是分不開的。試想，一個沒有閱讀習慣的孩子如何能知道亞歷山大大帝的故事？又怎麼可能做到以理服人？

事實上，猶太家長的這些做法是值得我們大家學習與效仿的，因為知識與智慧來自於書本，從小培養孩子閱讀的習慣，用書本來武裝孩子的頭腦，能讓孩子從閱讀中品嘗到知識的甘甜，體驗到知識演變成智慧的無窮力量。這對孩子的一生是大有裨益的。

營造一個書香環境

家庭環境對孩子有潛移默化的作用。孩子的教育是在父母創造的家庭環境中開始的，一個良好的讀書環境是孩子形成良好讀書習慣的首要條件。因此，給孩子提供一個良好的讀書環境，為孩子營造一個濃郁的書香氛圍很重要。

那麼，家長應為孩子營造一個怎樣的讀書環境，讓孩子受到書的薰陶呢？專家認為，良好的讀書環境應該做到：

✧ **獨立的讀書空間**：一個獨立的讀書空間，是促使孩子熱愛閱讀的重要步驟，同時也表現了父母對孩子閱讀的重視。而且，一個舒適、安靜的讀書環境，能讓孩子更快地進入閱讀的狀態，提高孩子閱讀的興趣和效率，促使孩子養成閱讀的習慣。

在孩子閱讀時，家長要給孩子預備固定的讀書地點，桌椅位置固定，不能隨意搬動。這樣孩子容易形成專心閱讀的心理定式，一進入這個環境，腦子就進入了閱讀狀態。在孩子看書時，家人應盡量保持安靜。此外，為了提高孩子的閱讀水準，家長還可以為孩子在家裡建立他自己的「小圖書館」—— 為孩子提供一個單獨的書架，這樣做有利於培養孩子對書籍的興趣。

✧ **讀書的氛圍要波及整個家庭**：家長還要和孩子共同參與讀書。家人最好有共同的時間一起看書，讓孩子感受到濃郁的讀書氛圍。父母與孩子一起閱讀時，孩子能在此過程中從父母身上獲得認知上的收穫，語言上的進步，還可以增進親子之間的感情。隨時鼓勵孩子在讀到好的篇章時向全家人朗讀，以便闔家共用。

✧ **讓圖書隨時、隨處可讀**：哈佛大學的研究表示，如果孩子隨處都能接觸到書籍，那麼他的閱讀興趣就容易被激發。所以，讓孩子的身邊充斥著不同種類的印刷品，報紙、雜誌、書籍、辭典……是讓孩子愛上讀書的一個好方法。所以，不要把你家的書籍束之高閣，而是放在孩子隨手可以拿到的地方，餐桌、床頭、沙發靠背甚至汽車後排座位上。從孩子很小開始，你就可以給他一些舊報紙、舊雜誌，任憑他把它們撕得七零八落。慢慢的，在家裡確立一個看書或者講故事的時間，讓閱讀成為一種習慣，並且讓孩子從中感受到樂趣。

此外，家長和孩子可以經常到書店購買一些書籍，增加閱讀書籍的種類，培養孩子買書、愛護書籍的習慣。家長可以提供孩子每年訂閱報刊的合理建議，讓孩子自己選擇訂閱。還要充分利用電腦等現代化工具觀看或閱讀知識性影碟、有聲讀物、電子圖書等。

✧ **為孩子辦一張借書證，常帶孩子去圖書館**：借書證是孩子「讀萬卷書」的開始，有了這張小小的借書證，孩子就可以在課餘時間去圖書館讀一些自己喜歡的書了，圖書館是書的海洋、知識的寶庫，孩子在這裡吸取營養，同時也會養成「泡圖書館」的好習慣。

✧ **讓孩子在團體環境中學習閱讀**：讓孩子在團體環境中學習閱讀，與同伴一起分享早期團體閱讀的樂趣，同時也能提高他們參與閱讀的積極性。支持孩子參加「漂流書」活動。所謂「漂流書」，就是要求孩子把一本自己認為精彩的書傳給小朋友閱讀，再由第二讀者傳給第三讀者、第四讀者……

✧ **利用節假日帶孩子逛逛書市**：寧可少買玩具，也要多買圖書，讓孩子體會到讀書不僅是一種學習手段，也是一種消遣手段。到孩子真正對書籍如對玩具一樣感到興趣盎然時，他便開始樂於以書為伴了。

此外，在平時和孩子一起外出時，家長也可以在孩子的小車裡或背包裡放一本書，遇到排隊和需要等候的情況，拿出書來讀一讀，可以讓這段等候的時光很快過去。

鼓勵孩子和書交朋友

小方陽是個活潑好動的男孩子，他喜歡看卡通，在看卡通的時候，他一下子哈哈大笑，一下子皺眉嘆息，甚是投入。可是，一提起讀書，他就想睡。媽媽把他從電視機前趕走，讓他回到自己房間看書去。不久，媽媽到他房間，發現小方陽斜靠在床上，書掉到一邊，人卻已經睡著了……

小方陽的媽媽甚是無奈，她多麼希望自己的兒子能像愛看電視那樣愛看書呀！

事實上，迷戀電視，喜歡看卡通而不喜歡看書並不是小方陽特有的情況。大多數的孩子一提起卡通就特別感興趣，可以不吃飯、不睡覺，對他們來說，那些色彩鮮豔的畫面，那些生動、幽默的故事情節是極大的誘惑。加之我們生活的這個時代，繽紛複雜，什麼顏色都有，什麼聲音都有，衝擊著孩子的視聽，使其不能靜下心來讀書，領略不到書的魅力。

因此，要想讓孩子像看卡通一樣愛上看書，身為家長，有責任把書的魅力展示出來，讓孩子與書交朋友，愛上看書。

要想讓孩子與書交上朋友，愛上看書，家長可以採取以下的方法：

家長要言傳身教

父母的讀書興趣對孩子有著潛移默化的影響，那些音樂世家、書香門第等正是這樣產生的。例如，六齡童演猴戲，他的兒子六小齡童的猴戲便登峰造極，這正是家庭薰陶的結果。實際上，興趣教育比強迫孩子去做連家長自己都不感興趣的事更容易，效果也好得多，所以，培養孩子讀書的興趣，父母的言傳身教至關重要。

所謂言傳就是盡可能早地讀書給孩子聽並養成習慣。因為要培養孩子讀書的興趣，就得把書的魅力展示給孩子，就像要讓孩子吃梨，得先讓他看到、嘗到一樣。隨著孩子年齡的增長，還要在讀完書後進行思想引導：「書可以給我們打開一扇窗，發現另一個美麗的世界。」「世界上誰的力量最大？有智慧的人。有智慧的人是無法戰勝的。那智慧從哪裡來？從書裡。」「將來我們都會變老，無論長得美的醜的，老了大家都差不多，不同的是什麼呢？用一生累積智慧財富的人，也就是一生都在讀書的人，即使老了，也是美的。」在思想引導之後，孩子自然會更喜愛讀書了。

利用孩子的好奇心誘導孩子與書交朋友

6 歲的楓楓好奇心很強，對什麼都感興趣，無論走到哪裡，他都喜歡這裡摸摸那裡看看，然後問別人，「這是什麼？」「為什麼會這樣呢？」他一天總有一千個為什麼！

一天，媽媽帶他到動物園去玩，他這裡看看，那裡摸摸，一雙好奇的大眼睛忙碌個不停。

「獅子吃蛇嗎？」

「企鵝為什麼生長在寒冷的地方？」

楓楓的媽媽微笑著告訴他：「你問的這些問題書上都有，等我們回家以後去查查這些問題好不好？」

回到家後，楓楓迫不及待地要求媽媽拿書給他看。媽媽拿出有關動物的書給楓楓看，楓楓高興極了：「哇！裡面有這麼多動物呀！」書上的動物圖片使楓楓看得入了迷，他一邊看，一邊要媽媽讀書上的文字，楓楓就這樣開始了讀書識字。以後，楓楓只要在外面看到什麼，聽到什麼，就要媽媽找相關的書給他，不知不覺中，楓楓讀書的興趣越來越濃了。

孩子好奇的提問是一種借助成人的力量對周圍環境進行理解的探究行為，是孩子求知的萌芽。這個時候，家長可以抓住孩子好奇的契機，讓孩子去讀書，透過讀書尋找答案，慢慢地，孩子的讀書興趣就培養起來了，其探索的興趣也會更加濃厚。一個喜歡探索與求知的孩子，怎麼可能不愛讀書呢？

利用孩子愛聽故事的特點引起孩子閱讀的興趣

每個孩子都喜歡聽故事，特別是童話故事，因此媽媽可以利用故事來引起孩子的閱讀興趣。對孩子來說，故事無論講多長，永遠沒有結尾。他們希望媽媽永遠講下去，所以經常問媽媽：「後來怎樣了？」、「白雪公主現在在哪裡？」這時，媽媽可以針對孩子的心理，先將故事講一半，在孩子急欲知道故事結局時，再藉此時機把書給他看。未知的故事勾著孩子的魂兒，促使他迫不及待地想看書。

為了讓孩子始終保持閱讀的熱情，家長千萬不能急功近利。要盡量滿足孩子的閱讀要求，不要讓自己的世俗想法扼殺了孩子的讀書興趣。

另外，家長不能把讀書、學習看成是一種得到某種榮譽的途徑和工具，而應把它作為生活的一部分、生命的一部分。這樣才能用正確的心態教孩子去閱讀。

讓書籍成為孩子生活的一部分

讓孩子的生活離不開書，是培養孩子閱讀興趣的有效途徑。

- ✧ 讓孩子及早接觸文字。平時不妨將食品包裝上的文字指給孩子看，然後大聲念給孩子聽，讓孩子逐漸了解到這些文字符號是有一定意義的。除此之外，將報紙上的大標題念給孩子聽，或者在上街時，將看板上的內容指給孩子看，這些都是讓孩子及早熟悉文字的好方法。
- ✧ 每天念書給孩子聽。不論孩子多大，他都可以和家長一起享受讀書的樂趣。幾個月大的孩子雖然還聽不懂家長念的是什麼，可是他能從家長柔和的讀書聲裡體會到讀書帶來的安慰。除了父母之外，家裡的親友和孩子的保姆也都可以念書給孩子聽。孩子上小學以後，雖然可以自己讀書了，但是如果每天仍能有一段時間和父母一起讀書，這種溫馨的體驗對孩子來講還是很難忘的。

幫助孩子選擇好書

教育學家認為，兒童需要那些與他們年齡、興趣及能力相適宜的圖書，他們也喜歡圖書題材豐富多彩。所以專家建議，讓兒童多接觸不同方面的讀物，如報紙、雜誌乃至街頭廣告、商品包裝等等。透過這些文字讀物，兒童會懂得：語言文字在我們生活中的每一方面都是非常重要的。

父母可以選擇給孩子講重複的故事。重複性的閱讀，可以進一步鞏固和增加兒童的詞彙量，加強其對故事的深入理解，掌握有關的表達方法。

在選擇圖書方面，有關專家這樣建議：

3 歲以前的嬰幼兒喜歡一些簡單的圖片或者講述他們熟悉的事物方面的故事。形體和色彩對兒童具有強烈的吸引力。

3 ～ 6 歲的學齡前兒童喜歡配有彩色圖畫的小故事、科幻故事、詩歌以及有關動物或日常生活方面的童話。那些短小、生動、易背誦的詩句對他們來說特別有用。

6 ～ 9 歲的兒童對於書籍開始有自己的興趣和偏好，盡量讓他們自己去選擇。當然，父母的引導也是很重要的。

9 歲以上的兒童，喜歡一些幽默小品、民間故事、長詩、古典名著簡寫本以及偵探故事等。

教孩子把閱讀作為一項消遣活動

在輕鬆的氛圍下，家長可以跟孩子一起看一些有趣的漫畫書，談論書上的內容。也可在外出時，帶上一兩本書，在公園裡，在郊外，在河邊，在清新的空氣下，鳥語花香的環境裡，與孩子一起讀上幾段書。

不要讓電視代替了孩子的閱讀

如果孩子一回家就坐在電視跟前，不僅會浪費很多時間，而且對孩子的眼睛也是非常不利的，電視的輻射是造成孩子近視的重要原因之一，孩子的眼睛處於發育階段，如果發育受到影響，孩子的大腦也會變得只能接受變化快速的影像，缺乏思考和創造力。而且電視還有許多不適合孩子看的節目，會給孩子的價值觀念和生活態度帶來很多不良的影響。

閱讀也要講策略

俗話說：「授之以魚，不如授之以漁。」培養孩子讀書的習慣，家長不能只滿足於孩子讀書的時間和讀書的數量，還應該積極正面地引導孩子掌握讀書的方法。這就要求，一方面，家長要把優秀的書籍精心選擇後推薦給孩子，幫助他們得到好書；另一方面，家長還應該引導孩子歸納適合他自己的閱讀方法，幫助他們學會如何去閱讀，並取得良好的成效。

要想讓孩子掌握正確的讀書方法，家長應該做到以下幾個方面：

✧ **先扶後放**：孩子閱讀能力的發展經歷從低到高的過程，需要家長教給他們基本的閱讀方法，幫助他們培養良好的閱讀習慣，在訓練開始之際，家長應該透過示範、提醒、啟發等方式「扶」他們一把；隨著孩子對基本方法的掌握及閱讀水準的提高，家長則應該減少幫助與干涉，慢慢地放手。

✧ **先易後難**：根據孩子的實際水準，選擇恰當的書，由易到難是極為重要的。一般而言，閱讀資料中的生字詞不超過字詞總數的 5%。在體裁上，學齡前的孩子以童話故事、短小的詩詞為主，小學生閱讀資料應以記敘文為主，簡單的說明文、論說文為輔，意義明瞭、朗朗上口的短詩、兒童詩也可以。在文體上，童話、傳奇、民間小故事都是小學生喜歡的。另外也可以讓孩子看報紙上的短新聞。

✧ **先單篇短章，後讀整本書**：有時，家長不免會抱怨孩子讀書沒有常性，一本書讀了個開頭就擱下了。其實，讓孩子硬著頭皮攻讀「大部頭」原本就是不恰當的。應讓孩子讀單篇短章，再視具體情況指導孩子讀簡本巨著或「大部頭」中某些章節。

✧ **先精讀後略讀**：精讀側重於閱讀理解、領悟與分析；略讀側重於快速地捕捉某些資訊。精讀與略讀都是最終應掌握的閱讀方法。不過，由於孩子閱讀能力有待發展，而且其任務側重於獲得堅實的基礎，所以精讀的訓練在先。精讀訓練基本過關，才可以進行略讀訓練。

✧ **多讀書，讀雜書**：「韓信點兵，多多益善」。孩子閱讀能力的提高確實需要在大量的閱讀實踐中完成。相當一部分父母傾向於孩子讀好課本、讀好老師發的閱讀資料就行了，反對孩子讀課外讀物、小說、雜誌等「閒書」，認為這是不務正業。殊不知，許多「閒書」並不「閒」，這些雜書能開闊孩子的視野，鍛鍊孩子的思維，提高孩子的閱讀能力，是孩子很好的「課本」。

✧ 「**好讀書而不求甚解**」：孩子的知識面還不能夠達到像專家教授一樣，能夠把書研究得非常透澈，況且，孩子的智力水準也達不到。所以，父母要指導孩子在讀書的時候，盡量多選擇一些好書，只要求孩子掌握書中的大意，不必刻意要求孩子把每一個字詞都理解透澈，也不要讓孩子鑽牛角尖。

✧ **用問題帶動讀書活動**：為了使讀書生動有趣，首先要激發孩子們的強烈興趣，在你給孩子們讀一本新書之前，家長可以先讓他們了解封面的內容，並讓他們去猜想這本書將要講述一個什麼樣的故事等，然後，家長可以一邊讀一邊指著書中的圖畫和人物問他們：「你們認為這是什麼意思？」讀完一本書後，家長還要問他們：「這個故事中，你最喜歡什麼？你認為或者希望以後的故事該如何發展？」

這種積極的閱讀方式特別有助於兒童語言能力和思維能力的發展：紐約州立大學的一項調查研究顯示，對學齡前兒童來說，在家長的幫助下採取積極、投入式的閱讀方法，其語言和思維發展水準要提前 6 ～ 8 個月。

✧ **好文章要細讀**：指導孩子讀書時，家長應告訴孩子，對於那些優美的短篇詩文，不宜匆忙讀過，而要慢慢咀嚼玩味，品出味道來。有些一時不懂、讀不透的，也可以讓孩子先把這些內容用筆做上記號，有空的時候，再拿出來翻看一下，可能有一天孩子會豁然開朗，真正領會到其中蘊含的深層含義或藝術上的高妙之處。

✧ **要讀懂精微之處**：朱熹有一個著名的讀書法，即分期標記法，他認為讀書應該讀懂它的精微處。但是，最初讀書時，不可能將精微處看得很透澈。

所以，他主張用分期標記法，記錄下自己如何一步步地領會到文章精深細微處的過程。他的具體做法是：

· 用紅筆劃出自己認為最精彩、最有價值的文字，以備第二次閱讀時清晰醒目。這是第一次標記。

· 用藍筆劃出自己仍認為或另外認為最精彩、最有價值的文字，從比較中，整理出自己讀書中的進一步理解。此為第二次標記。

· 用黑筆劃出自己仍認為或另外認為最精彩、最有價值的文字，從比較、印證中，總結出自己讀書中深刻精到的理解。這是第三次標記。

朱熹的這種方法不僅可以用於精讀，也可用於速讀，即在速讀的時候也「分期達標」，這樣既不阻礙閱讀速度，同時還可以提高閱讀效率。

✧ **引導孩子把書中的知識和現實生活連繫起來**：當孩子讀文學作品的時候，要讓孩子發揮他的聯想能力，指引孩子用自己的生活經驗來驗證作品中描述的生活，可以發現自己的獨特體會，不一定要與作者的意願相符；除此之外，還要讓孩子多了解作家的生平和作品產生的歷史文化背景，就是所謂知人論世。學會掌握自己的人生，把人生變成一種近距離的觀察，使自己活得有滋有味。

總之，孩子只有自己掌握了一定的讀書方法，才能讓自己投入到閱讀活動中，使讀書活動變得更加有效、有趣起來。

閱讀速度不可過於單一

小丹與紅紅是一對好朋友，她們有個共同的愛好，那就是愛看課外書。小丹的閱讀效率極高，速度也快，她們共同看一本書，小丹只需要一天就可以看完，且能生動地把書中的情節複述出來，而紅紅卻需要兩天才能把這本書看完，最讓她氣餒的是，她沒有辦法像小丹那樣，把書中的情節完整地記下來。

為什麼同樣看一本書，效果卻如此不同呢？紅紅很不解。

小丹問紅紅是怎麼閱讀的，紅紅說：「不就是讀書嗎？我每次都認真地朗讀一遍，一個字都沒有漏呀！」小丹聽了，「撲哧」一聲笑了，她說：「不同的閱讀資料要用不同的速度進行閱讀。比如，在課堂上讀課文，老師要求要讀出聲、讀出感情，我們就讀出聲、讀出感情，但並不是所有的書都是這麼讀呀！有些書可以略讀、掃讀。」

紅紅聽了，似乎有些明白了。

其實，正如小丹說的，如果我們總是以同一種方法去閱讀各種不同的閱讀資料，其效果肯定不佳。不同的書，使用不同的速度去讀，比如為了解情節而讀小說，可以讀得很快。但是，讀教科書或必須記憶的參考書，就不能太快。好的讀者，會根據閱讀的目的、所閱資料的性質和難易程度，以及自己的閱讀能力和所掌握的閱讀速度大致把閱讀分為以下三種類型：

✧ **精讀**：這是最慢的閱讀，適用於難讀的資料，要求獲得高度理解的內容或希望牢固記憶的資料。在精讀時，同學們應力求仔細鑽研資料，解決疑點、困難，記住要點。這時，閱讀速度每分鐘在 250 字以下，理解率在 90%以上。但是　即使是這種精讀，也應先將資料快速閱讀一遍，然後回頭再來看第一遍遺漏的細節，或在重點部分畫線圈點，或摘錄提要，或針對思考題回答。速讀與精讀相結合的精讀法，一般要比單純的精讀法效果更好，理解和記憶得更深刻。

✧ **普通閱讀**：這是最常用的一種閱讀，用於日常對檔、小說、報紙、雜誌或淺易課本等的閱讀。這種閱讀速度每分鐘在 250 ～ 500 字之間、，理解率在 80%左右。

✧ **速讀**：這是最快的閱讀，用於時間緊迫、必須快速閱讀時，或無須高度理解的資料。如從大量報告、刊物和眾多的補充讀物中迅速獲取大意或資訊。這是一種有用的技巧，學會這種技巧，將終生受益。這種閱讀速度每分鐘在 500 字以上。

閱讀能力不強的人，往往不管讀什麼東西、為什麼目的，讀速總是一成不變，或者總以同樣的理解程度來閱讀所有的資料。雖然這些人中的不少人，也能把讀過的東西完全理解並記住，但是對於要想成為一個快速高效閱讀的人來說，你必須隨閱讀目的和讀物內容的不同，靈活地調整閱讀速度，選用不同的速讀方法和技巧，做到在閱讀中要快則快，要慢則慢，當精則精，當粗則粗，迅速掌握所讀資料的內容。

當然，閱讀時究竟採取哪種速度，要由閱讀目的來決定。閱讀目的是因人而異，因情況而異的。同一本書，對某人來說是為學習和研究而讀，但對另一個人來說則是為了欣賞。但是，不管怎樣，都應該做到目標明確，這樣才能確定不同的閱讀速度。

養成閱讀「四到」的好習慣

在孩子讀書的過程中，讓家長傷腦筋的問題之一就是孩子常常走神分心，不能堅持閱讀。出現這種情況，並不完全是孩子不聽話、故意搗蛋，而是與其神經系統的發育有直接關係。由於孩子神經系統不夠成熟，他們對於自己行為的調控能力有待發展，因此，他們無法像大人一樣，保持閱讀目標，一以貫之地讀下去。要改善孩子的這種情況，減少甚至避免分心，家長可以運用「四到」原理，以孩子的「口到」、「手到」帶「眼到」、「心到」。也就是說，在訓練孩子閱讀能力時，遵循從出聲地讀到無聲地讀這樣一個不斷內化的閱讀能力發展規律，用出聲的朗讀克服眼睛串列、心神渙散的情況，能實現高效閱讀的目的。

那麼，怎麼才能做到讀書「四到」呢？

眼到

在閱讀時，眼睛對書中的字要看分明，不可草率跳過，如果讀過之後仍維持在「有看沒有到」的境界，代表你眼到的功夫培養得不夠扎實。

平常人們總說看到、想到，指的就是看在眼中、記在心裡，這樣的閱讀才有用。可能有人會覺得：「眼到有什麼困難呢？在念書時不是都要用眼睛看嗎？」實際上，這是個看似簡單、實行起來卻不容易的方法，因為平時只要稍微粗心大意，就容易把字看錯，或者是漏幾個字 —— 把原是否定的句子「不容易達成」看成「容易達成」，把「不可信的」看成「可信的」。像這樣把文字意思弄錯的情形時常出現，所以眼到必須確切落實，不可馬虎。

口到

當我們坐在書桌前看書的時候，有時不妨開口大聲地將文章內容念出來，一方面藉此提提精神，另一方面則一字一句地幫助自己將注意力集中在此，從而進入狀態。

此外，遇有優美的文字佳句時，也可用朗誦的形式念出聲，雖然現在已經不提倡背誦，但若能熟讀，在引用時便能流暢地表達出來，對於日常的談話、寫作都有很高的利用價值。同時，讀出聲能使自己對書中內容的意義更加明瞭，並且對句子的通順程度、相互關係有更進一步的理解。

口到又可分為朗讀與默讀兩種。

朗讀多半是為的讓精神和注意力集中，或者是為了欣賞文句的優美流暢。還有一種情形，即實在不了解該句子的句義，可以反覆念出來以求明瞭字句間的連繫。

讀英文或其他外語時用朗讀最合適，因為時常開口說、時常朗讀，久而久之便可揣摩出外文的語氣、腔調，你可以想像自己是在公開場合朗讀，或者想像自己在舞臺上演話劇、朗誦臺詞。總之，口到的功夫可以幫助我們學習外語，使我們對文字的應用更加熟悉，有助於與人交談和撰寫文章。

默讀的好處是讀書的速度比較快。其實，通常時候，我們的閱讀主要是吸收知識，只要理解、看懂就足夠了，並不需要一字一句念出聲來欣賞或練習語氣。默讀分為瀏覽與精讀，我們如果能掌握其中的差異與練習方法，將會大大提高我們的閱讀速度，增強我們的閱讀能力。

心到

專心地把書中各個篇章的內容讀懂，花一番工夫仔細研究分析，例如要用語法來分析句子的結構，要用字典來查閱未見過的字詞，要動筆來標出各個地方的天氣、特產、人文風情……總之，讀書時最重要的就是心到。心到就是要專心、用心，尤其在該段落念完之後，一定要閉上眼睛，用心去思考先前到底讀了些什麼，想不起來的再翻書查閱。

手到

眼到、心到、口到，基本上解決了孩子閱讀過程中注意力不集中的問題。要達到良好的閱讀效果還離不開手到：塗畫、記錄要點，記下疑問、感想，使閱讀更為積極，而且可以加深理解和記憶。

手到就是說大家要一邊讀一邊畫線或做筆記。經過手到的整理工作才有可能融會貫通。

大致說來，手到可分為四個方向：

- ✧ **標點分段**：在閱讀中將文字的標點邊念邊點出來，同時清楚區分各個段落，使自己不至於對文字、語句的意義有遺漏。
- ✧ **畫線打鉤**：準備有顏色的筆，根據難易程度用不同顏色的筆標出有問題的、困難的或重要的段落。
- ✧ **查工具書**：工具書包括字典、參考書、地圖集等，當閱讀途中遇到困難時，馬上動手查閱，將疑問當場解決，切勿拖延。
- ✧ **摘要筆記**：摘錄重要文字，抄寫的過程容易強化印象。上課或閱讀得到的重要資料應馬上隨手抄在旁邊。

只要做到了眼到、口到、心到、手到，孩子讀書時的注意力就會大大提高，對抗外界的干擾能力也會增強。這樣，孩子的閱讀速度會隨之加快，閱讀能力也會隨之增強。

與孩子一起讀書

在《閱讀的媽媽》中有這麼一段讓人印象深刻的話：「你或許擁有無限的財富，一箱箱的珠寶和一櫃櫃的黃金，但你永遠不會比我富有，因為，我有一位讀書給我聽的媽媽。」孩子的智慧從哪裡來？從媽媽講的故事中來，從書本中來，因此，家長養成和孩子一起讀書的習慣比任何的大道理都更有說服力。

對孩子而言，閱讀首先緣於興趣。孩子一旦對某個事物產生興趣，就會孜孜不倦地追求，乃至形成愛好，養成習慣。因此，家長可以從孩子的興趣人手，培養孩子與自己一起閱讀的習慣。

從朗讀聲中開始，與孩子一起感受故事

在生活中，有很多孩子常常會主動向家長提出要求，要爸爸媽媽講一個故事，這個時候往往是和孩子一起讀書的最好時機。家長可以透過朗讀故事，讓孩子沉浸在與父母一起閱讀的快樂中。

有一位聰明的媽媽是這樣做的：

在孩子很小的時候，我們就養成了睡覺前給孩子朗讀故事的習慣，或者放一些故事磁帶，陪孩子一起聽，持之以恆。孩子對作品中生動、形象、鮮明的人物和故事情節特別感興趣，對閱讀的興趣也就在父母抑揚頓挫的朗讀聲中漸漸產生了。

給孩子讀書時要大聲。有些家長不太好意思大聲給孩子念書，怕自己會念錯；其實大可不必這樣想，孩子是不會在意父母是否會念錯的。如果

念的時候能放慢速度，再加上面部表情和一些表現聲音的狀聲詞，那就更好了。家長可以和孩子一起討論插圖中的細節；當故事進入高潮時，還可以故意停下來，問孩子一些問題，例如「小貓為什麼跑了呀？」等，以提高孩子閱讀的興趣。

和孩子一起談論看過或者讀過的書

在孩子看書之後，家長可以和孩子一起討論內容的好壞，獲得了什麼樣的體會和心得。如果讀過的是一些名著的話，可以與孩子找一些文學評論，看看別人對名著的評價是什麼？跟孩子一起聊聊，看過的書都說了些什麼，有哪些特點，這樣孩子就會從讀過的書中慢慢受益，並能保持一貫的讀書熱情。

及時引導，拓展孩子的思維

比如，在與孩子一起閱讀，遇到生詞時，家長首先問問孩子知不知道是什麼意思，當他能說出其含意時，說明他已經讀懂了。若他不清楚，這時就要用通俗的語言進行解釋，再讓孩子用這個詞造些其他的句子以加深印象。若遇到成語典故，可以再給他講講其由來，從而拓展孩子的知識面。這樣邊讀邊講，也能避免孩子在長時間的閱讀中產生枯燥感。

提倡快樂閱讀，在書籍的選擇上尊重孩子的興趣

作為家長，我們不能強迫孩子讀他不喜歡的書，不去破壞孩子閱讀的感覺，將閱讀的自由還給孩子。家長可以以增加孩子閱讀量為目標，鼓勵孩子自由閱讀，而不單單是和學習直接相關的書。平時帶孩子逛逛書店，買些他喜歡的書。這能讓孩子始終保持閱讀的興趣，並能體驗到閱讀帶來的快感。

在孩子能獨立閱讀以後，仍要堅持與孩子一起讀書

有很多家長深有感觸；「若與其他孩子一起看電視，一起讀書，我們孩子的興致會很高。如果讓他獨自去看，看幾眼，他就沒了興趣，又去尋別的事做了。」

研究表示，大部分兒童在 12 歲以前，其傾聽理解能力要比閱讀理解能力強，所以，家長為他們念書比他們獨立閱讀收益更大。此外，家長的參與，能讓孩子覺得讀書很重要，自己受到了家人的愛與關注。

讓孩子始終保持心情的愉悅

當孩子遇到困難時，保持孩子讀書的興趣是最重要的。在孩子「卡殼」、講不下去的時候，家長不妨從插圖中或上下文中幫助孩子尋找線索·給孩子一些提示。只要孩子能讀懂故事大意，少數地方講錯了並沒有太大的關係。家長不要急於責備孩子，即使在糾正孩子錯誤的時候，也要採取耐心和鼓勵的方式，盡量讓和孩子一起讀書的這段時光充滿快樂，要避免生硬的「上課」。

兒童教育學家在研究的過程中發現，經常和父母一起讀書的孩子，語言能力和記憶力都發展得很快。因此，與孩子一起讀書是父母義不容辭的責任。對孩子而言，書本詮釋了他們的生活世界，為他們提供了想像力和豐富的精神生活。作為家長，和孩子一起閱讀，共同體會閱讀的甜蜜和快樂，將是我們送給孩子的最珍貴、最偉大的一筆財富。

如果您每天都會自問：我今天跟孩子一起閱讀了嗎？而且經常得到肯定的回答，那麼讀書就成了您自己和孩子生活中不可分割的一部分，讀書的過程也就成了每天享受生活的過程。

讀書—儲備寫作素材

唐小軍是國中三年級的學生。這孩子從小就讀過不少書，談起什麼來也都略知一二，但是，令人遺憾的是，他的國文成績並不如父母想像的那麼理想。為此，唐小軍的父母大惑不解。

事實上，唐小軍的父母忽略了一點：唐小軍雖然愛看書，但他看書只是追求書的故事情節，而沒有去用心體會、理解與累積。因此，他雖然讀書很多，但是理解能力並沒有得到鍛鍊和提高。他知識的累積更多是停留在表面上。

唐小軍的例子是當今社會大多數孩子普遍存在的一個問題，讀書多但不善累積，所以收穫有限，所得的知識也很淺陋。其實，孩子閱讀的目的旨在激發他們閱讀的興趣，拓寬學生的視野，增長他們的知識，提高孩子的素養，但如果沒有養成讀書累積的習慣，對孩子的幫助並不是很大。因此，要想孩子讀書有收穫，家長必須讓孩子做一個讀書的有心人，學會累積，養成一邊讀書一邊累積的好習慣。只有這樣，才能使孩子的思想變得開闊，知識變得淵博起來。

多數知識淵博、卓有成就的人，都是注重讀書與累積的：

著名學者鄧拓讀書時習慣累積。他平常讀書看報，總是備著一個小本子，把有用的東西隨時記下來。他把這樣的方法比喻為「拾糞」，他說：「你們看農民出門，總隨手帶著糞筐，見糞就撿，成為習慣。特地出去撿糞，不一定能撿很多。但養成了隨時撿糞的習慣，自然就會積少成多。」他還說：「古今中外有學問的人，有成就的人，總是十分注意累積的。知識就是累積起來的，經驗也是累積起來的。我們對什麼事都不應該像『過眼雲煙』。真正所謂成就，也就是在前人的知識基礎上有所發展，沒有累積，就什麼也談不上。」

這些經驗充分告訴我們，讀書時一定要善於累積，豐富自己的知識儲備，開闊個人的視野，這樣才能真正做到「積學以儲寶」。

對於孩子來說，讀書累積是促使他們學習進步，擴大知識面，取得事業巨大成就的重要途徑。要想孩子靈活地運用自己學過的知識，在用的時候信手拈來，運用自如，就應該養成隨時累積的習慣。

那麼，家長應如何引導孩子學會累積呢？下面介紹幾種累積的方法：

- ✧ **卡片累積**：讓孩子在去資料室、圖書館的時候，包裡、口袋裡裝上卡片。看到有價值的資料，隨時記下來。一段時間以後，可以把這些卡片分門別類地集中在一起，歸到卡片盒中。同一類的資料分屬一起，做個指引卡備用。需要用資料的時候，到卡片盒先查一下，能達到事半功倍的效果。
- ✧ **記錄法**：正所謂「好記性不如爛筆頭」。家長可讓孩子備一個筆記本，把平時讀書、看報、聽廣播、看電視、看電影以及與人交談等活動時發現的有用資料，隨時記錄下來，然後分類整理，擬上標題，並在開頭編上目錄。這樣，不但便於查閱，而且有利於培養發現問題和分析問題的能力，有利於提高寫作水準。
- ✧ **摘抄法**：讓孩子準備一本「詞語摘抄本」，從日常語文學習和課外閱讀中，將那些形象、真實具體、鮮明準確的詞語分類記在詞語本裡。例如，把表達心情愉快的詞放在一起，把描寫天氣的詞語放在一起，把描寫景物的詞語放在一起……這樣做，能幫助孩子累積語言資料，獲得語感，進而形成語言能力。當孩子用起來的時候，也就「下筆如有神」了。

✧ **剪貼法**：引導孩子把一些報刊上的文章、資料剪下來，分門別類地貼在剪貼本上，並注明這些文章、資料的作者和出處。當孩子用起來的時候，便可得心應手了。

✧ **背誦法**：大量地閱讀與背誦也是一種很好的累積方法。作為家長，應鼓勵孩子，在空閒的時候，多讀一讀書，好的書籍或文章不僅要品讀，更應該背誦下來。這樣不僅能培養孩子的語感，豐富知識，還能陶冶性情，提高孩子的語文素養。

✧ **做讀書筆記，寫讀後感**：經常鼓勵孩子寫讀書筆記，讓孩子把讀書過程中產生的問題和讀後感用文字記錄下來。對於孩子的能力提高來說，這是很好的建議。但值得注意的是，家長不能硬性規定一定要寫讀書筆記，否則孩子會因為怕麻煩而放棄閱讀。其實，寫不寫讀書筆記有時並不是很重要，重要的是家長要注意引導孩子讀有所悟、思有所用。

其實，知識的儲備是一個長期的過程，不可一蹴而就。在累積知識的過程中還需要孩子有恆心、有耐心，要堅持不懈，善於動腦動手。此外，家長還可引導孩子根據自己的愛好、志向來確定累積知識的主攻目標，努力使孩子得到的知識豐富、新穎、實用。

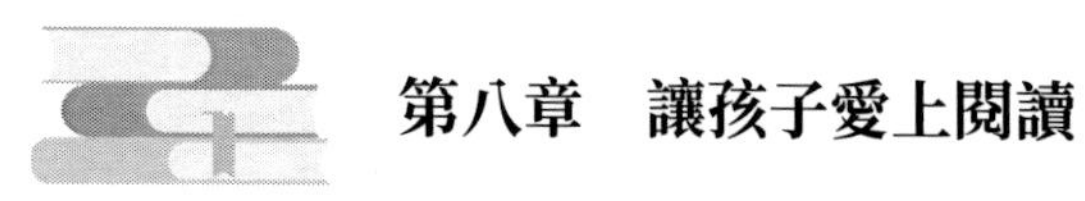

第九章
人際環境影響孩子的學習成績

在生活中我們發現這樣一種現象：那些人際關係差，在團體中受排斥的孩子其課業成績也差；反之，那些人際關係好，在團體中受到歡迎的孩子，他的課業成績一般都比較好。

這是因為，人際關係差的孩子始終處在過度焦慮與煩躁的狀態中，無法專心地學習；而那些人際關係好的孩子，能在團體生活中得到友誼、尊重和互助，不用擔心受到他人的威脅甚至侵犯，這種悅納自己的最佳心態使他們能，夠身心愉悅地投入學習活動中。

因此，家長需重視指導和培養孩子處理好人際關係，給孩子提供良好的人際環境。因為它關係到孩子的身心健康與成績的優劣。

和諧的家庭氛圍有利身心

「嚴厲中成長的孩子學會苛責，敵意中成長的孩子學會爭鬥，譏諷中成長的孩子學會羞怯，羞辱中成長的孩子學會愧疚，寬容中成長的孩子學會忍讓，鼓勵中成長的孩子學會自信，讚揚中成長的孩子學會欣賞，公平中成長的孩子學會正直，支持中成長的孩子學會信任，在獲得認同中成長的孩子學會自愛，友愛中成長的孩子學會關愛。」

孩子的成長就如這首小詩所說的那樣，很大程度上取決於家庭氛圍的影響。家庭是孩子成長的搖籃，家人和睦，是讓孩子感到快樂、安全的首要條件，在這種環境下，孩子身心健康，做事情也更能集中注意力。反之，如果家庭不和諧，家人經常爭吵或者父母離異，孩子的心靈會受到不良影響，這種不良影響也會在注意力上表現出來，致使孩子出現做事不專注的情況。

劉昕潔是一名國二生，她一向課業成績優異。但是，最近班上的老師發現，劉昕潔的學習狀態欠佳，上課的時候總是一副精神恍惚、心事重重的樣子，有時候連老師問她問題，也總是答非所問。剛開始的時候，老師們以為是孩子熬夜造成的，都勸她注意休息。可是，一段時間下來，劉昕潔上課不專心的問題非但沒有改善，反而越演越烈，課業也嚴重落後。

班導嚴老師找她談話。自尊心很強的劉昕潔半天都沒有說話，問急了，眼淚就「撲簌簌」地掉下來了。在老師的耐心引導下，劉昕潔才敞開心扉。原來，劉昕潔的爸爸媽媽一向感情不和，經常為了雞毛蒜皮的小事吵架。這一次矛盾升級，爸爸對媽媽大打出手，還一時失手，把媽媽的額頭砸出了血。媽媽提出離婚。於是，他們把離婚的事搬到飯桌上談，還問劉昕潔要跟誰一起生活。

在這種情況下，劉昕潔怎麼可能安心念書呢？她總在擔心爸爸媽媽什麼時候不要她，不要這個家了。

故事中的劉昕潔因為父母之間的矛盾、紛爭出現了焦慮、精神恍惚，缺乏安全感等不安情緒，在這種情緒的影響下，她無法專心聽課、認真學習，以至於老師講什麼都不知道，嚴重地影響了課業成績。事實上，家庭紛爭不僅影響到孩子的學習，更會在孩子的心靈上留下嚴重的創傷。因此，要培養孩子的專注力，培養孩子的健康心靈，家長不要把孩子置於家庭矛盾的風口浪尖之上。對於孩子來說，和諧的家庭是他們身心健康發展、專注力健康成長的良方。

那麼，家長應如何給孩子營造一個良好的家庭環境氛圍呢？專家建議：

家長要為孩子營造家庭中愛的氛圍

孩子在成長中最需要的就是安定、安心、安全的環境與父母完整的愛。愛的溫暖給孩子的全面發展提供了一個良好的心理環境，家庭中愛的氣氛是催化孩子智慧之芽的陽光，當然也是孩子的專注力健全發展的高效營養劑。因此，要想孩子做到心無旁騖、專心致志地學習，家長應給孩子營造一個充滿愛與和諧的家庭氛圍。家庭成員之間應該互相關心、互相尊重、互相理解、親密融洽，這是孩子專注的心理保障。家庭人際關係如果不和諧，經常吵吵鬧鬧，對於孩子來說是一種心理干擾，情緒壓力。在這種負面情緒的干擾下，孩子是不可能做到專心學習的。

關注孩子內心的環境需求

強強最近在學校裡總是無精打采，有時候還眼眶紅紅的，一副剛剛哭過的樣子。原來，班裡有一些男同學在議論他的爸爸，說強強的爸爸失蹤了好幾年都沒回家，不知道去哪裡了。爸爸成了強強心裡最大的祕密。

老師經過與強強母親的溝通了解到：強強爸爸在生意上有些麻煩。有時候，一些陌生人的突然出現，會給家裡人帶來很多困擾和擔憂。而強強的媽媽從不在家裡提起強強的爸爸。即使有時候強強主動問起，媽媽不僅會故意岔開話題，還會生氣。一次，老師安排同學們寫一篇〈和爸爸的一件事〉的作文，課堂上，同學們都談論起各自與爸爸之間的很多事情。強強一聲不響，同學們問起他，他也閃爍其詞，甚至轉過頭默默地流下眼淚。

突然的家庭變故對孩子心靈會造成極大的創傷，有些孩子會因此變得孤僻、憂慮、失望、煩躁、冷漠、自卑；有的則暴躁易怒，遇事易衝動，攻擊性比較強，不思學習，任意翹課。而強強顯然就屬於前者。在處理此類孩子的問題時，家長要給予持續的關注，孩子有困難時，家長及時有力的幫助顯得尤為重要。如果對家庭環境的不適及羞愧已經壓得他失去了面對生活的勇氣，那麼家長和老師都應適時有效地介入。

不要讓孩子背負沉重的負擔

楊楊是個多愁善感、早熟的女孩，最近她非常苦惱，因為她覺得自己過得不開心，很苦悶。為什麼一個11歲的女孩會有如此沉重的心情？「不知為什麼，媽媽總是罵我這不好，那不好。我一回到家就要挨罵，為什麼媽媽總是不喜歡我？」據老師了解，其實，楊楊的父母非常疼愛女兒，也總是為楊楊提供最好的生活學習條件，但同時家長對孩子也有很高的要求。成績，父母要求楊楊必須全班最好；彈琴，父母要求楊楊小學階段一定要考過八級；生活，楊楊必須看起來比其他孩子懂事。父母對楊楊有太多太高的要求，一旦楊楊做不到，爸爸媽媽就會唉聲嘆氣，滿臉失望，讓楊楊充滿了負罪感。「我偶爾也會犯錯，我也想過得輕鬆自在，但每天都在父母的催促聲中生活學習，我怎麼快樂得起來？」

父母對孩子過高的期望會給孩子成長帶來沉重的壓力。一些揠苗助長的家長最後往往會收穫行將枯萎的「秧苗」，而背負太多壓力的孩子最後不是變得越來越自卑、膽小，就是變得叛逆、不聽勸告。因此，良好的家庭氛圍還應該給予孩子心理上的輕鬆感，讓孩子能夠自由地發揮自己的潛力，而不覺得是負擔。

家長應言傳身教

言傳身教是幾千年傳統教育的永恆命題。「其身正，不令而行；其身不正，雖令不從。」

很多家長一邊喋喋不休地要求孩子埋頭苦讀，一邊在麻將桌旁流連；一邊讓孩子專心寫作業，一邊津津有味地看電影，看電視……在這種自相矛盾的教育環境中長大的孩子，怎麼可能做到專注呢？因此，家長在要求孩子的同時，一定要注意自己的言行，做好孩子的典範。

孩子的成長植根於家庭，家庭是培養孩子專注力最主要的環境，家長是孩子最好的注意力訓練師。為了孩子擁有專注的學習狀態，家長應從現在開始，積極地為孩子營造一個和諧融洽的家庭氛圍，有了良好的家庭氛圍做基礎，孩子的專注力培養就有了充分的保證。

融洽的親子關係讓孩子愉快學習

親子交往是孩子人際交往的第一步，和諧美滿的親子關係，是孩子健康成長的土壤，是孩子愉快學習的首要條件。那麼，怎樣才能給孩子一個融洽的親子關係呢？

要「平視」孩子，不要「俯視」孩子

很多家長因為孩子「說不出」，就以為孩子也「聽不懂」，因此常常採取「俯視」的姿態和孩子講話。而恰當的說話方式應該是一種「平視」的姿態——從孩子可以理解成人話語意圖的時候開始，就把孩子當成和自己一樣有語言理解能力的人和他們交談；當孩子處於旁聽者的角色時，也要像尊重和自己有同等認知能力的成人那樣，顧及孩子的感受和想法。

「平視」的視角和語言更有利於塑造孩子良好的個性品格。只有「平視」才能比較清晰而準確地洞察孩子的語言發展、語言風格、個性氣質，而在「平視」基礎上的恰當評價對孩子的心智成長有積極的影響。

要信任孩子，不要監視、嘲笑孩子

在現實生活中，有相當一部分家長，自覺不自覺地扮演了監視者的角色，對孩子的任何事情都要監視、過問。不准孩子做這個，不准孩子做那個……如孩子放學回家晚了一點，家長就會不斷地追問盤查，一定要孩子把自己的行程匯報得清清楚楚，似乎只有這樣才能放心。又比如，孩子向父母暢談理想未來時，家長會因為覺得孩子異想天開就武斷地打斷孩子的話，嘲笑他的幼稚無知……

家長的這些不信任孩子的做法與行為，嚴重傷害了孩子的自尊，讓孩子對家長產生了戒備的心理，在這種情況下，親子融洽之說只能是空想。

尊重孩子，給孩子平等的發言權

孩子與成人一樣，對別人的愛護關懷或諷刺責難都是十分敏感的。家長隨意發脾氣，甚至一個表情、一句話，都會對孩子產生影響。要做到尊重孩子，家長應注意以下幾點：

✧ 耐心傾聽孩子的想法、觀點，不管這個想法和觀點在你看來多麼可笑和不現實，也一定要很耐心、很認真地聽完，一定要尊重孩子的人格。

✧ 不要隨意指責，草率地否定和評論孩子的觀點。

✧ 要對孩子的想法和觀點予以積極回應，讓孩子充分地表達自己的想法，家長要作出積極的姿態：「你這個想法不錯，要是再增加一點或改變一點就更完善了。」家長的積極反應可以讓孩子心情愉快，充滿成就感。

✧ 要留意孩子的需要，留意他們的情緒，並給予適當的引導或點撥，這樣會幫助孩子真正解決問題，使孩子對父母產生親切感，並以愛回報，密切親子之情。

理解孩子，換位思考

家長要想與孩子有效溝通，學會換位思考很重要，即站在孩子的角度考慮問題，站在孩子的角度去理解他的內心感受，站在孩子的角度去說好每一句話。家長換位思考，能更好地了解孩子和教育孩子，從而使對話朝著家長期望的方向發展。

一位父親和兒子為一件小事發生了爭執，誰也無法說服誰。父親靈機一動，不再和孩子爭執了，而是對他微微一笑說：「孩子，能和爸爸爭辯，說明你長大了，有自己的獨立思考方式，爸爸感到很高興。這樣做肯定有你的理由，該怎麼做你自己決定吧！」父親如此說，兒子反而不好意思了，說：「爸爸講的也有道理，您的意見我會認真考慮的。」

你看，這就是換位思考的魅力。只有做到換位思考，讓孩子將心比心，孩子的心靈才會向你敞開，教育才能得心應手，親子之間才能互相理解，彼此的關係也才會更加和諧。

及時鼓勵

孩子取得好成績時，需要父母的鼓勵和讚賞；當他們遇到挫折時，更需要安慰和鼓勵。及時的鼓勵可以給予孩子再嘗試的勇氣；適當的鼓勵可以增強孩子的自信心，支持孩子繼續努力。父母最容易疏忽的是：認為孩子把分內的事情做好本來就是應該的，不值得鼓勵和讚許，只在他們表現欠佳時，才提出批評和指正。這樣對孩子顯然是不公平的。

多花點時間陪伴孩子

許多父母都要工作，事業占去了他們大部分時間，有時忙於應酬，身心疲憊，就會忽略了陪伴孩子的時間和機會。孩子渴望父母陪伴他們，聽他們講在學校的趣事和煩惱。如果回家後房間裡空無一人，冷冷清清，他們就會覺得自己被冷落，被忽視，從而變得自卑、自棄，還有一些孩子因此與父母變得更加隔閡。

親子間其樂融融的氛圍，需要家長和孩子共同努力營造，尤其需要家長對孩子的關愛。父母的關懷、接納、信任、傾聽、陪伴、安慰、鼓勵，對孩子的身心健康與情緒發展有著不容忽視的影響，只有親子關係融洽，孩子才有可能精神愉悅地投入到學習活動中去，從而取得優異的成績。

教孩子學會適應老師

孩子到學校去，其目的在於學習知識，接受教育，孩子的大部分知識有賴於老師的傳授。孩子是不是喜歡老師，能否適應老師的教學方式，與老師的關係是否和諧、融洽，關係到孩子課業成績的優劣。因此，讓孩子適應學校生活、適應不同的老師很重要。

因為，不同的老師有著不同的教學方法和教學特點。比如，有的老師講課的速度較快，有的老師則慢條斯理；有的老師比較感性，注重情感交流；而有的老師則比較理性，重邏輯思維的培養……而這些，都不是我們可以選擇的。作為家長，我們唯一能做的，就是教育孩子尊重老師，適應不同教師的教學風格，釐清思路，總結規律，提高聽課品質。如果孩子無法適應一位老師以及他的講課方式，那麼必然會導致他這一學科課業成績的下降，如不及時採取補救措施，由局部推及整體，其他學科也會隨之受到影響，再想扭轉局勢就很困難了。

那麼，家長應如何教育孩子適應不同風格的老師呢？

✧ **尊重老師家長要帶頭**：親其師，才會信其道。家長不懂得尊重老師，往往會使自己的孩子不尊重老師。如果孩子不尊重、信任老師，他就不愛學老師所教的知識，就不愛聽老師所講的課，在課堂上，他也不願意與老師互動。因此，家長要給孩子帶好尊重老師這個頭，在日常生活中做到對老師不說三道四，對老師要求家長配合的方面，家長應積極配合……

✧ **家長可以讓孩子體會老師的辛苦**：如每個星期日，家長可以讓孩子給自己講一堂課，切身體會一下做老師的辛苦。事先，要讓孩子備課，把一週學到的知識編成大綱。講完課，要給父母留作業，並且批改。這樣，孩子能切身體會到做老師的辛苦，對老師多一點體諒，對老師的付出產生敬畏之感。

✧ **遇到問題時，透過合作來解決**：當孩子回家抱怨老師的時候，不要隨口附和，甚至跟他一起攻擊「敵人」。你應該客觀地了解具體事情的來龍去脈，然後找到禮貌的解決辦法。不要提出具有對抗性的辦法，如果確實是老師有問題，你可以跟孩子說：「我希望我們一起努力解決這個問題。」這種教育方式有利於孩子客觀地分析事情，掌握與老師正確溝通、交流的方式。

✧ **與孩子一起尋找老師的優點**：很多時候，孩子會因為對老師個人的好惡影響到自己的學習。在這種情況下，家長應讓孩子理解到不管是誰，都會有這樣或者那樣的優點和缺點，人不可能十全十美，老師也一樣，與其挑剔老師的缺點和不足，不如調整自己的態度，努力尋找老師身上的優點和長處，從而把對老師的不喜歡變成喜歡。只有這樣，孩子才能真正從老師那裡學到知識，才能讓自己變得更優秀。

✧ **家長要與老師多溝通**：在處理孩子與老師關係的問題上，家長也扮演很重要的角色。孩子各方面都不成熟，很容易對老師產生一些片面的想法；又由於個性的不同，會導致與老師的各種矛盾，但這些問題其實可以透過家長與老師的正確溝通得到化解。比如這幾天孩子因為身體不怎麼舒服，可能會在上課時顯得無精打采，這時老師就會不高興，會責備孩子，對於成績不好的孩子，甚至會出言責罵。這種狀況下，如果家長能預先與老師打招呼，老師知道真相後就不會對孩子產生誤會了。另外，家長的細心周到、及時聯絡，也會讓老師感覺得到了尊重，這會為孩子的師生情增加許多良性的因素。

✧ **讓孩子適應老師的各方面**：家長應讓孩子適應老師的各方面，如老師的性格、語言、講課方式、教育管理方式。讓孩子理解老師，換位思考，不斷勉勵自己勤奮學習，做遵守紀律、善於學習的學生。

培養孩子感恩的心

「感恩」的定義是：樂於把得到好處的感激呈現出來且回饋他人。一個人在感恩的時候，他的內心就在感受更大的恩，這恩是來自他自身的善意，因此，他會活得快樂而堅定，勇敢而有力量。因為懂得感恩，他們看待問題不會偏激，想事情不會光顧自己，他會顧全別人的感受，推己及人。

一個懂得感恩的孩子會更快樂、幸福、樂觀而容易滿足，他們不會因為小小的不如意就怨天尤人，不會因為一點點的失落就煩惱不已。一個感恩的孩子內心是溫暖的，因為，他們始終覺得自己是被喜愛、被幫助、被關懷的，孤獨感因此而驅散，對世界的懷疑和對抗也因此而消失。這樣的孩子更熱愛生活，珍惜生命，心態也更平和。

然而，在現實生活中，卻有這麼一些孩子，他們花樣翻新地講究吃，極盡考究地講究穿，理直氣壯地講究用，時尚休閒地講究玩。他們習慣父母無微不至的愛而不知道感恩，習慣於接受他人的幫助而不說「謝謝」，習慣豐富的物質享受而不懂得珍惜。他們多數人記不住父母的生日；對來自父母的照顧視為理所當然；比較心態強，不懂得珍惜幸福生活；不服從父母、師長的管教……這樣的孩子，只懂得索取，不懂得回報，其情感是匱乏的，內心更是貧瘠的，他們哪怕遇到一點點的不順利都會怨天尤人，把自己的不順歸結於他人對自己的不公平。這對孩子的成長極為不利，這樣的孩子更經不起風雨。

以下就是這麼一則故事：

王邱的課業成績很好。媽媽每天在家裡為他端茶倒水，伺候他如同少爺一般。

有一天早上，媽媽因為忙碌忘記幫他裝水，結果王邱走出家門發現水壺裡沒有水，又退回來，狠狠地對媽媽講：「都是你，害得我要遲到！」

還有一次，王邱要參加朗誦比賽，媽媽忘了把他的筆記本帶來，他也當著大家的面對媽媽大發脾氣，一定要媽媽回家把筆記本帶來才肯上臺，因為他有一句重要的臺詞記在筆記本裡了。等媽媽把筆記本拿來，比賽已經結束了，而他因為發揮不好沒有取得名次，於是更加責怪媽媽「服務」

不到位，如果不是因為她忘記帶筆記本，他必定會取得第一名。說著說著，開始在大家面前對媽媽動手動腳。

這時候，王邱的媽媽才意識到自己平日對孩子溺愛過多而教育不足，自己總是把孩子的事情當作自己的事情來做，以致孩子把媽媽為他做的事情視為理所當然，絲毫不懂得尊重媽媽，不懂得感謝媽媽的付出。

可想而知，當時，王媽媽有多寒心！

事實上，父母愛孩子，這是一種發自內心的情感，這種情感使父母願意為自己的孩子做很多很多的事。而他們卻往往忽略了一個問題，教導孩子懂得感恩，告訴孩子對於別人的付出，一定要表示感謝，心懷感激。孩子只有心懷感激，才能把這種感激轉化為成長的動力。

有一位名叫尹禮遠的孩子，家境貧寒，父親左手殘疾，母親有智能障礙。因為從小就知道父母的艱辛與不易，小小年紀的尹禮遠顯得比他的同儕更加成熟與懂事，除了勤奮刻苦地學習，以此來報答親人對他的期望，還想方設法減輕家裡的負擔。

為了節省作業本，他寫了擦，擦了寫，至少要寫三遍；為了節省鞋子，暮春時，他就光腳，一直到立秋才穿鞋，若是遇到下雨、下雪天，即便是冬天，他也脫下鞋走路。假日還經常去工地做工賺學費。

他的故事感動了許多的人，因此，大家為他捐款、捐物資，援助他學習。而他對於大家的幫助始終心懷感激，更加努力地學習，最終不負眾望，取得了好成績。他說，他要把這種愛傳播出去，要做更多的事情回報這個關愛他的社會。

這就是感恩的力量。那麼，我們如何才能讓孩子懂得回報與感恩呢？

- **父母要反思自己的行為**：孩子缺乏感恩之心，與父母有很大關係。有的家長對待親人、朋友很吝嗇，不知道施以愛，而是一味索取，比如對長輩不孝；對家人不好；得到朋友的幫助，不知道感謝。所以，在教育孩子時，父母首先應該反省一下自己：當接受別人的關懷、幫助、祝賀時，是否表示過真誠的謝意？此外，淡化甚至忽略對孩子感恩意識的培養，讓孩子感受不到父母的關愛，將孩子萌芽的感恩之心扼殺掉的行為，也是孩子不懂感恩的重要因素。

✧ **父母應身體力行，讓孩子看到你對長輩的孝道**：孝順長輩是日常生活裡讓孩子體會感恩的最基本做法。平時多幫自己的父母做家事，並且告訴孩子：爺爺奶奶年紀大了，自己煮飯、打掃都很辛苦，平常沒有幫到忙，所以回來時要多為父母盡點力。這樣一來，孩子看到了父母的行為，也了解到感恩的意義，以後就會幫父母做家事。

✧ **家長應該讓孩子知道愛應該是雙向的，滴水之恩，當湧泉相報**：一個只懂得向他人索取而不懂得回報的孩子，長大後將不僅不懂得孝道，不知回報親人，更不會幫助他人，自然也不會得到他人的幫助。

✧ **讓孩子學會感謝自己身邊的人**：家長在與身邊的人乃至不認識的人相處時，要給以積極的幫助，並且在得到他們的幫助時，要把自己的感恩之心傳遞給孩子，讓孩子也感覺到受人以恩，不能忘卻。要培養孩子的感恩之心，家長應讓孩子學會感謝身邊的人：

· **感謝自己的母親**：母親既給了孩子生命，又哺育孩子成長。母親應該多向孩子講述他們成長的故事，使孩子從小意識到自己不是石頭縫裡蹦出來的，也不是山上拾來的，而是媽媽一點點養大的。當然媽媽在講述時要自然，感情要真摯，不可讓孩子覺得你在「居功自傲」，要讓孩子體會到無私和高尚的母愛。做父親的要細心，孩子都很重視自己的生日，早早就在策劃自己的生日怎樣度過。很多父親為孩子過生日很大方，花很多錢把孩子的朋友請到飯店開一個派

對，燭光閃閃，笑語歡歌，好不熱鬧。可是細心的父親不應該忘記在給兒子切生日蛋糕前，告訴兒子送一支鮮花給媽媽，感謝媽媽在這一天將他帶到這個世界上。

· **感謝自己的父親**：所有的母親要教育孩子尊敬和熱愛他們的父親。告訴孩子父親的辛勞，父親為這個家庭所作的種種犧牲和努力。父親是家庭這艘大船的船長，感謝他給了我們安全和溫暖的家。教育孩子好好學習，好好做人，以報答父親的辛勤工作。

· **讓孩子感謝自己的朋友**：有不少父母因對孩子的世界漫不經心，所以常常會忽視孩子之間的友情，結果造成對孩子的傷害。事實上，做父母的應該重視孩子們之間的友誼。在孩子的世界裡自有一種父母無法想像的「法則」和相互間不可忽視的影響力。

· **感謝老師和學校**：學校從父母手中把孩子接過去，將孩子變成了強健、善良、勤勉的少年。父母常常諄諄告誡孩子在學校要聽老師的話。但是要真正使孩子聽老師的話，首先要讓孩子尊敬老師，能細心體會老師的辛勤教育而感謝老師。家長不能當著孩子的面批評老師或學校，一旦老師和學校在孩子心中失去了威信，那麼您孩子教育的危機也就來了。他不再聽從老師的教導，您也就無計可施了。因此，父母們千萬要維護老師的威望，這是為您的孩子著想。

感恩教育是家庭教育的重中之重。一個懂得感恩的孩子會更珍惜自己的生活，善於發現事物的美好，感謝他人給予的一切。感受平凡中的美麗，就會以坦蕩的心境、開闊的胸懷來應對生活中的酸甜苦辣。讓孩子學會感恩，從而讓他以友善之心對待他人，尊重他人的工作，也更加尊重自己。總之，懂得尊重他人的孩子，他的內心永遠不會貧瘠！

鼓勵孩子與同學合作

林葛籣曾說過：「在文明世界中的人們，真正需要學會的是有成效的合作，以及教會別人也這樣做的本領。」善於協商與合作既是一種精神和態度，也是一種能力和修養。孩子雖然年紀小，但協商與合作的重要程序卻絲毫不減，無論是擁有現時的快樂童年，還是順利地適應未來的社會生活，都需要他們具備良好的合作精神及必要的行為經驗。歐洲心理學家阿德勒說：「假使一個兒童未曾學會合作之道，他必然會走向孤僻之路，並產生牢固的自卑情緒。」因此，家長要在孩子的日常學習和生活中逐漸培養他的協商與合作能力，為孩子將來拓展自己的人生打下基礎。

如何培養孩子的協商與合作能力呢？建議做到：

✧ **教孩子學會與他人合作而不是表現自己**：如果孩子學習比較優秀，或者在某個方面有突出的特長，就要注意教育他不能驕傲，在團體中更要善於合作，不能總是處處想表現自己。

✧ **注意培養孩子良好的性格**：心理學家研究發現，一般情況下，有良好性格的孩子合作意識與合作能力都比較強，這種良好性格包括開朗、自信、友愛、平等以及探索精神，具有這種特質的孩子會主動與別人合作，而且會合作得很好。所以，培養孩子良好的性格是邁向合作的必備條件。

✧ **培養孩子的愛心及友愛互助等品德**：如果孩子因為幫助別人而耽誤自己的學習，甚至損失獲得榮譽的機會，則要給他鼓勵和支持。善於合作與協商的孩子情商很高，會是一個將來在社會上受歡迎的人。

✧ **讓孩子學會悅納別人**：所謂悅納別人，是指自己從內心深處真正地願意接受別人。從實質上來講，合作是雙方長處的珠聯璧合，也是雙方

短處的相互遏制。因此，只有相互了解對方的長處，欣賞對方的長處，合作才會有真正的動力和基礎。所以家長要常和孩子講「金無足赤，人無完人」的道理，不能因為別人有這個缺點或那個毛病，就嫌棄他、疏遠他。在日常生活中，家長要教育孩子多注意並善於發現別人的長處，對於別人的長處要誠心誠意地加以讚美。此外，家長自己平時在工作和生活中，也應堅持用這種態度對待他人，成為孩子的表率。

- ✧ **讓孩子多參加有利於產生合作關係的活動**：家長可以讓孩子玩一些諸如共同堆積木、拼圖等需要合作的活動，還要鼓勵孩子參與足球、籃球、排球、跳繩等體育活動。這些活動既有團體之間的對抗與競爭，又有團體內部的協調一致，因而更有利於培養參與者的合作精神。
- ✧ **幫助孩子形成良好的合作態度**：一般的，在體育遊戲和角色遊戲中，孩子們的合作都比較好，但是在建構遊戲中，往往會出現合作不愉快的現象。究其原因，是合作態度的問題，因為矛盾往往發生在遊戲材料比較缺乏時，孩子們會將一部分遊戲材料據為已有，擔心一合作，就沒自己的份了。這時候，就需要家長與老師及時引導，幫助孩子消除顧慮，必要時家長或者老師可以參加到遊戲中，示範合作，引導拒絕合作的孩子與自己一起遊戲，讓孩子逐步形成良好的合作態度。
- ✧ **教給孩子正確的合作方法**：合作不是一個人的事情，所以不能隨心所欲。為了讓孩子更好地學會合作，家長應在具體的活動中教給孩子正確的合作方法。

  有一位幼兒教師是這麼教孩子的：在一次教學延伸活動中，我讓孩子們分組合作畫畫，給一棵大樹添畫樹葉，結果只有一組孩子在真正地合作，他們在商量分工，分別完成大樹的某一部分。而其餘幾組幼兒雖然都在同一棵樹上畫畫，卻各行其是，並未真正合作。我便讓合作得較好的孩子向大家介紹他們的方法，然後再進行示範合作，結果孩子們馬上明白該怎樣和別人合作了。

由此可見，在活動中教給孩子正確的合作方法非常重要，這能讓孩子更好地學以致用，在今後的活動中懂得如何合作。

- **幫孩子解決合作中遇到的問題**：如果在遊戲活動中，孩子遇到糾紛時找不到很好的解決方法，不是告狀就是吵鬧，這時就需要家長幫助孩子解決他們之間的矛盾。解決這樣的問題時，需要採取一種孩子喜歡並樂於接受的方式，不要傷害他們的自尊心。
- **向孩子充分展示合作的成果**：家長應充分肯定孩子的每一次合作，哪怕是一點點成果，也要展示給孩子，讓他們體驗到合作的快樂和成功，激發孩子們還想合作的願望，在家長與老師的積極引導和充分肯定中，孩子的合作意識和能力才能得到有效的培養。
- **創造協商與合作的家庭環境**：家長應創造善於協商與合作的家庭環境，使孩子在日常生活中得到薰陶。家庭或學習上有什麼事情，父母多與孩子商量，不主觀武斷地幫助其作決定，讓孩子感受協商與合作的過程。

協商與合作能力在孩子的個性發展中有著非常重要的作用。因此，家長應積極地創造條件引導孩子學會協商，學會合作，多啟發他們，讓孩子從小與同齡孩子接觸，適應團體生活，使孩子具備積極向上的心理，活潑、快樂、健康地茁壯成長！

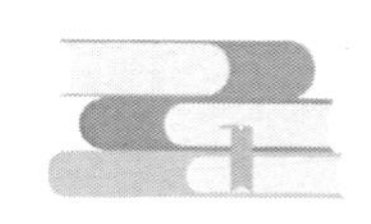

讓孩子學會與人分享

我們發現，在實際生活中，最受歡迎的孩子往往不是最漂亮的，也不是最能說的，而是有好東西能夠想到朋友，和朋友分享的，也就是比較大方的孩子。因為孩子們對分享很在意，如果有人對他們以分享的方式示好，那個人將會受到歡迎，反之亦然。

孩子們在一起玩的時候，獨占甚至爭搶玩具是經常發生的事情，因此不能武斷地說自己的孩子是自私自利。孩子們爭搶玩具，這說明他們還沒有建立良好的分享規則，還不具備對分享美德的認知。這就需要父母平時有目的、有意識地進行培養。到底該怎樣培養孩子的分享行為呢？

讓孩子體驗分享的快樂

在孩子主動與別人分享玩具或者其他東西的時候，家長給予適當的物質或者精神上的幫助和鼓勵，能讓孩子感到分享對他不是一種剝奪，而是一種增添更新更多樂趣的機會，它能給自己帶來快樂。

透過換位思考，引導孩子與他人分享

從孩子懂事開始，家長就要讓孩子學著與別人分享東西。比如，在飯桌上，家長可以讓孩子學著給長輩夾菜，鼓勵孩子給爸爸媽媽拿東西，教孩子給客人讓座，讓孩子做這些力所能及的事，從中品味做了有益於他人的事所帶來的喜悅。

有位母親是這樣教育孩子與人分享的：

週末，媽媽帶小小去公園遊玩。小小又累又渴，要求坐在路邊的椅子上喝點東西。

媽媽拿出了一袋餅乾和牛奶。這時，媽媽看見一個小女孩也坐在旁

邊，正看著小小吃餅乾。媽媽知道，小女孩也餓了，也許和她一起來的大人去幫她買吃的了。

媽媽對小小說：「兒子，給小妹妹吃點餅乾。好嗎？」

「不，我要自己吃！」小小顯然有點不願意。

媽媽耐心地引導小小：「寶貝，如果媽媽有事不在這裡，這位小妹妹有餅乾吃，你想不想吃呢？」

「想吃。」小小幾乎是毫不猶豫地回答。

「這就對了，現在你拿一些餅乾給小妹妹吃，下次媽媽不在你身邊的時候，小妹妹也會把好吃的東西分給你吃的。」

小小看了看媽媽，又看了看小妹妹，把自己的餅乾送到了小妹妹的手裡。

大多數孩子不願意把自己的東西分給別人，但他卻希望能夠分享到他人的東西。家長應該充分了解孩子希望獲得他人東西的心理特徵，透過換位思考，讓孩子站在他人的角度去思考問題，引導孩子與他人分享自己的東西。

家長可以讓孩子多結識大方的同儕朋友

大人有大人的世界，孩子有孩子的世界。大人的榜樣很重要，同儕的帶領則更加實在，孩子會下意識地向同儕學習並與他們比較。如果孩子身邊的朋友大都是大方不計較的好孩子，那麼自己的孩子也不會太差。環境是很重要的因素。

讓孩子之間互通有無

有一個媽媽為了讓孩子學會更好地分享，是這麼做的：

只要給孩子買了他喜歡的玩具、畫片或者圖書，這位家長就鼓勵孩子把它們帶到學校去，並且鼓勵他與其他孩子交換自己的玩具、畫片或者圖書。媽媽教育她的孩子說：「只要你把自己喜歡的玩具借給別人玩，那麼，別人也會把好玩的玩具送給你玩，這樣你們就有很多好玩的玩具可以玩，也有很多的圖書和畫片可以看。」

慢慢的，這個孩子嘗到了分享的甜頭，以後，不用媽媽提醒，他就會把新買的玩具帶到學校，跟其他小朋友分享。

讓孩子與自己的家人一起分享

日常生活中，許多家長寧可自己受苦也不願讓孩子吃苦，好吃的、好玩的、好用的統統都讓孩子去享受。

我們經常會看到這樣的一幕：孩子誠心誠意地請爸爸媽媽或者爺爺奶奶一起吃好東西，家長卻堅決推辭，說：「你吃，你是孩子，我們是大人，大人不吃。」或者說，「讓你吃你就吃，裝什麼樣子！」就這樣，孩子與人分享的好意被父母扼殺了。久而久之，孩子也就沒有了謙讓與分享的習慣。

因此，要想培養孩子與他人分享的習慣，最重要的是家長首先要學會坦然地與孩子分享，成為與孩子分享的夥伴，讓孩子接受和別人分享的事實，讓孩子去發現分享過程中的樂趣和成就感。比如在家裡，父母可以讓孩子為每個家庭成員分蘋果、分橘子等，教孩子學會尊老，先分給爺爺奶奶等長輩，再分給爸爸媽媽，然後才分給自己。在分東西的過程當中，孩子不僅學會了與人分享，而且明白了應該尊敬長輩、關心父母。

進行分享訓練

孩子很小時，家長就可以進行分享訓練。比如，當孩子手中拿著畫冊時，家長可以拿著一個玩具，然後溫柔地、慢慢地遞給他玩具，並從他手中取走畫冊。透過反覆訓練，孩子便學會了互惠與信任。此外，家長還可以從側面出發，想一些比較特別的點子，讓孩子體驗到與人一起分享玩具的快樂。

值得注意的是，在日常生活中，家長別對孩子做「假分享」的遊戲：

小寶貝正吃著自己最喜歡的東西，奶奶假意試探說：「乖乖，給奶奶吃點。」小寶貝乖巧地跑到奶奶跟前，拿著餅乾往奶奶嘴裡送，奶奶假裝咬了一口，說：「乖乖真乖，奶奶不吃，你吃吧！」孩子一看，自己的東西不但沒有被奶奶吃掉，還得到表揚，心裡很開心。接下來，為了測試孩子是否真的「大方」，爺爺、姑姑、爸爸、媽媽都會如此訓練。而孩子每次都很大方地配合大人們的「表演。」孩子知道，大人不會真的吃自己的食物。

因為獨享是自己的專權，孩子從小就不懂得有東西應該跟家長一起分享，從小就有了自私的觀念，這對孩子的成長是不利的。因此，要想培養孩子的分享意識，請家長不要跟孩子玩「假吃真表揚」的遊戲。

教孩子學會寬容

某位著名教育學家說過：「有了比天空更廣闊的胸懷，人才能拿得起，放得下，不斤斤計較，不憤懣牢騷，不悲觀失望，將自己的腦力用在更有價值的大事上。」對於孩子來說，擁有一顆寬容的心尤其重要，因為寬容別人，其實就是寬容自己。懂得寬容的人在給別人一個輕鬆環境的同時，也給自己一片廣闊的空間。有寬容的人生路上，才會有關愛和扶持，才不會有寂寞和孤獨；有寬容的生活，才會少一點風雨，多一點溫暖和陽光。

這是一個發生在二戰期間的故事：

一支部隊在森林中與敵軍相遇，激戰後兩名戰士與部隊失去了聯繫。這兩名戰士來自同一個小鎮。

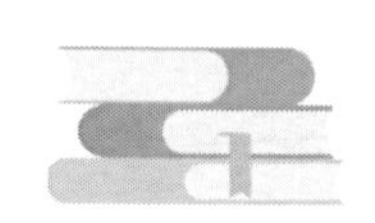

兩人在森林中艱難跋涉，他們互相鼓勵、互相安慰。十多天過去了，仍未與部隊聯繫上。這一天，他們打死了一隻鹿，依靠鹿肉又艱難度過了幾天。

也許是戰爭使動物四散奔逃，之後他們再也沒遇到任何動物。他們僅剩一點鹿肉，背在一位年輕戰士的身上。這一天，他們在森林中又一次與敵人相遇，經過再一次激戰，他們巧妙地避開了敵人。就在自以為已經安全時，只聽見一聲槍響，走在前面的年輕戰士中了一槍，幸虧傷在肩膀上！後面的士兵惶恐地跑了過來，他害怕得語無倫次，抱著戰友的身體淚流不止，並趕快撕下自己的襯衫包紮戰友的傷口。

晚上，未受傷的士兵一直唸著母親的名字。他們都以為自己熬不過這一關了。儘管飢餓難忍，可他們誰也沒動身邊的鹿肉。天知道他們是怎麼熬過那一夜的。第二天，部隊救了他們。

事隔 30 年，那位受傷的戰士安德森說：「我知道是誰開的那一槍，他就是我的戰友。當時在他抱住我時，我碰到他發熱的槍管。我怎麼也不明白，他為什麼對我開槍？但當晚我就原諒了他。我知道他想獨吞我身上的鹿肉，我也知道他想為了救他的母親而活下來。此後 30 年，我假裝根本不知道此事，也從不提及。戰爭太殘酷了，他母親還是沒有等到他回來。我和他一起祭奠了老人家。那一天，他跪下來，請求我原諒他，我沒讓他說下去。我們又做了幾十年的朋友。」

寬容別人，除了給自己帶來美好的友情以外，還豐富了自己的內心，讓生命因此變得更充實。一個人如果擁有了寬容之心，他將一生無敵！因此，作為家長，應從小在孩子的心裡播撒下寬容的種子。

讓孩子除去自我中心意識，與人友好相處

讓孩子知道「「我」」與「「他人」」的含義，懂得蠻橫不講理、任性和霸道是行不通的，必須學會與人相處的方法。

✧ 讓孩子懂得家庭中「「人人為我，我為人人」」，心中有他人，對孩子不嬌慣、溺愛。

✧ 讓孩子理解和尊重父母，體諒父母的辛苦和勞動工作成果。

✧ 讓孩子體驗到只有寬容謙讓，才能與別人享受共同的快樂，必要時讓孩子體驗一下吃虧的感受，以鍛煉鍛鍊孩子的自克制能力。

讓孩子勇於承認錯誤，拋棄積怨

告訴孩子，有寬大的度量容人，不念舊惡，才能讓自己變得更加快樂。父母要了解孩子的能力、愛好、性格和心態，對孩子循循善誘，有意識地教孩子學會發現錯誤，喚醒孩子的責任心，讓孩子學會自我反省，承認錯誤，化「「敵」」為友，拋棄積怨。尤其要疏導、轉移孩子對矛盾結果的注意力，只有這樣，才能反思起因，檢討自己的過失，寬容別人的缺點與失誤行為，幫助別人改正錯誤，有利於增進友誼。

冷靜處理孩子遭受的不公平待遇，教孩子學會寬容他人

一本雜誌曾刊登過這樣一個故事：

一天，在一個兒童俱樂部的活動現場，一位滿臉歉意的工作人員，在安慰一個大約 4 歲的小孩。原來那天小孩較多，這個工作人員一時疏忽，就將這個小孩留在了網球場。等工作人員找到孩子後，小孩因為一人在偏遠的網球場受到驚嚇，哭得十分傷心。

不久，孩子的媽媽來了，看到哭得慘兮兮的孩子，她沒有因為心疼痛

孩子而責備那個工作人員，而是蹲下來，一邊安慰受驚的孩子，一邊很理性地對她說：「「已經沒事了，那個姐姐因為找不到你而非常緊張，並且十分難過，她不是故意的。現在你必須親親那個姐姐的臉頰。安慰她一下。」」

4 歲的小孩聽了媽媽的話，停止了哭泣，踮起腳尖，親了親蹲在她身旁的工作人員的臉頰，並且輕輕地告訴她說：「「不要害怕，已經沒事了。」」

這位媽媽是充滿智慧的，她知道怎樣愛孩子，怎樣培養孩子的寬容之心。

孩子的寬容心是一種非常珍貴的感情，它主要表現為對別人過錯的原諒。富有寬容心的孩子往往心地善良，性情溫和，惹人喜愛；而缺乏寬容心的孩子往往性情怪誕，易走極端，不易與人相處。

教育孩子不要過於苛求別人，不斤斤計較小事

人與人之間，難免會有誤會或摩擦的事情產生，要有忍耐、包容、體諒的心態，不斤斤計較、患得患失，要將心比心，多從對方的角度考慮問題，要把度量放寬、眼界放遠，化解矛盾。

讓孩子樂觀向上，爭取優秀

寬容別人首先要自己樂觀。悲觀之人總是心情壓抑、鬱悶，容易想到人或事物不利的一面，所以常常對別人不滿或者發脾氣。樂觀之人總是心態寧靜，相信自己，鼓勵自己，成就自己。另外，寬容大度之人一般都比較優秀。真正優秀的人，容易坦然地接受他人的過失，與人為友。

家長應做孩子的榜樣

首先，父母要做孩子的榜樣，遇到矛盾或衝突時寬宏大量，不計較得失，能夠高姿態，不怕吃點虧，能饒人處且饒人，以此使孩子受到薰染與教育，孩子才能在相應的時候做到寬容他人。

其次，父母要以身作則，為孩子營造一個和睦溫馨、相互寬容的家庭環境。孩子從小生活在一個溫馨和諧、寬容友愛的家庭環境中，會逐步形成穩定的寬容忍讓的良好特質。

讓孩子學會溝通交流

溝通是人與人之間情感交流，彼此了解的最好方式。不管是上級與下級、同事、家人、朋友或者伴侶都是需要溝通的。良好的溝通是創造和諧環境的前提條件。它不但能夠化解不同人的衝突，創造和諧的人際關係；還能夠讓人們在溝通的過程中，情感得到舒解，思想得到交流。良好的溝通能力對孩子的生活有著重要的意義。

✧ **良好的溝通能力能夠提升孩子的自信**：在與人溝通、交往的過程中，孩子慢慢理解到自己的能力，體驗到自身的魅力。他們的自我意識在他人的認可中慢慢建立了起來，變得越來越自信。因為善於溝通，孩子能夠排除孤獨感和脆弱心理，克服憤怒、恐懼、害羞等有害情緒，變得越來越擅長交際，理解他人，善解人意，也因此為他人所喜歡。相反，一個孩子如果不喜歡與人交往，不擅長溝通、交流，就會因為困惑變得越來越自閉，他們不能公正地評價自己，更不能與人很好地交際，導致自尊心受損，自信心不足。

✧ **良好的溝通能力，能融洽孩子與他人的關係，減輕孩子的心理壓力**：

在與人溝通的過程中，孩子在了解他人，讓他人了解的同時，逐漸邁出了自己狹窄的個人天地，不再孤獨、壓抑，他們能從與人交往中找到生活的樂趣；不會溝通的孩子，因為心情無人疏導，只會變得越來越孤獨、壓抑，他們會覺得沒有人了解自己。

✧ **良好的溝通能力，是孩子學到新知識的基礎**：對於孩子今後事業的發展來說，良好的溝通能力同樣有極大的幫助。有效的溝通，能節省時間和精力，減少重複工作，提高生產效率。相反，缺乏溝通，孩子會在工作的過程中四處碰壁。因此，我們說，溝通是必要的，為人父母，我們一定要教孩子學會與別人溝通。只有透過恰當的溝通，孩子才能夠融入到新的環境中，只有透過溝通，孩子才能夠從別人身上學到更多的知識，更快地成長。

家長可以從以下幾個方面培養孩子的溝通能力：

✧ **創設良好的空間**：溝通從心開始，人只有在意識到自己是安全的前提下才可能敞開自己的心扉。要讓孩子學會與人溝通，首先要讓孩子願意與人溝通。輕鬆、和諧、民主的氛圍是實現人與人之間良性溝通的前提，家長首先要改變觀念，學會「蹲下來看孩子」，尊重孩子的興趣、愛好、個性和人格，以一種平等、寬容、友善、引導的心態對待孩子，允許孩子犯錯誤和失敗，接納與鼓勵孩子發表不同的見解。

✧ **增強孩子的自信心**：孩子不善於溝通，與他的自信心缺失有關。如果孩子在團體中不被重視，沒有表現自己能力的機會，或者受到太多的批評、指責，甚至諷刺、挖苦，或者受到某種挫折後得不到應有的指導和具體的幫助，都會傷害孩子的自尊，影響自信。在這種心境下，孩子難免表現不佳，又有可能招致新的壓抑，形成惡性循環，孩子會越來越退縮，躲避人群不善溝通。

任何人都有自尊和被人尊重的需要，孩子也不例外。而自尊和被人尊重，是產生自信的第一心理動力，能讓孩子自信地過一生，活得有價值、有尊嚴。可以說，自信是溝通的第一步。要學會成功地溝通，就要讓孩子建立與人交往的信心，讓孩子正確地估價自己。

✧ **鼓勵孩子表達自己的想法**：鼓勵孩子說出他的想法，表達自己的感受。讓別人知道自己在想什麼，是進行溝通的第一步，對於那些羞澀、內向的孩子尤其要如此。鼓勵他們平時多說話，多發表自己的觀點，鼓勵他們與人爭論。

✧ **鼓勵孩子以友善的姿態對待別人**：在生活中，有些動作表示出攻擊性和不友好，比如叫喊、皺眉和緊握拳頭等；有些動作，比如微笑、握手、擁抱等，則表示出友善的意味。鼓勵孩子多作出一些友善的姿態，而不要總是一副盛氣凌人、高人一等的架勢，那樣的話難免會把朋友都嚇跑。

✧ **提供溝通的機會**：家庭在日常生活中要將時間和空間還給孩子，給孩子提供溝通的機會。這裡應該提倡「五給」：「給孩子一個條件，讓他自己去鍛鍊；給孩子一點時間，讓他自己去安排；給孩子一個問題，讓他自己去解決；給孩子一個空間，讓他自己去活動；給孩子一個權利，讓他自己去選擇。」家長要讓孩子成為家庭事務的參與者和決策者，給孩子充分表達意見的機會，實行家庭民主，耐心接納孩子的正確意見。如果學校和家庭都能做到這一點，孩子不但得到了溝通的機會，還提高了與人合作的能力，提高了實踐能力，增強了自信心。

✧ **豐富溝通的內涵**：溝通不是無意義的聊天，溝通應該有豐富的內涵。除了參與個人交流之外，還要引導孩子博覽群書，不斷拓寬自己的知識面，使孩子言之有物。可以利用家庭圖書室和網路資源，開設閱讀課，舉辦家庭讀書交流活動；鼓勵孩子利用多種管道進行資料的收集和整理。

✧ **鼓勵孩子多參加團體活動**：特立獨行的孩子自然會缺少朋友，溝通能力差，所以，應該鼓勵孩子多參加學校的各種社團活動。興趣小組、公益活動、旅遊、團體性的體育鍛鍊，都是促進孩子與別人溝通的好途徑。父母應該鼓勵孩子與別的朋友交往，遇到矛盾也讓其自己解決，這樣孩子的溝通能力才會在無形中增強。

✧ **教給孩子與人溝通的方法**：溝通需要技巧，父母在幫助孩子學習與人溝通的時候，要注意教給孩子溝通的方法。如：

· 努力尋找話題，你可以認真觀察別人的對話，看他們是如何繼續話題的。

· 學會傾聽，聽聽別人的講述，少說話。學著順著別人的話題說。

· 了解當下比較流行的事或詞，這樣不至於說不上來。並且看看別人平時談什麼。

· 多找能說好說的人交流，即使你沒話了，對方話比較多，也能繼續話題。相互信任是良好溝通的基礎。

第十章
身心健康才有好成績

一個孩子要想取得好成績，除了要解決記憶力、專注力、學習方法、讀書習慣等問題，更重要的是，要讓孩子在身心健康、情緒飽滿的狀態下進行學習。只有這樣，孩子才能順利地完成學習任務，取得令人滿意的成績。

在日常生活中，家長應做到科學、合理地安排孩子的飲食和作息，讓孩子多運動，多接觸大自然，保持愉快的情緒、健康的心理。這樣，孩子擁有聰明的大腦與優異的成績就不是一件困難的事。

健康生活，從「頭」做起

大腦是我們身體中唯一一個從不休息的器官，就連做夢時也不例外，當大腦停止工作的那一刻，就是死神光顧的時候。所以，如果我們想讓大腦始終正常運轉，就必須悉心保護自己的大腦，不讓大腦走向衰老。

俗話說：「大腦不衰則全身不衰。」如何才能讓大腦不衰老呢？關鍵在於要用腦，逆水行舟不進則退。比如，退休了的人主管人事、社交的那部分腦細胞很快便衰退了，如果每天不動腦，患老年痴呆症的機率也比退休後經常用腦的人要大很多。這就說明延緩腦衰的原則是用進廢退。

大腦是最重要的人體器官，它當中包含了許多奧祕，大腦和思維，甚至衰老都有密不可分的關係。對此，《黃帝內經》中有一句話叫「主不明則十二官危」，這就表示大腦是全身各大系統的總轄。要全身不衰，首先必須保證大腦不衰，足見延緩大腦衰老具有重大的意義。另外據文獻記載，大腦的發育也與壽命相關，即腦部發育與壽命成正比。哺乳動物中人的腦最發達，壽命也最長，說明腦與壽命確實相關。這就給我們提出了一個嚴峻的問題，該如何保護我們的大腦？

這要從如何運用我們的大腦說起，因為只要大腦運用得好它就不容易衰老。很多人都很愛護大腦，生怕用腦過度，但這是一種十分錯誤的做法。科學實驗證明，在人死亡的時候，大腦的重量比它最重的時候減少了6.6 克，這就說明大腦基本上沒有萎縮。

科學表示，大腦是人體中衰老得最慢的器官，因為大腦有著巨大的潛力。一個人從 30 歲開始，每天就有 3 萬～ 10 萬個腦細胞相繼死去，每小時約有 1,000 個神經細胞發生障礙，一年內約有 900 萬個神經細胞死亡。但到年老時，也只不過耗掉了腦細胞的 20%，尚有 80%的腦細胞處於未開發狀態，這說明大腦存在著驚人的儲備力量。

大腦是人體進行思維活動最精密的器官。所以，一個人要想健腦、防止腦功能衰退，最好的辦法是勤於用腦。而懶於用腦者，久而久之就會出現腦功能的衰退。

用進廢退是自然界的普遍法則。實踐證明，人用腦越勤，大腦各種神經細胞之間的連繫越多，形成的條件反射就越多。古代著名歷史學家司馬遷就說過：「精神不用則廢，用之則振，振則生，生則足。」醫學研究證明，人類在生活中，勤奮工作，積極創造，可以刺激腦細胞再生，並能恢復大腦活力，是延緩人體衰老的有效方法。但大腦不宜過度使用，要注意合理用腦，保持生活的規律性。

頭部的保健自古就為人們所重視。古代的《養生論》說：「春三月，每朝梳頭一二百下。」講的就是，從立春到立夏的 3 個月時間裡，每天早上梳頭一二百下，可起到很好的養生保健作用。中醫認為，頭頂中央為百會穴，人體的經絡、氣血都會聚並經過此處。因此透過簡便易行的梳頭，可以起到疏通全身經絡氣血、滋養毛髮、健腦聰耳、防治頭痛的養生保健作用。同時，梳頭有助於降低血壓，預防腦溢血等疾病的發生，緩解疲勞，防止大腦老化，延緩腦部衰老。梳頭的方法很有講究，首先要梳開散亂的毛梢，將頭髮梳理通順，然後把梳子輕貼頭皮，慢慢地從前額的髮際向後梳，再以相反的方向從後向前梳。之後，從左、右耳的上部分別向各自相反的方向進行梳理，最後讓頭髮向頭的四周披散開來梳理。一處可以梳 6 次左右。在梳頭時，最好將身體向前屈或向後仰，以促進血液循環。梳子以牛角梳、玉梳、木梳為好，尼龍、塑膠的梳子容易產生靜電，對頭髮、皮膚有損傷，不宜使用。

教會孩子向運動要成績

長期以來，很多家長只重視孩子的學習，而忽視了讓孩子參加體育鍛鍊，參與課餘活動。長時間的學習讓孩子陷入疲憊不堪的狀態中，以至於很難集中精神學習，更不用說思維清晰地思考問題了。

事實上，要想孩子取得好成績，更應該讓孩子參加體育鍛鍊。這是因為，運動能鍛鍊孩子眼、手、腦的協調能力，促進大腦對肢體、意識的控制，提高孩子的注意力水準。此外，透過運動，還可以化解因每天長時間用腦產生的各種不良心態和身體不良狀態。透過體育運動，可以明顯提高大腦清晰度，從根本上促進學習、工作效率。具體地說，讓孩子多運動，有以下不容忽視的作用：

✧ **經常運動，有利於孩子增強體質，獲得強健的體魄**：透過鍛鍊，人的身體會越來越好，可以促進全身血液循環，保障骨、腦細胞充分的營養。尤其對正在長身高的孩子來說，能促進長高激素分泌及肌肉、韌帶和軟骨的生長。而且對於一個身體孱弱的人來說，如果鍛鍊得法，又能每天堅持，是可以將健康攬入懷中的。

✧ **經常鍛鍊，能啟動思維，促進智力水準的發展**：身體健康和智力水準看起來似乎沒什麼關係，但是大腦思維的靈活性與肢體的靈活性是緊密相連的。身體健康的孩子思維一般比較活躍，注意力相對比較集中。經常鍛鍊，能夠提升大腦的清晰度和反應的敏銳度。因此，家長可以教孩子，如果覺得自己頭腦清晰度下降了，就出去鍛鍊一下；如果學習時間過長，感到大腦反應不夠靈敏了，也應該出去鍛鍊一下。

✧ **調節心情，使人的情緒高漲**：當人的身體受到壓抑時，心情也不會很好，鍛鍊則可以使人的身體得到最大限度的舒展和擴張，驅散不快，削弱憂鬱等不健康的心態。

✧ **克服惰性**：每個人都有惰性，如果能夠堅持鍛鍊，就能夠克服身上的惰性，做事情不再拖拖拉拉而會遊刃有餘。

正因為如此，家長應鼓勵孩子多運動，從小培養孩子的鍛鍊習慣。具體地說，家長可以從以下幾個方面入手：

✧ **從小培養孩子以鍛鍊身體為興趣**：興趣是一個人從事任何事情的基本動力，是孩子最好的老師。孩子對身體鍛鍊的愛好可以讓許多家長更省心。因此，在日常生活中，家長不妨觀察一下孩子，了解他對什麼樣的體育活動有較為濃厚的興趣，然後為他們提供一些條件並加以引導，這樣，孩子就會積極主動地去參加體育鍛鍊。

✧ **經常讓孩子到戶外去**：讓孩子經常到戶外去，在新鮮的空氣和溫暖的陽光中跑一跑、跳一跳，不僅能活躍孩子體內的代謝系統，增強身體本質，還能讓孩子有機會接觸更多的人，孩子們一起踢足球也讓他們學會了團隊合作。

✧ **全家一起做運動**：要讓孩子喜愛運動，爸爸媽媽要多動腦筋，最好是全家上陣，全身心投入，就會其樂融融。

泉泉四歲了，運動的時候，父母會和他一起玩，讓他運動得更開心。父母假裝自己是體育解說員，還像真正球場觀眾那樣做「人浪」。這樣做對泉泉非常有用，不管是不是得分了，他都玩得非常高興。在玩的過程中，孩子的身體得到了鍛鍊。

父母的參與和支持讓泉泉從小就養成了運動的習慣。

✧ **教給孩子鍛鍊身體的正確方法**：青少年時期是人的身體發育最關鍵的時期，黃金時期不容錯過，否則將貽誤終身。作為家長，要了解一些基本的體育常識和生理常識，根據孩子的年齡特徵和體質狀況，合理分配鍛鍊時間，掌握鍛鍊技巧，切不可因噎廢食或鍛鍊過度。具體做到：

· 從初步運動開始。發展兒童走、跳、鑽、爬、攀登之類的基本動作，使兒童動作協調、靈活、敏捷。如果條件允許的話，用答錄機放一些輕音樂，伴著音樂讓孩子模仿你連續地做各種練習動作，如伸展，擴胸，腰、臂、腿繞圈等。為了發展孩子的柔韌性，可帶孩子彎彎腰、踢踢腿、翻翻跟斗等。

· 不宜讓孩子做心肌負擔過重的運動。兒童的心臟發育還不完善，容積小，心肌纖維細，不適應心肌負擔過重的運動。因此，宜採取以發展有氧代謝功能為主的運動專案，如強度中等的慢步長跑，球類活動，體操，跳繩，打羽毛球，滑冰以及各種遊戲等。

· 運動量要適宜。正確掌握強度、時間，會使兒童的健康狀況得到較大的提高。父母最好幫助孩子寫鍛鍊日記。記錄每日的鍛鍊時間、運動專案、進展情況，以及兒童的身體反映等，以便做到循序漸進，逐步調整。一般透過測量脈搏、血壓、體重的變化和透過觀察來分析判斷孩子的運動量是否合適。如運動量適宜，則脈搏、血壓變化不明顯，體重無明顯下降的趨勢，食欲、睡眠及精神狀態均良好。如出現上課注意力不集中，打瞌睡的現象或食欲不振、不易入睡、多夢、乏力、盜汗、心慌、自信心動搖以及對鍛鍊產生厭惡感等現象，說明運動量過大，導致身心疲勞，應立即減小運動量。

· 合理安排孩子的生活。兒童處在長身體的時期，需要充足的睡眠。兒童的體育活動，一般宜安排在清晨。清晨空氣清新，室外活動能使大腦皮層迅速消除睡眠時的抑制狀態，又可獲得大量的氧氣，對一天的學習、生活都有益處。早晨活動，不要起得過早，鍛鍊時間也不宜過長，一般半小時就可以了。鍛鍊後的飲食也應給以額外的補充。

· 要觀察孩子鍛鍊後的身體變化。家長可以從孩子的呼吸、臉色、汗量、聲音、動作等情況，掌握兒童的運動效果，以便靈活安排他們的鍛鍊內容和鍛鍊程序。

此外，父母還應鼓勵兒童學點體育知識，有計畫地讓兒童看點體育表演和體育雜誌，培養兒童鍛鍊的興趣。節假日還可帶孩子出外郊遊、登山、跑步，跟大人一起活動，孩子的興致會更濃。

✧ **培養孩子持之以恆的意志力**：孩子的意志力薄弱，不能持之以恆。許多孩子的家庭條件優越，自小就被寵愛，做任何事情都三天打魚，兩天晒網，缺乏持之以恆的意志力。鍛鍊身體實際上是很艱苦的，它不僅要「勞其筋骨」，而且要「苦其心志」，尤其是要做到風雨無阻更為不易。因此，孩子總會為自己尋找客觀的理由，躲避身體鍛鍊之苦，這實際上是不能克服自己的薄弱意志。對鍛鍊身體有濃厚的興趣但意志力不夠堅強的孩子，父母應多鼓勵，制定鍛鍊計畫，並適當給予獎勵，進一步鞏固強化孩子的興趣。

一日三餐，合理飲食很重要

以下是「小胖子」牛牛與「小瘦猴」皮皮的故事：

10 歲的牛牛有個最大的嗜好：吃肉，最好是餐餐都有肉。當然，如果可能，一邊吃肉，一邊喝飲料、吃甜食，那是最開心不過的事了。如果一餐沒有肉，他是怎麼也無法下嚥的。

因為吃得太多，所以長得很胖，雖然身高才 150 公分，但體重已經突破 72 公斤，是個標準的「小胖子」。

與牛牛截然相反的是皮皮。

皮皮是個標準的「小瘦猴」，今年同樣 10 歲的他，比起同儕，明顯矮了一截。皮皮的媽媽經常對別人抱怨說：「我家兒子平時喜歡吃零食，一到吃飯就挑三揀四，最不喜歡吃魚和紅蘿蔔，蔬菜也都不愛吃，身高都沒有長高，真是令人煩惱。」

不管是「小胖子」牛牛還是「小瘦猴」皮皮，他們有一個共同點，就是課業成績都不理想。牛牛非常躁動，上課時，一下子翻鉛筆盒，一下子取作業本……忙得不亦樂乎，趁老師不注意時，他還會偷偷地剝顆糖塞進嘴裡；而皮皮的反應總是比別人慢一拍，如上課已經 10 分鐘了，他還在想著課間發生的事情，老師已經講到第二題了，他的思考還停留在第一題上……

健康專家分析，牛牛和皮皮之所以課業成績差，與他們的營養結構不均衡有關係，因為營養結構的不均衡導致了營養不良和營養過剩，影響了孩子身體的正常生長發育和健康，也影響了孩子的課業成績。因此，要想改善孩子的注意力，家長一定要調整孩子的飲食結構，讓孩子做到飲食均衡，保證各種有益大腦的營養物質都能充分攝入。

那麼，如何做到合理飲食呢？以下是營養專家的建議：

飲食要多元化

我們一天的膳食應該有主食、副食，有葷有素，盡量做到多樣化。合理的主食，除米飯外，還包括麵粉製品，如麵條、饅頭、包子、餃子、餛飩等。營養學家建議，在主食中可摻入玉米、小米、蕎麥、高粱米、甘薯等雜糧，早餐除吃麵粉類點心外，有條件的還要堅持飲用牛奶或豆漿。

飲食要均衡

每天必需的各類食物包括主食 300 ～ 500 克（男生至少要保證每天 500 克的主食），肉、禽類 100 ～ 200 克，豆製品 50 ～ 100 克，蛋 50 ～ 100 克，蔬菜 350 ～ 500 克。此外還應多吃些水果，特別是含葡萄糖較多的漿果，如葡萄、草莓等。海帶、紫菜等海產品及香菇、木耳等菌藻類食物，每週也應選擇性地食用。孩子需要的鈣較多，應多吃些蝦、排骨、骨頭湯等，透過飲食來補充生長發育過程中所需的鈣。

合理安排一日三餐

據報導，不少中小學生「早餐常省略，午餐在流浪，晚餐太豐盛。」具體而言：「早餐邊走邊吃，午餐街上買隨便吃，晚餐有湯有菜吃到飽。」這種飲食安排不僅極不合理，而且容易造成正在發育的中小學生營養失衡。營養專家告訴我們：早餐要選擇熱能高的食物，以足夠的熱能保證上午活動的需要；有些發達國家很注重早餐，不僅有牛奶、橙汁，還有煎蛋、麵包、果醬和肉類食品。午餐既要補充上午的能量消耗，又要為下午的消耗儲備能量，因此，午餐食品要有豐富的蛋白質和脂肪。蛋白質中的賴氨酸有增強記憶力的作用，蛋白質以動物性食品如奶、蛋、魚、肉中的蛋白質為佳。大豆蛋白也是優質蛋白，多吃些豆製品很有必要。脂肪中含有磷脂和膽固醇，磷脂有卵磷脂和腦磷脂，均是大腦記憶功能所必需的物質。膽固醇也是大腦活動所需的物質，適當吃些脂肪性食物對青少年來說是沒有壞處的，如奶類、蛋類、動物肝臟、瘦肉和豆製品等。晚餐則不宜進食過多的蛋白質和脂肪，以免引起消化不良並影響睡眠。

在吃零食時，一定要注意合理安排時間，保證不會影響到正常的進餐。一般可在上午、下午兩頓飯之間吃些零食，以補充體力活動的消耗，但是在飯前和飯後 1 小時之內最好不要吃零食，以免影響正餐的消化和吸收。零食應以水果為宜，此外也可以吃點心、餅乾，或者其他不太甜、易消化的小食品。但是一定要控制吃零食的數量，不要讓孩子吃得太多，更不要不間斷地吃，因為這對生長發育是非常不好的。

此外，家長應盡量讓孩子遠離含鋁、鉛過高的食物。如油條、油餅、皮蛋、爆米花、油炸薯條、粉絲、罐頭食品及含酒精的飲料等。它們會影響視覺、記憶力、感覺、思維、行為等方面的發育，使孩子難以集中精力。

總而言之，充足的腦營養是形成良好注意力的前提，是學習取得好成績的保證，因此，家長應該時刻關注孩子的腦營養問題，保證孩子大腦「吃」得飽飽的。

按時作息，輕鬆學習

我們經常聽到許多家長抱怨，自己的孩子整天坐在書桌旁學習卻沒有好的成績，真不知道孩子學習的時候在做什麼？其實，家長們可能忽視了一個問題，孩子雖然整天坐在書桌旁，但不見得他們專心地學習，學習就有效率。這是因為，孩子心理過程的隨意性很強，自我控制能力較差。因此，他們可能只是坐在那裡發呆，捧著書本卻心繫別處，或者望著天空想入非非。這樣的狀態，怎麼能夠學好知識呢？

對於孩子來說，合理作息尤其重要。休息好，孩子才能有足夠的精力去學習，提高學習效率。因此，合理安排好孩子的作息時間，會讓孩子覺得學習是一件快樂的事。如果家長整天讓孩子學習，不給孩子放鬆、休息、娛樂的時間，孩子自然就會對學習產生厭倦的情緒，從而學而無效。

任何一個孩子的習慣都是從小養成的。科學合理的作息制度可以使孩子養成好習慣，對孩子的生活和學習都是有利的。因此，家長應與孩子坐下來，共同制定一個合理的學習時間表，讓孩子自己遵照執行，家長要做的，無非是及時提醒孩子。一般來說，孩子是根據自己的喜好訂立時間表的，而且在時間安排上又比較靈活、寬鬆，他會比較主動地照時間表做，遇到管不住自己的時候，家長提醒，也不會反抗，做起功課來效果也就好得多。

制定作息時間表一定要考慮孩子的個性特點和實際情況。下面的例子會給我們的父母一些有益的啟示：

喬治的媽媽替喬治訂下了一個她認為十全十美的作息時間表：早晨6點起床；中午放學回家，吃完午飯後，做1小時功課，然後上學；下午回家，先補習1小時歷史，再看媽媽替他錄的卡通節目，然後有半小時的自由活動時間；晚飯後可以休息一下或到附近公園散步；之後，回家溫習功課，然後上床睡覺。

喬治的媽媽以為這樣的作息時間表，對喬治的幫助肯定很大，誰知實行了沒幾天，她便發現喬治的功課愈做愈慢，有時候還打瞌睡；有時喬治的功課還未完成，他的同學布迪便打電話來問他有沒有看某個電視節目；每天晚上的散步也似乎令喬治疲累過度，根本不能在晚上集中精神學習了。

明智的媽媽發現時間表確實有問題，於是果斷地作出改動，午飯後讓喬治有點午睡時間，下午看了兒童節目才開始做功課，晚上的散步時間也視孩子的需要而增多或減少。時間表變得更具彈性，喬治的學習興趣也比從前增加了。

家長在為孩子制定時間表時，要注意長期、短期計畫相結合。長期計畫是在一個較長的時間內應達到的目標，長期計畫的第一步，是要注重孩子內在的思想和感情，而不只是關心他們表露在外的不滿和反抗。短期計畫雖然也是每天的具體作息表，卻應該注重「模糊概念」，比如不要具體

規定幾點幾分起床、睡覺，幾點幾分吃飯、看電視、做作業，而應該是在幾點之前休息，幾點至幾點起床，作業必須在看電視之前完成，看電視不超過多少時間等。

總之，制定一個有彈性的、適合孩子性格特點的時間表，才會有助於孩子養成有規律的學習和生活習慣。

值得注意的是，在孩子高品質高效率地提前完成學習任務之後，家長千萬不可以再追加作業，這樣會造成孩子的反感，從而對學習感到厭煩。正確的做法是表揚孩子的高品質學習，並獎勵孩子一定的時間來休息和娛樂。

當然，家長在培養孩子作息有規律的良好習慣時，也應對自己提出遵守時間的要求：說好 6 點起床，絕不賴床到 7 點；說好 9 點睡覺，就不要因為有好看的電視節目而拖延時間。同時，家長在工作、生活、行為等方面都要盡量做遵守時間的榜樣，辦事不拖拖拉拉，還可以幫助孩子把重要的事情用圖畫、做標記的形式記在日曆上。

在引導孩子養成遵時守時的好習慣時，家長和孩子不妨相互監督。不管是誰，如果沒有做到遵守作息制度，就應該有一點小懲罰。如果孩子遵守了作息制度，就應該給予小獎勵。當然，不管是獎勵還是懲罰，都應該及時兌現。

確保孩子的睡眠品質

小遠是小學三年級的學生，今年 8 歲。比起同儕，他顯得矮小、瘦弱很多。他總是因為遲到受老師責備，上課的時候還常常恍神，一副精神不濟的樣子，很多時候老師講什麼他都不知道。於是，班上的同學經常嘲笑他。他也變得很怯懦，很自卑。

可是，一回到家，小遠就變了一個人似的，跟著鄰居家的哥哥到處跑，玩得不亦樂乎。他最喜歡的就是跟鄰居的哥哥比賽車，常常玩到晚上8點多鐘才回家。匆匆忙忙寫完作業，他又自己開始研究，如何玩賽車才能贏哥哥。這樣一轉眼都要超過10點甚至11點才睡覺。第二天當然又起不來，又沒時間吃飯，又受老師責備，又精神恍惚了……

生活中像小遠這樣的孩子很多，他們總是晚上玩得不亦樂乎，早上卻千呼萬喚起不來，即便勉強起來，頭腦也是昏沉沉的，一整天無精打采，打不起精神。以至於效率低下，課業成績差。

法國科學家在研究中發現：孩子的課業成績與睡眠時間長短關係密切。凡睡眠少於8小時者，61%的人功課較差，勉強達到平均分數線者僅占39%，無一人名列前茅；而晚上睡眠10小時者，76%中等，11%成績優良，只有13%功課較差。這是為什麼呢？

原來，人的腦垂體主要在夜間睡眠中分泌生長激素，人體所需的各種營養素的合成，也只有在睡眠和休息的時候才能很好地完成。所以，孩子只有睡眠充足，才能長高長壯、精神集中、精力充沛。而如果睡眠不足，大腦的疲勞難以恢復，大腦細胞的活動能力就會大大降低，以至於第二天頭昏腦漲，無法集中注意力，記憶力也隨之下降，學習效率因此受到嚴重影響。所以，要想讓孩子精神煥發，注意力集中地學習，家長應提高孩子的睡眠品質，讓孩子從小養成良好的睡眠習慣。

那麼，家長應如何讓孩子養成良好的睡眠習慣？

合理安排作息時間

要想保證孩子的睡眠品質，讓孩子養成良好的睡眠習慣，家長就要規定好孩子每天睡覺起床的時間，並嚴格遵守。如低年級孩子入睡的時間，以晚上 9 點以前為宜，起床時間則最好在早晨 6 點半左右；小學中、高年級的孩子入睡時間不宜超過 10 點，早上在 6 點前後起床最好。

家長可以幫孩子制定一個作息時間表，讓孩子自覺按照時間表執行，按時睡覺，按時起床，家長不要包辦代替，可以委婉地提醒，但提醒的次數不要太多，以免孩子產生厭煩感。

睡前做好準備工作

一些睡前的準備工作可以提高睡眠品質，從而使孩子第二天能更好地集中注意力。因此，家長幫孩子做好睡前準備很重要。

✧ 為孩子營造祥和、溫馨的氛圍。家長提前半個小時讓孩子平靜下來。這時候，家長可以給孩子營造一種溫馨而舒適的臨睡氛圍。如給孩子播放輕柔、舒緩的音樂以幫助孩子入睡，或者給孩子講一個小故事，之後暗示孩子可以睡覺了。如此一來，孩子就能睡得寧靜而安穩，從而保證了睡眠品質。

✧ 不要給孩子睡前刺激。在孩子睡覺之前，說笑打鬧或者做一些劇烈的活動都會影響孩子按時入睡，更會影響他們的睡眠品質。因此，家長不要讓孩子睡覺前用枕頭打仗或進行球類遊戲，不打罵、訓斥孩子或強迫孩子做不願做的事情。

✧ 讓孩子用溫水洗腳或按摩。在睡前，家長可讓孩子用溫水洗腳，這能使孩子身體上（腦）下（足）保持協調，從而清心安神，提高睡眠品質。還可以在孩子臨睡前花十幾分鐘替孩子做簡單的全身按摩，不但可放鬆疲勞的身體，同時幫助他疏通經絡，有利於脾胃的消化、吸收。

此外還要注意，入睡前不要讓孩子吃夜宵，不能飲濃茶、咖啡、飲料，不要吃巧克力等。晚飯不要吃得過飽，可以吃一些含有胺基酸的食物。

給孩子提供舒適的睡眠條件

除了做到以上兩個方面以外，家長還應該注意孩子的睡眠環境是否有利於休息。如室內光線、溫度、空氣流動情況、室內衛生以及床鋪情況等。具體表現在以下幾個方面：

- ✧ 給孩子提供舒適的床。孩子的床要寬敞，一般以軟硬適中的棕繃床或軟木板床為宜。
- ✧ 給孩子提供合適的枕頭。很多人睡眠品質差是由枕頭引起的。枕頭軟硬高矮不適以及材質選擇不當，將會直接引發睡眠障礙。如果枕頭不舒服，會增加孩子的翻身次數，出現失眠、打鼾、多夢、早醒、神經衰弱等睡眠問題，睡眠品質難以保證，睡醒後還會感覺頭痛、頭暈，甚至比沒睡覺更加疲憊。落枕就是由於枕頭只支起了頭部，而讓脊椎承受過大壓力造成的。孩子們的枕頭，一般以 10 ～ 15 公分的高度為宜，軟硬適中，以孩子躺在枕頭上舒服為準。
- ✧ 注意屋內燈光要強弱適宜。家長應為孩子準備床頭燈，方便孩子開關燈，同時光線不要太強，較弱的光不會刺激孩子的眼睛。
- ✧ 空氣要流通。通風是臥室的一個重要條件，因為新鮮的空氣比什麼都重要。無論室外的溫度如何，睡覺之前都應該開窗換氣。保持室溫稍涼，臥室溫度稍低會有助於睡眠。

要持之以恆，不要打亂固定的睡眠時間

家長為孩子制定了固定的睡眠時間後，不要輕易打亂。這一點不太容易做到，很多時候，特別是節假日，許多家長看孩子睡得很香甜，不忍心把孩子叫醒，任其睡懶覺。這樣，孩子沒能將不睡懶覺的習慣貫穿始終，所以很難養成按時睡覺、按時起床的習慣。因此，要想讓孩子做到按時作

息，家長一定不能遷就孩子，不要因節日、假日、家中來客人、看電視或打遊戲等而改變孩子的睡眠習慣。

孩子養成按時睡覺的習慣後，家長可以對孩子進行獎勵，以使孩子更樂於堅持這種行為。這不但提高了孩子的睡眠品質，而且使孩子的大腦得到了充分的休息，無形中促進了孩子注意力的集中，有利於孩子課業成績的提高。

讓孩子接觸大自然

談起讓孩子去戶外活動，很多家長總是以孩子學業忙，沒有時間為由，不允許孩子出去。以至於很多孩子除了學習，就是在家看電視，上網玩遊戲、聊天。他們很少有機會走進大自然，體驗大自然。

實際上，大自然的美好不僅可以刺激孩子的大腦細胞，提高大腦興奮度，提高孩子的注意力；更可以讓孩子的情感得以抒發，情緒得以釋放，從而發揮更大的潛力。可以說，大自然是孩子學習知識、體驗美與生命力得天獨厚的課堂。在這個課堂中，孩子不僅可以感受到大自然的美好，更可以增長見識，鍛鍊自己的意志力。

而成天把孩子關在屋子裡，讓他待在狹小的空間裡，容易讓孩子在枯燥、無味的生活中變得鬱鬱寡歡，不僅會影響孩子的專注力，還遏制了他各種能力的發展，影響其身心健康。因此，家長應把孩子從閉塞的空間裡解放出來，創造條件讓孩子去感知自然，體會自然的美麗和樂趣，讓孩子在自然的懷抱中健康成長，提高感受力與專注力。

對於孩子來說，大自然是他們學習、體驗、觀察、探索的最好場所，在這裡，他們的知識得以豐富，體驗得以增加，觀察力得以提高，而觀察所需要的專注力更得到了很大的發展。因此，要想培養孩子的專注力，家長一定要懂得利用大自然這一豐富的資源。

英國生理學家埃德加·艾德里安（Edgar Adrian）的媽媽很早就對孩子進行啟蒙教育，尤其是帶孩子到郊外散步。在郊外，母親鉅細靡遺地教他認識和觀察花草，告訴他怎樣根據花蕊來識別花草，怎樣記住各種動植物的名稱。在這樣的環境薰陶下，埃德加·艾德里安從小就喜歡大自然，喜歡觀察。

他能夠連續幾個小時趴在地上觀察螞蟻的活動，觀察小鳥如何捕食，隨著知識領域的不斷擴大，他愛上了解剖小動物，經常抓一些小動物進行解剖，細心觀察，把觀察結果畫成圖畫。

從小從大自然中培養起來的觀察力與專注力成就了埃德加·艾德里安的輝煌。西元 1908 年，艾德里安獲得科學獎學金，進入劍橋特里尼蒂學院學習生理學。1932 年，艾德里安獲得了諾貝爾生理學及醫學獎。

埃德加·艾德里安的故事告訴我們，與其將孩子封閉在狹小的空間裡變得狹隘、無知，不如釋放孩子的身心，讓孩子在大自然中體驗、探索與學習，從而從中受到教益。

具體地說，家長可以做到以下幾點：

把孩子帶到大自然中，感受自然之美，提高審美情趣

大自然的美是多方面、多層次的，家長要和孩子一起去欣賞、去領略。高高的山峰好似巨人巍然屹立，堅不可摧，蒼松翠柏頑強地生長於懸崖峭壁，顯示了旺盛的生命力，急湍的河流飛瀉而下，似有千鈞不擋之勢，青青的小草平凡可愛……

自然界的美不僅表現為美麗如畫的景色，而且還有悅耳的音樂。這是一種特殊的樂曲，它是鳥的歌唱聲，樹葉的沙沙聲，流水的潺潺聲……這

一切細細品味，韻味無窮。

在大自然中，孩子的身心得到了放鬆，其審美情趣更有可能得到提高。在美的薰陶中，孩子將會更加熱愛生活、熱愛生命。

培養孩子的環保意識

透過欣賞大自然，更重要的是培養孩子熱愛自然、珍惜環境的意識，培養他們熱愛動物、保護花草樹木的情感，使孩子懂得保護生態環境的重要性，這才是欣賞大自然的真正目的。根據不同的地理位置、不同的季節、不同的時間來感受大自然的不同風貌。春天綠芽長出來了，給人滿目生機；夏天樹木長滿樹葉，給人帶來片片蔭涼；秋天風高氣爽，讓人感到陣陣快意；冬天到處是銀裝素裹，使人體驗白色世界的純潔。這是四季不同的景色，在這裡春的生機、夏的炎熱、秋的涼爽，冬的淡雅，只要稍加觀察就不難發現他們的不同之處。這是父母指導孩子欣賞大自然時必須胖子的。

平時，家中應購置一些旅遊類的書籍

閒暇時翻翻旅遊類的書籍，可增長見識，引起探索的欲望；也可與孩子一起看看「人與自然」、「自然探索」、「動物世界」、「國家地理」等關於大自然的電視節目，了解國內外的自然知識。

經常帶孩子出去旅行

正所謂「讀萬卷書，不如行萬里路。」有條件的家長可以多帶孩子出去旅行，讓孩子在旅行的過程中增長見識，提升能力，鍛鍊意志。

一位經常帶女兒出去旅行的母親，曾這樣介紹了自己的經驗：

女兒 5 歲那年，我在書店買了本介紹全國旅遊景點的書，每到一個地方旅行之前，我都會先在書上看一遍，然後用兒童容易理解的詞語講給女兒聽，讓她先有個初步的認識和了解。我想，讓孩子帶著問題去玩，不但鍛鍊了身體，同時也可以增長地理、歷史等各方面的知識，這對孩子的身心健康和語言及寫作能力都有好處。

隨著孩子年齡的增長，我除了讓她準備該帶的物品外，還特地給她準備了一個能背著的小旅行包。其實我知道孩子所能承受的重量，裡面並沒有裝很多的東西，目的只是讓她有合作的意識和小大人意識。

當我們在旅途中遇到不認識的路時，我就會坐在一邊請女兒來幫忙問路，這樣孩子在旅行中不僅增長了許多的知識，還學會了與人交往的技巧，更學會了如何處理問題。

如果家庭條件不允許或工作太忙沒時間，家長可以多帶孩子到郊外走走，在戶外散散步等。這也是讓孩子親近大自然的一種手段。

別讓不良情緒影響成績

學習是一項情緒性的活動，當一個人情緒低落時，無論做什麼，都不可能全身心地投入進去，結果也總是不盡如人意。而當一個人情緒高漲時，自然才華橫溢，記憶力增強，學習效率提高。

為了提高孩子的學習效率，家長必須引導孩子用正確的方式宣洩自己的不良情緒，緩解內心的壓力。有效的方法如下：

✧ **讓孩子盡情地哭**：哭是孩子情緒宣洩的一條重要管道。有人說過，家長對孩子最殘忍的事莫過於不讓孩子眼眶裡的淚水往下流。幾乎所有的家長都不捨得讓自己的孩子哭泣，更不曾引導孩子用哭來宣洩自己的情緒。

當孩子遭遇恐懼、委屈、憤怒時常常會用哭來表達內心的感受，此時，家長不要哄勸孩子停止哭泣，或者強行壓制孩子不准哭。因為，哭泣可以讓在緊張狀態中的孩子變得輕鬆。

哭是孩子情緒宣洩的一條重要管道，是孩子情緒的自然流露，但絕不是唯一的管道，而且也不是最好的管道。因為這種方式往往會讓周遭的人認為孩子不夠堅強，因而得不到旁人的同情和理解，相反，孩子哭泣會使人感到煩躁不安。因此，引導孩子哭泣也要適可而止。

✧ **讓孩子把自己的情緒畫出來或者寫出來**：專家認為，讓孩子以畫畫或文字來表達當時的心情，能幫助孩子很好地宣洩自己的不良情緒。因為在這個過程中，孩子可以有機會重組事件經過，並有機會作出檢討和反思。

✧ **鼓勵孩子把不良情緒說出來**：傾訴是緩解壓力的重要途徑，如果不能讓孩子學會傾訴，那麼，久而久之，孩子遇到什麼事情都不願向家長及他人傾訴，而是把心事悶在心裡，長此以往，就會造成孩子的心理危機。

傾訴可以緩解人的壓力，讓人把緊張的情緒釋放出來。要讓孩子學會透過這種途徑來排解不良情緒，在遇到衝突或挫折時，要鼓勵、引導孩子將事由或心中的感受告訴他人，以求得同情、理解、安慰和支持。孩子對成人有很大的依賴性，成人對孩子表現出的同情和寬慰會緩解甚至消除孩子的心理緊張和情緒不安，即使在孩子的傾訴並不合乎情理的情況下，也要耐心地聽下去，至少保持沉默，等待孩子情緒的風雨過後，再與他細作理論。

✧ **幫孩子轉移不良情緒**：轉移也是孩子宣洩情緒的良好途徑。當孩子遇到衝突和挫折時，不要讓孩子過多關注所遭遇的事情，而要引導其從這種情境中擺脫出來，儘早投入到自己感興趣的活動中去。例如，孩子因為與其他孩子爭執而受到老師責備，家長不要指責孩子不聽話，而要跟孩子談談心，講講老師為什麼要責備他，然後，可讓他到室外去踢一下球，在劇烈的運動中將累積的情緒能量發散到其他地方。

✧ **幫助孩子發展負面情緒的管理技巧**：美國有些中小學，在課程中加入冥想的練習，讓孩子坐下，閉上眼睛，意念集中靜坐 20 分鐘。最近的實驗發現，靜坐冥想有助於降低一個人的焦慮感，而且能夠使注意力集中，進一步提升學習效率。像這些設計得當，適合孩子的放鬆技巧，早早學會，對他們未來的抗壓能力將有所幫助。

✧ **讓孩子聆聽音樂**：歡快的音樂能夠調節大腦及整個神經系統的功能，協調身體各器官的活動，這對於消除因學習緊張而引起的心理疲勞有很好的效果。專家指出，旋律優美的輕音樂會使人情緒鎮定，恬靜愉快；激昂的曲調，能激發人體內的潛能，使人精神煥發，對於消除因情緒消沉、遭受挫折而引起的心理疲勞，效果尤為明顯。還可以讓孩子跟著歌曲大聲唱，發洩一下。

✧ **聞聞香味**：古代就有用芳香類藥物治病的記錄，最好能買到玫瑰花油之類的天然香料，如果買不到，聞香水也可以，當然，有機會到鮮花盛開的花園轉轉更好，去體會芳香怡人的感受吧！

✧ **微笑**：微笑能將面部肌肉的神經衝動傳遞到大腦中的情緒控制中心，使得神經中樞的化學物質發生改變，從而使心情趨向平靜。

理解到你的孩子在生活中同樣存在壓力，耐心地和他們一起分析、解決這些問題對每位父母來說都是必要的。作為家長，應了解孩子情緒變化的特點，尤其應了解自己孩子情緒變化的特殊性，透過具體的分析，採取具體的對策，注重從正面培養孩子良好的情緒，掌握調節情緒的必要手段和方法，您的孩子一定能夠具有健康的心理，健全的人格，良好的特質，從而終生受益。

嫉妒影響孩子的學習與進步

當今社會的競爭日益激烈，適者生存的觀念日漸深入人心，為了將來在競爭中立於不敗之地，許多家長在孩子很小的時候就刻意培養他們的好勝心和競爭意識。

過強的好勝心與競爭意識也催生了一系列的教育問題與社會問題。因為要競爭、要取勝，我們的孩子學會了嫉妒，更學會了不擇手段。

孫勤勤是小學六年級的學生，她的課業成績非常好，工作也非常積極，一直當班長，年年都是「模範生」。但是有一年，「模範生」的身分被另一位同學搶走了，因為這位同學患了白血病，大家都推薦她。沒有當上「模範生」的班長，對得白血病的同學耿耿於懷，對著爸爸媽媽又哭又鬧，在媽媽的安慰下才停止了哭泣。可是，接下來她說的一句話讓她的爸爸媽媽有些吃驚：「讓她當好了，白血病，反正也活不了幾天！」她語氣中的嫉妒與怨恨讓父母不寒而慄：自己的女兒是不是著了魔，她對「模範生」的渴望已經超過了對同學最基本的同情。

事實上，不僅是在這一件事上，在平時，她也處處想爭第一，把每一個同學當做對手。如果沒有經歷這一件事，她的父母還在為自己孩子的「上進心」感到高興，經過這件事後，她的父母才明白正是因為自己平日過於注重競爭教育，才導致孩子變得善妒，甚至心態有些扭曲了，這些，身為父母要負全責。

其實，適當的競爭是好的，它能激發一個人的上進心，讓人變得有鬥志。但過度了，就可能影響到健康人格的形成，這就很可悲了。

- ✧ **愛嫉妒，影響個人的情緒**：嫉妒心理會使人產生諸如憤怒、悲傷、憂鬱等消極情緒，導致煩惱叢生，並忍受精神的折磨，這不僅不利於身心健康，嚴重者甚至在妒火中燒時喪失理智，誹謗、攻擊、造謠中傷他人，而不能騰出足夠的時間來提高自己，並因此陷入一種惡性循環中而不能自拔。
- ✧ **愛嫉妒的孩子容易產生偏見**：嫉妒心理在某種程度上是與偏見相伴而生、相伴而長的。嫉妒有多深，偏見也就有多大。有嫉妒心理者容易片面地看問題。因此會把現象看做本質，並根據自己的主觀判斷猜測他人。而當客觀地擺出事實真相時，嫉妒者也能感到自己的片面和偏激。
- ✧ **愛嫉妒影響人際交往**：嫉妒心理是人際交往中的心理障礙，首先，它會限制人的交往範圍。嫉妒心理強烈的學生一般不會選擇能力等各方面比自己優秀的同伴交往。更有甚者，誹謗、詆毀自己身邊優秀的同學。其次，它會壓抑人的交往熱情。交往時總有所保留，不願意真誠相待。另外，妒忌心理重者，甚至能反友為敵。他們一般不能忍受朋友超過自己，並懷恨在心，展開暗中攻擊。

嫉妒是一種不健康的心理，是心胸狹隘的表現，也是不自信的表現。要幫助孩子消除這種不良的心理，家長必須幫助孩子正確認知自我，減少虛榮心，不要以自我為中心，學會接納他人，學會理解他人，學會公平競爭等。具體地說，應做到以下幾個方面：

- ✧ 家長要讓孩子學會正確認知自己，激發孩子的競爭意識和自信意識。首先，要讓孩子擺正自己與別人的位置，世界上沒有十全十美的人，每個人都有自己的長處和短處，自己在某一方面超過別人，別人又在另一方面勝過自己，這些都是常見的現象。讓孩子正確地評價自己，從而找到與他人的差距，揚長避短，開拓自己的潛能。

其次，有嫉妒心的孩子往往有某方面的才能，爭強好勝，卻又自私狹隘。家長可以充分利用其爭強好勝的特點，激發孩子的競爭意識和自強觀念。與孩子一起進行自我分析，幫他找出自己的優缺點和趕超對方的方法。

✧ 家長要培養孩子熱情、合群的性格和團體主義觀念。讓孩子充分了解到團體和朋友間友情的美好和重要，使孩子樂於去幫助別人。

✧ 父母不要溺愛孩子，因為溺愛是滋生嫉妒的溫床。在日常生活中，父母應經常表現出對別人的寬容大度，這樣，孩子在潛移默化中，就會學到如何正確對待比自己更成功的人，使個性朝著健康的方向發展。

✧ 培養孩子寬容的特質。有嫉妒心理的孩子，往往有自身的性格弱點。如與人交往時，喜歡做核心人物；當不能成為社交中心時，就會發脾氣；同時，他們不會感謝別人，易受外界影響等。對有性格弱點的孩子，父母要悉心引導。在孩子面前，要對獲得成功的人多加讚美，並鼓勵孩子虛心學習他人的長處，積極支持孩子透過自己的努力去超越別人、戰勝自己，使孩子的嫉妒心理得到正當的發洩。孩子學會了接納他人、理解他人、信任他人，不僅會發現他人的許多優點，而且也會容忍他人的某些不當之處，求大同存小異。如此，孩子的人際關係就會變得融洽和諧。讓孩子懂得「金無足赤，人無完人」，每個人都有自己的長處，也存在不足。引導孩子形成正確的自我認知。能讓孩子認知到自己的優點和不足，變得不再嫉妒。

✧ 教導孩子承認差異，努力奮進。現實中的人必然是有差異的，表現在不同層面。承認差異就是認清現實，要使自己在某方面脫穎而出，只有靠自己努力奮進，嫉妒於事無補，而且會影響自己的上進心。

除此之外，父母還可以讓孩子充實自己的生活。因為嫉妒往往會消磨孩子的時間，如果孩子學習、生活的節奏很緊張、過得很充實且有意義，孩子就不會把注意力局限在嫉妒他人身上。父母應該幫助孩子充實生活，鼓勵他們多參加一些有意義的活動，轉移孩子的注意力，把精力放在學習和其他有意義的事情上。

孩子成績差，請先別罵他：

好習慣 × 好環境 × 好特質，幫助孩子找到最適合他的學習之道

編　　著：孫桂菲，麥小麥
發 行 人：黃振庭
出 版 者：崧燁文化事業有限公司
發 行 者：崧燁文化事業有限公司
E-mail：sonbookservice@gmail.com
粉 絲 頁：https://www.facebook.com/sonbookss/
網　　址：https://sonbook.net/
地　　址：台北市中正區重慶南路一段六十一號八樓 815 室
Rm. 815, 8F., No.61, Sec. 1, Chongqing S. Rd., Zhongzheng Dist., Taipei City 100, Taiwan
電　　話：(02)2370-3310
傳　　真：(02)2388-1990
印　　刷：京峯彩色印刷有限公司（京峰數位）
律師顧問：廣華律師事務所 張珮琦律師

定　　價：420 元
發行日期：2023 年 02 月第一版
◎本書以 POD 印製

國家圖書館出版品預行編目資料

孩子成績差，請先別罵他：好習慣 × 好環境 × 好特質，幫助孩子找到最適合他的學習之道 / 孫桂菲，麥小麥編著 . -- 第一版 . -- 臺北市：崧燁文化事業有限公司 , 2023.02
面；　公分
POD 版
ISBN 978-626-357-049-8(平裝)
1.CST: 整體學習法 2.CST: 子女教育 3.CST: 親職教育
528.2　　111021372

電子書購買

臉書